Johannes Dieterich

Südafrika
Ein Länderporträt

D1665524

Johannes Dieterich

Südafrika

Ein Länderporträt

Ch. Links Verlag, Berlin

Für meinen Vater, ohne den es mich nie nach Südafrika verschlagen hätte.

Die Deutsche Nationalbibliothek verzeichnet
diese Publikation in der Deutschen Nationalbibliografie;
detaillierte bibliografische Daten sind im Internet über
www.dnb.de abrufbar.

1. Auflage, März 2017
© Christoph Links Verlag GmbH
Schönhauser Allee 36, 10435 Berlin, Tel.: (030) 44 02 32-0
www.christoph-links-verlag.de; mail@christoph-links-verlag.de
Umschlagentwurf und Innengestaltung: Stephanie Raubach, Berlin
Karte: Christopher Volle, Freiburg
Satz: Eugen Lempp, Ch. Links Verlag
Lektorat: Günther Wessel, Berlin
Druck und Bindung: Druckerei F. Pustet, Regensburg

ISBN 978-3-86153-945-2

Inhalt

Vorwort

In Deutschland fiel die Mauer, und in Südafrika gingen die Gefängnistore auf. Die beiden Ereignisse werden für mich die höchst unterschiedlichen Nationen für immer verbinden: Denn ich hatte das Glück, diese Sternstunden der deutschen und südafrikanischen Geschichte aus der Nähe mitzuerleben. Als Frederik Willem de Klerk, der letzte Präsident der weißen Bevölkerungsminderheit in Südafrika, 1989 an die Macht kam, bereitete er nicht nur die Freilassung Nelson Mandelas vor. Er sorgte auch in anderer Hinsicht für eine vorsichtige Öffnung des von teils ängstlichen, teils verbissenen Bleichgesichtern beherrschten Apartheidstaats. Seitdem konnten sich kritische Korrespondenten aus dem Ausland zumindest wieder Hoffnung auf eine Akkreditierung machen.

Als damals 32-jähriger Journalist mit etwas Afrika-Erfahrung sah ich meine Chance gekommen. Ich fragte bei der *Frankfurter Rundschau (FR)* und *dem Evangelischen Pressedienst (epd)* an, ob sie mich in Johannesburg wenigstens notdürftig über Wasser halten würden. Als liberale, der Apartheid kritisch gegenüberstehende Presse hatten sowohl der *epd* als auch die *FR* auf eine Arbeitsgenehmigung für einen eigenen Korrespondenten bislang verzichten müssen. Nach einigem Hin und Her erhielt ich vom Kap der Guten Hoffnung tatsächlich grünes Licht – ausgerechnet im November 1989, als die deutsch-deutschen Grenzübergänge plötzlich durchlässig wurden. Mein Chef beim Hessischen Rundfunk griff sich an den Kopf, wie ich mich in einer derart aufregenden Zeit vom Acker machen konnte.

Was mich am anderen Ende der Welt erwartete, war allerdings nicht weniger aufregend. Drei Wochen bevor mein Flieger am

1. März 1990 in Johannesburg landete, war Nelson Mandela mit erhobener Faust durch das Tor des Victor-Verster-Gefängnisses nahe des südafrikanischen Weinstädtchens Paarl geschritten. In der Nachrichtenredaktion des Hessischen Rundfunks kamen mir beim Einlaufen der Bilder, die von Hollywood-Regisseuren nicht eindrucksvoller hätten arrangiert werden können, genauso die Tränen wie drei Monate zuvor beim Mauerfall.

Obwohl sie sich in weit voneinander entfernten Regionen des Globus abspielten, hingen die beiden historischen Ereignisse miteinander zusammen. Ihr gemeinsamer Nenner war Michail Gorbatschows Perestroika, die den im südlichen Afrika heiß ausgetragenen Kalten Krieg beendete. Von sowjetischen, ostdeutschen und kubanischen Militärs unterstützte Armeen und Befreiungskämpfer hatten sich in Angola, Mosambik und Namibia über Jahrzehnte hinweg mit der Militärmaschinerie des Apartheidstaats und deren Stellvertretern bekriegt, die wiederum von den USA, Großbritannien und der Bundesrepublik Deutschland unterstützt worden war. Gorbatschows Reformpolitik leitete die Besänftigung der gesamten südafrikanischen Unruheregion ein: 1990 wurde Namibia unabhängig, 1993 legten die mosambikanischen Bürgerkriegsgegner ihre Waffen nieder, in Südafrika kam 1994 der erste schwarze Präsident an die Macht. Mit etwas Verspätung fand im Frühjahr 2002 auch Angola seinen Frieden.

Der Höhepunkt der Normalisierung des Subkontinents war zweifellos die Wende am Kap der Guten Hoffnung. Doch im Gegensatz zu Deutschland, wo lediglich wieder zusammenwachsen sollte, was ohnehin zusammengehörte, war die südafrikanische Wende eine ganz andere Herausforderung. Hier sollte zusammenwachsen, was sich über drei Jahrhunderte lang drangsaliert, bekriegt und verachtet hatte. Aus dem vom Rassismus zerrissenen Land am Kap der Guten Hoffnung eine vereinte Nation zu schmieden, hörte sich wie ein aussichtsloses Unterfangen an. Doch genau das hatten sich Nelson Mandela und seine *comrades* vom Afrikanischen Nationalkongress, dem ANC, auf die Fahne geschrieben. Als Korrespondent, der den dramatischen Übergang vom Apartheidstaat in eine moderne Demokratie verfolgte, wusste ich um das Privileg, ein derart spannendes Experiment der Menschheit miterleben zu können. Und als bei Nelson Mandelas Amtseinführung im Mai 1994 die Düsenjets des Rassistenregimes über seinen Kopf donnerten, um auf diese Weise ihre Unterwerfung unter den Oberbefehl des Exhäftlings kundzutun, flossen einmal mehr die Tränen.

Für mich und meine Frau Merle – wir hatten uns bei einem Pressefrühstück mit Nelson Mandela kennengelernt – bot Mandelas Wahl 1994 zum ersten dunkelhäutigen Präsidenten Südafrikas die Gelegenheit für einen Szenenwechsel. Merle wollte unbedingt meine deutsche Heimat kennenlernen, weshalb wir uns in Hamburg sieben Jahre lang beregnen ließen. Der in fast jeder Hinsicht wärmere Nachbarkontinent ließ uns indessen nicht los: Mitte 2001 packten wir wieder die Koffer, um mit unserem zwischenzeitlich adoptierten Sohn Marvin nach Südafrika zurückzukehren. Dort gesellte sich später noch Tochter Lerato, mit Haut und Haar »made in South Africa«, dazu.

Eher zufällig hatten wir in unserer Familie Verhältnisse geschaffen, die der gesellschaftlichen Vielfalt am Kap der Guten Hoffnung entsprachen. Merle ist Jüdin. Ihre in Litauen geborenen Großeltern waren nach der Wende vom 19. zum 20. Jahrhundert vor den zaristischen Pogromen in ihrer Heimat geflohen. Obwohl er selbst jahrelang in einem deutschen Kriegsgefangenenlager gesessen hatte, nahm Merles Vater den deutschen Schwiegersohn vorbehaltlos auf.

Dass wir sieben Jahre später Marvin adoptierten, hatte nichts mit Gutmenschentum, sondern lediglich mit unserem unerfüllten Kinderwunsch zu tun. Und dass der von einer Tansanierin geborene Knabe eine dunklere Hautfarbe hat als wir, war ebenfalls keiner politischen Programmatik zuzuschreiben. Als adoptionswilliges Paar in fortgeschrittenem Alter hatten wir im kinderarmen Deutschland schlicht keine andere Chance, als unseren

Afrika-Trumpf auszuspielen. Er stellte sich in jeder Hinsicht als ein Ass heraus.

Mit Lerato wurde die *Rainbow Family* schließlich perfekt. Zwanzig Jahre zuvor hätten wir in Südafrika nicht einmal gemeinsam auf einer Parkbank sitzen dürfen: Jetzt waren wir eine Keimzelle der vom anglikanischen Erzbischof Desmond Tutu benutzten und von Nelson Mandela ausgerufenen Regenbogennation, kein anderer Staat der Welt hätte auf passendere Weise unsere Heimat werden können.

Im Juli 2001 nach Johannesburg zurückgekehrt, empfing uns allerdings ein Land, das dem Traum von der neuen, egalitären Gesellschaft kaum nähergekommen war. Nelson Mandela hatte die Präsidentschaft an Thabo Mbeki abgetreten. Der machte sich vor allem damit einen Namen, dass er die Aids-Pandemie, die in keinem Land der Welt schlimmer als in Südafrika tobte, für ein Hirngespinst rassistischer Wissenschaftler hielt. Das Land wurde außerdem von einer Kriminalitätswelle heimgesucht, die ebenfalls jedem globalen Vergleich spottete – die verängstigten Johannesburger zogen sich hinter immer höhere, meist noch von Starkstromleitungen getoppte Mauern zurück.

So auch wir. Die Käfige, in die sich Johannesburgs wohlhabendere Familien verziehen, sind freilich golden. Im Innern sind die urbanen Festungen oft als regelrechte Freizeitparks ausgestattet: Mit Schwimmbad, Trampolin, Klettergerüst, Baumhaus und – in der Luxusausführung – Skateboard-Rampe oder Tennisplatz. Weil es ein urbanes öffentliches Leben schon aus Sicherheitsgründen höchstens in Einkaufszentren gibt, spielt sich das soziale Leben in Johannesburg weitgehend in den privaten Burghöfen ab: mit *braai* genannten Grillpartys, Tennisturnieren und Schwimmfesten für Kinder.

Außenstehende vermuten hinter den Mauern verängstigte Bleichgesichter, die um ihren Besitz und ihre Privilegien bangen. In Wahrheit sind die Festungen jedoch zumindest tagsüber mit Menschen ganz unterschiedlicher Herkunft bevölkert, die sich außerhalb der Umwallungen nur selten begegnen. In unserem *Compound*, der aus zwei Grundstücken und mehreren Gebäuden besteht, treffen außer unserer vielfarbigen Kernfamilie unsere Haushälterin, eine Mieterin aus dem Zululand, der simbabwische Gärtner sowie die größtenteils indischstämmigen Angestellten meiner Frau aufeinander. Es handelt sich um ein Miniaturmodell des neuen Südafrika, in dem neue Verhaltensweisen einzustudieren sind – ein Atelier des Regenbogenstaats.

Im Gegensatz zu Marvin, der sich eingeschlossen fühlt und für jeden Ausflug in die Außenwelt einen der Elternteile als Chauffeur gewinnen muss, ist unsere Haushälterin Rosina froh über die Festungsmauern. Entgegen weitverbreiteter Auffassung werden schwarze Südafrikaner nämlich noch wesentlich häufiger zu Opfern von Verbrechen als weiße. Neben der hohen Kriminalitätsrate klagt Rosina über die von Macho-Männern beherrschte Gesellschaft, die hohe Inflationsrate und ihren viel zu hohen Blutdruck – sie weiß allerdings auch die Errungenschaften ihrer neu konstituierten Heimat zu schätzen. Schließlich wird Rosina inzwischen nicht mehr als Leibeigene behandelt, die aus der eigenen Tasse trinken muss und nichts aus dem Kühlschrank der Herrschaft nehmen darf. Das Verhältnis zu ihren heutigen Chefs entspricht neuzeitlichen Standards – mit Arbeitsvertrag, geregelten Arbeitszeiten und Mitgliedschaft in der Haushälterinnengewerkschaft. Dass Rosina neben Kochen, Putzen und Kleiderwaschen immer wieder auch als Beraterin in Angelegenheiten afrikanischer Denk- und Lebensweise in Anspruch genommen wird, lässt die acht Sprachen sprechende Putzfrau mit Abitur großherzig zu.

Gewiss würde Rosina mit ihren Arbeitgebern tauschen – aber nur, was das Einkommen angeht. Ansonsten fühlt sie sich in ihrer Haut und Gemeinschaft wesentlich wohler als in der atomisierten Welt ihrer bleichgesichtigen Chefs. Am Wochenende pflegt sie mit Tausenden von Glaubensgeschwistern beim Gottesdienst der afrikanischen Zionskirche die ganze Nacht über zu singen und zu tanzen. Und wenn die 38-jährige Großmutter in ihrem Privatleben auch von unzähligen Problemen geplagt wird, hat sie doch ebenso viele Verwandte und Freunde, die ihr bei deren Überwindung zur Seite stehen.

Dagegen fühlt sich ihre Arbeitgeberin Merle vom ersten Vierteljahrhundert des neuen Südafrikas schon grundsätzlicher enttäuscht. Sie hatte sich in ihren Studentenjahren der Antiapartheidbewegung angeschlossen: Als Jüdin war sie gegenüber dem staatlich verordneten Rassismus empfindlicher als viele ihrer Kommilitonen. Die Euphorie, mit der Merle zunächst den neuen demokratischen Staat begrüßt hatte, ist inzwischen jedoch einer gründlichen Enttäuschung gewichen: Die Eskapaden der ANC-Regierung – ihre Misswirtschaft, Inkompetenz und Korruption – haben dem Traum vom globalen Modellstaat stark zugesetzt. Weiße Überlegenheitsfanatiker, für die ein schwarz regiertes Südafrika schon immer nur im Ruin enden konnte, fühlen sich dagegen bestätigt.

Merle zählt allerdings nicht zu den larmoyanten Bleichgesichtern, die sich von ihrer Heimat zumindest innerlich längst verabschiedet haben. Wie viele Südafrikaner, die wissen, dass Rom nicht an einem Tag und nicht von den Senatoren, sondern von seinen Bürgern errichtet wurde, sucht sie aus dem Unvollkommenen das Beste zu machen: Sie gründete ein kleines Online-Unternehmen, das Johannesburger über sämtliche für Nachwuchs und Familie relevanten Belange informiert, und trägt auf diese Weise sowohl zur Entlastung der gestressten Großstadtbewohner als auch des unter einer Arbeitslosenquote von 27 Prozent ächzenden Arbeitsmarktes bei. Inzwischen beschäftigt Merle mehr als ein halbes Dutzend Angestellte – und weil sie schnell herausfand, dass indischstämmige Südafrikanerinnen die gewissenhaftesten Arbeitnehmer sind, stehen der jüdischen Chefin heute fünf muslimische Beschäftigte zur Seite.

Die stets traditionell mit Kopftuch gekleidete Nazmeera hat kein Problem mit ihrer andersgläubigen Arbeitgeberin – solange diese tolerant bleibt und für einen eigenen Staat der Palästinenser eintritt. Die Mutter von vier Kindern folgt mit ihrer Familie den Regeln der Scharia: Das hindert sie allerdings nicht daran, auch die Vielfalt unseres *Compounds* zu schätzen. Nazmeera zieht es sogar vor, als Teil einer Minderheit im südafrikanischen Regenbogenstaat statt in einer islamischen Republik zu leben: »Das gibt mir mehr Freiheit, meine Religion so zu leben, wie ich will.« Eine »Rückkehr« in die Heimat ihrer indischen Urgroßeltern kommt für Nazmeera nicht in Frage: Lieber will sie am Aufbau eines vielfältigen und toleranten Staats beteiligt sein.

Zu dem natürlich auch Hilton gehören soll – selbst wenn unser Gärtner wie Millionen anderer Afrikaner aus allen Ecken und Enden des Kontinents nicht wegen der Toleranz und Vielfalt, sondern des schnöden Geldes wegen ans Kap der Guten Hoffnung kam. Seine simbabwische Heimat ist wirtschaftlich längst gründlich ruiniert. Der 26-Jährige lebt in ärmlichsten Verhältnissen in einem Slum und sendet jeden Rand, auf den er verzichten kann, zu seiner Familie nach Hause. Hilton davon zu überzeugen, mit uns an einem Tisch zu essen, erforderte Überredungskunst. Inzwischen erzählt er uns sämtliche Tragödien, von denen sein Leben gespickt ist. Kürzlich kam sein zweijähriger Sohn bei einem Autounfall ums Leben, seine Frau erlitt eine Fehlgeburt, er selbst wird immer wieder von der Polizei aufgegriffen und nach Simbabwe deportiert, weil er keine Aufenthaltsgenehmigung hat. Zwei Wochen später steht er dann wieder vor der Tür.

Vermutlich haben Geschichten wie diese zum Entschluss unserer Tochter beigetragen: Sie will einmal reich sein, und zwar noch reicher als wir. In Leratos Welt waren Schwarze bislang arm und Weiße begütert. Nur selten hatte sich ein Repräsentant des neuen schwarzen Mittelstands in unseren *Compound* verirrt. Kürzlich zog jedoch ein dunkelhäutiger Regierungsbeamter in unser Nachbarhaus ein: Er bewirtet auf seiner Veranda bis in die späte Nacht hinein laut und lebenslustig seine Freunde – und dreht ab und zu mal eine Runde mit seinem nagelneuen BMW. Seitdem ist für unsere 14-jährige Tochter die Gleichung »schwarz gleich arm« nicht länger gültig. Jetzt ist sie überzeugt davon, dass Menschen dunkler Hautfarbe das Leben wesentlich lockerer nehmen als blasse Exemplare wie wir. Könnte sie sich ihre Adoptiveltern aussuchen, gab sie kürzlich bekannt: Sie würde sich schwarze Eltern wählen.

»So weit sind wir also gekommen«, sagt Merle, die selbst in schweren Verletzungen noch das Positive sieht. Wäre es bis vor gar nicht allzu langer Zeit überhaupt vorstellbar gewesen, dass ein Kind lieber dem Teil der Bevölkerung angehören will, der über Jahrhunderte nur schlechtgemacht, entwürdigt und benachteiligt wurde? Fast 25 Jahre nach der großen Wende ist Südafrika zweifellos anders und wesentlich sympathischer geworden. Die Bevölkerung teilt sich Grünflächen oder Konsumtempel wie die glitzernden Johannesburger Einkaufszentren. Die schwarze Township Soweto mutet mit ihren Teerstraßen, Kinderspielplätzen und Museen nicht mehr wie ein Ghetto, sondern wie ein lebenswertes Stadtviertel an. Und in zahllosen Schulen drücken Kinder ganz unterschiedlicher Provenienz gemeinsam die Bank.

Gleichzeitig stehen jedoch *Compounds* wie der unsere einer überwältigenden Mehrheit der schwarzen Bevölkerung noch immer höchstens zum Broterwerb offen. Noch immer verdienen weiße Südafrikaner durchschnittlich fünfmal mehr als schwarze. Und noch immer leben 40 Prozent der dunkelhäutigen Südafrikaner unterhalb der Armutsgrenze. Niemand konnte erwarten, dass mehr als drei Jahrhunderte des Unrechts und der Unterdrückung in zwei Jahrzehnten ungeschehen gemacht werden könnten. Genauso wenig kann jedoch behauptet werden, dass lediglich mehr Zeit vergehen muss, um die Transformation der Gesellschaft zu den gewünschten Ergebnissen zu führen.

Denn im neuen Südafrika läuft Entscheidendes schief. Korruption, Vetternwirtschaft und Patronage-Politik drohen das Fundament eines stabilen Staatswesens zu unterspülen. Der Zusammenbruch öffentlicher Dienste – vor allem der Strom- und

Wasserversorgung – ist nur ein Indiz für den wohl gefährlichsten Bazillus am Kap der Guten Hoffnung: Viele der Volksvertreter und Staatsdiener sind weniger am Gemeinwohl als am eigenen Vorteil, am Füllen der eigenen Tasche interessiert. An erster Stelle der dritte Präsident des neuen Südafrika, Jacob Zuma, unter dessen Ägide der Staat zu einem Selbstbedienungsladen für eine kleine Elite verkam.

Und das alles in Nelson Mandelas Regenbogennation, die nach dem südafrikanischen Prinzip des *ubuntu*, eines solidarischen Humanismus, errichtet werden sollte. »Umuntu ngumuntu ngabantu«, sagen die Zulus und meinen damit, dass der Mensch erst durch und mit anderen Menschen zum Menschen wird. Nelson Mandela hat diesen Grundsatz in seiner außergewöhnlichen Biografie gelebt und ihn zum Leitmotiv seines egalitären Modellstaats gemacht. Doch die Bevölkerung am Kap der Guten Hoffnung tut sich schwer, die Vision ihres Gründervaters am Leben zu erhalten. Dieses Buch beschreibt ein Land, das von einem großartigen aber flüchtigen Versprechen überspannt wird – gleich dem Regenbogen, dem die einzigartige Nation ihren Namen verdankt.

Johannesburg, im Januar 2017   Johannes Dieterich

Bestandsaufnahme

Anthropologische Grundlegung –
das Völkergemisch am Kap

Wer ein wenig in der Welt herumgekommen ist, weiß, dass der Franzose Rotwein trinkt, eine Baskenmütze trägt und die irdischen Genüsse des Lebens liebt. Der Russe trinkt Wodka, tanzt dann ausgelassen und versinkt schließlich in tiefe Schwermut, die im Idealfall Bücher wie *Schuld und Sühne* oder Sinfonien wie die *Pathétique* hervorbringt. Der Deutsche trinkt Bier, weiß alles besser und rast mit seiner in Stuttgart oder München konstruierten Limousine wie eine gesengte Sau über die Autobahn. Und der Südafrikaner?

Vom Südafrikaner gibt es kein Klischee. Das liegt schon daran, dass man sich den Kapländer immer gleich in zwei Versionen vorstellen muss: in schwarzer und weißer Ausführung. Doch damit ist es nicht getan – denn schließlich gibt es noch die *coloureds* (Mischlinge) und die *asians* (Asiaten). Bei diesen Kategorien handelt es sich jedoch um grobschlächtige Klassifizierungen der abgedankten Apartheidherrscher, die in Wahrheit vollkommen verschiedene Menschengruppen umfassen. Als *coloureds* wurden außer den europäisch-afrikanischen Mischlingen auch die Urbewohner Südafrikas (Buschleute und »Hottentotten«) bezeichnet sowie Malaien, die bereits vor 300 Jahren als Sklaven ans Kap verschleppt wurden. Selbst Chinesen wurden zu *coloureds* gestempelt und hatten in den Wohngebieten der Mischlinge zu leben, während Japaner als *honourable whites* (Weiße ehrenhalber) durchgingen. Umgekehrt galten als »Asiaten« nur die vom südasiatischen Subkontinent stammenden Menschen aus Nepal, Sri

Lanka, Bangladesch, Indien oder Pakistan: Eine ziemlich chaotische Ordnung, die da geschaffen wurde.

Wer Südafrika besser kennt, weiß, dass selbst das nicht genug ist. Auch innerhalb der schwarzen und weißen Bevölkerung gibt es bedeutsame Unterschiede. Hier die Afrikaans sprechenden Buren, deren Vorfahren bereits seit 1652 aus Holland, Deutschland und Frankreich ans Kap der Guten Hoffnung kamen und ein äußerst angespanntes Verhältnis zu den später aus Großbritannien dazustoßenden Siedlern hatten. Zweimal kam es sogar zu brutal geführten Waffengängen, den sogenannten Burenkriegen. Die Animositäten zwischen den *Boere* und den *Rooinecke* (Rotnacken, wie die Buren die aus Europa kommenden und von der ungewohnten Sonne verbrannten Briten zu nennen pflegen) leben noch heute fort.

Auf der anderen Seite, unter den schwarzen Südafrikanern, erfolgt die Feinabstimmung nach sprachlichen Kriterien: Hier die Sprachfamilie der Nguni, zu denen die Xhosa, Zulu, Ndebele und Swazi gehören. Dort die Tswana, Sotho, Pedi, Shangaan und Venda. Die Apartheidherrscher suchten diese Unterschiede für die eigene Machterhaltung auszunutzen und wiesen den Volksgruppen getrennte Reservate zu, die sie euphemistisch *homelands*, Heimatländer, nannten. Dagegen legte der Afrikanische Nationalkongress (ANC) großen Wert darauf, solche ethnischen Differenzen zugunsten der gemeinsamen Identität als unterdrückte Afrikaner herunterzuspielen. Anders als in vielen anderen afrikanischen Staaten, deren Grenzen von den Kolonialisten willkürlich gezogen worden waren, kam es nach der Entkolonialisierung Südafrikas 1994 nicht zu ethnisch motivierten, tribalistischen Zusammenstößen, obwohl die scheidende weiße Minderheitsregierung alles versuchte, die Animositäten zwischen der Inkatha-Partei der Zulus und dem damals von Xhosas (der »Xhosa Nostra«) dominierten ANC noch anzuheizen. Ganz sind die Ressentiments zwischen den verschiedenen Volksgruppen allerdings auch im neuen Südafrika nicht ausgeräumt.

Als wir unsere Tochter im Alter von vier Jahren eine afrikanische Sprache lernen lassen wollten, dachten wir an Zulu, als die von den meisten schwarzen Südafrikanern gesprochene Sprache. Das brachte jedoch unsere Freundin Schupi (Muttersprache: Pedi) auf die Palme. Sie sah darin einen unziemlichen Triumph der imperialistischen Zulus, deren König Shaka Anfang des 19. Jahrhunderts Krieg und Verheerung über das Landesinnere Südafrikas gebracht hatte, und die als größte Bevölkerungsgruppe im Staat noch heute ziemlich herrisch sein können. Die Konsequenz der Sprachdebatte: Lerato lernte gar keine afrikanische Sprache. Und als sie später in der Schule neben Englisch zumindest eine weitere der elf offiziellen südafrikanischen Sprachen wählen sollte, entschied sie sich für Afrikaans, die berüchtigte Sprache der einstigen Unterdrücker, weil das ihrem akzentfrei beherrschten Deutsch sehr nahe ist und ohne großen Einsatz eine gute Note versprach. Ihre Zulu lernenden Klassenkameraden fallen dagegen reihenweise durch.

Wer annahm, dass die obsessiven rassischen Klassifizierungen im neuen Südafrika allmählich verschwinden würden, sieht sich getäuscht. Die Generation meiner Kinder hat die kompromittierenden Kategorien sogar noch weiter verfeinert: Sie spricht außer von Schwarzen, *coloureds* und Weißen noch von *yellow bones* (Schwarze mit hellerer Haut), von *light skinned* (Mischlinge mit heller Haut) oder von *coconuts*. Bei Letzteren handelt es sich um Menschen, die wie eine Kokosnuss außen braun und innen weiß sind – also wie unsere Kinder als Schwarze in einem weißen Elternhaus oder in »europäischer Kultur« aufwachsen. Der Unterschied zwischen unserer Generation und der unserer Kinder ist jedoch, dass diese mit ihrer feinjustierten äußeren Beschreibung keine charakterlichen Eigenschaften mehr verbinden – dass also schwarz nicht automatisch gewalttätig und ungebildet, weiß überheblich und *coloured* identitätslos bedeutet. Für sie ist die Farbe der Haut kaum bedeutender als der Anstrich eines Hauses: Mein Sohn kommt mal mit einer schwarzen, dann mit einer weißen und schließlich mit einer braunen Freundin nach Hause.

Die alten südafrikanischen Rasseneinteilungen gründen auf Theorien, die vor allem in Deutschland Anfang des vergangenen Jahrhunderts entwickelt worden waren – der Begründer der Apartheid, Hendrik Verwoerd, hatte in den 1920er Jahren in Deutschland studiert. In der Wissenschaft redet man längst nicht mehr von Rassen: Äußere Merkmale wie Haare, Haut und Schädelform haben sich zur Unterscheidung möglicher Unterarten des Homo sapiens als unbrauchbar erwiesen. Genetisch kann ein Afrikaner einem Europäer ähnlicher sein als ein Berliner dem anderen. Auch wer Rasse eher kulturell definieren will, scheitert am Kap: Denn dort gilt sowohl ein südafrikanischer Zulu als auch ein Jolof aus dem Senegal als schwarz, obwohl sie kulturell so viel Ähnlichkeit miteinander haben wie ein Bayer mit einem St. Petersburger. Noch absurder war die Zuordnung eines Buschmanns, eines malaiischen Sklaven oder des Kindes eines deutschen Vaters und einer Xhosa-Mutter in die Klasse der *coloureds*. In diese Kategorie stopften die Rassentrenner alles hinein, was weder schwarz noch weiß noch asiatisch war.

Um die Verwirrung vollends perfekt zu machen, haben die Klassifizierungen inzwischen auch noch eine politische Dimension angenommen. Auf dieser Ebene unterscheidet sich ein schwarzer Südafrikaner von einem weißen dadurch, dass dieser unter der Apartheid gelitten hat, während jener davon profitierte. Deshalb bezeichnen sich politisch denkende Inder oder *coloureds* als schwarz, weil auch sie zu den Entrechteten gehörten. Dagegen hat dann allerdings ein traditioneller Zulu wieder etwas einzuwenden: Er würde sich ungern mit dem Nachfahr muslimischer Sklaven aus Malaysia in eine Gruppe pressen lassen. Das alles muss man am Kap der Guten Hoffnung mitdenken, wenn man von Rassen spricht. Unter diesen Umständen wäre es natürlich am besten, das untaugliche und vorbelastete Konzept ganz fallen zu lassen – aber dann wäre man nicht in Südafrika angekommen.

Südafrikanische Farbenlehre – getrennte Gesellschaft, gefährdete Gemeinschaft

Chumani Maxwele hatte irgendwann die Nase voll. Morgen für Morgen musste der Politikstudent den versteinerten Cecil Rhodes passieren, der seit über 80 Jahren mitten auf dem Campus der renommierten Universität von Kapstadt auf einem Podest saß – den Blick angestrengt auf das afrikanische Hinterland gerichtet, das der britische Erzimperialist in großen Stücken unter die Kontrolle des Königlichen Empires brachte. »Ich behaupte, dass wir die erlesenste Rasse dieser Welt sind«, brachte Cecil Rhodes die Hybris der Europäer zum Ausdruck. »Je mehr wir von dieser Erde bewohnen, desto besser für die Menschheit.«

Im März 2015 sammelte Chumani Maxwele ein Eimerchen Kot aus den Plumpsklos, die in den Slums des Touristenmekkas Kapstadt noch immer gang und gäbe sind, und warf es Sir Cecil Rhodes kurzerhand an den Kopf. Er habe es satt, der Ausgeburt des europäischen Imperialismus Tag für Tag über den Weg laufen zu müssen, erklärte der Politikstudent: »Rhodes muss weg.«

Und so geschah es auch. Nachdem Hunderte, mehrheitlich dunkelhäutige Studenten mehrere Wochen lang mit täglichen Sit-ins vor der Statue protestiert hatten, lenkte die Universitätsverwaltung schließlich ein und bestellte einen Kran, der den berüchtigten Eroberer behutsam, aber entschlossen vom Sockel holte – er wurde im Universitätskeller endgelagert. Doch dabei blieb es nicht.

Maxweles Kot-Attacke machte Schule und wurde zum Auftakt eines regelrechten Denkmalkriegs, der mehr als zwei Jahrzehnte nach der Geburt des neuen Südafrikas das Kap der Guten Hoffnung heimsuchte. Überall im Land gerieten Monumente in die Wurflinie der Standbilderstürmer: Verschont blieben nicht einmal die im Zentrum von Johannesburg aufgestellte Statue von Mahatma Gandhi (der trotz seines beherzten antiimperialistischen Kampfes rassistische Auffassungen gehabt haben soll) und der bronzene Abguss eines reiterlosen Pferdes in Port Elizabeth (das den weißen Eindringlingen als Beförderungsmittel diente).

Bald eilten den angegriffenen Standbildern Verteidiger zur Seite, die – kaum überraschend – allesamt heller Hautfarbe waren. Eine weiße Schlagersängerin kettete sich – die alte Nationalhymne des Landes schmetternd – an das Denkmal Paul Krügers in Pretoria, um den einstigen Buren-Präsidenten vor einer finalen Schändung zu retten. Sie wurde wiederum von Historikern unterstützt, die darauf hinwiesen, dass man Geschichte nicht durch die Beseitigung ihrer Relikte ungeschehen machen könne (und dass das reiterlose Bronzepferd in Port Elizabeth in Wahrheit der unschuldig leidenden Kreatur in den Burenkriegen gewidmet war). Selbst die ANC-Regierung rief die Bilderstürmer zur Mäßigung auf: Statt die Monumente mit Exkrementen zu beschmutzen, sollten sie ihren Protest lieber in herkömmliche Bahnen lenken. Und schließlich stellte der liberale weiße Kolumnist Max du Preez resigniert fest: »Die Regenbogennation liegt in Scherben!«

Damit hatte er nicht einmal ganz unrecht. Denn tatsächlich war es keinem anderen als dem Gründervater der Regenbogennation, Nelson Mandela, zuzuschreiben, dass die kompromittierten Heroen überhaupt noch dermaßen lange auf ihren Sockeln ausharrten. Mandela hatte den Südafrikanern eingebläut, die Zukunft wichtiger als die Vergangenheit zu nehmen. Mit der Mandela-Rhodes-Stiftung, die Stipendien an mittellose Studenten vergibt, war er sogar selbst eine Allianz mit den Nachlassverwaltern des Erzimperialisten zugunsten der Ausbildung künftiger Generationen eingegangen. Viele weiße Südafrikaner hatten Mandelas Versöhnungsbotschaft allerdings dahingehend verstanden, dass sie auch im neuen Südafrika nicht von ihren lieb gewonnenen Vorstellungen und Privilegien lassen müssten. Als ob mit der politischen Wende 1994 bereits alles Wesentliche geschehen wäre.

In Wahrheit war der politische Machtwechsel nur der erste Schritt einer Reise, deren Ende noch längst nicht abzusehen ist. Noch immer entscheidet in Südafrika über den Verlauf eines Lebens, ob dieses in eine dunkle oder helle Hülle eingepackt begonnen hat. Im ersten Fall wächst man in der Regel in einer Township oder auf dem Land in einem *Kraal* auf, besucht eine staatliche Schule – die oft bis zu 90 Kinder in einer Klasse haben, dafür jedoch kein Glas in den Fenstern, geschweige denn Computer in den Klassenzimmern – und wird später größte Schwierigkeiten haben, einen Job zu finden. Weiße Kinder wachsen dagegen auf einer Farm, im Dorfzentrum oder in einer der städtischen Suburbs auf, besuchen eine Privatschule und kommen später, wenn sie nicht ganz auf den Kopf gefallen sind, irgendwo in der freien Wirtschaft unter – oder übernehmen die Farm.

Gewiss dringen immer mehr schwarze Südafrikaner in die bislang weißen Domänen ein. Sie ziehen als Angehörige des Mittelstands in Stadtviertel, die einst Bleichgesichtern vorbehalten waren, schicken ihre Kinder in integrierte Schulen und arbeiten im öffentlichen Dienst oder in Unternehmen, in denen rassische Segregation und Exklusivität verboten sind. Sie sind die Hoffnungsträger der Regenbogenfraktion. Spätestens nach Feierabend gehen die schwarzen und weißen Arbeitskollegen aber meist noch getrennte Wege: Zum Abhängen begeben sich die Johannesburger Bleichgesichter nach Parkhurst, während ihre dunkelhäutigen Kollegen eher Sandton oder Melville anpeilen. Samstags ziehen die Weißen in Scharen zum Rugby, Schwarze suchen das Fußballstadion auf. Alle Schaltjahre kommt es mal vor, dass ein Rugby-Spiel im Orlando Stadium in Soweto ausgetragen wird: Dann zeigen sich die Südafrikaner von ihrer besten Seite und inszenieren das Schauspiel von der Regenbogennation. Weiße Familien fallen in ihren allradgetriebenen Karossen in die ausschließlich von Schwarzen bewohnte Mega-Township ein, packen ihre tragbaren Grills aus und verbrüdern sich biertrinkend mit ihren dunklen Landsleuten. Die Medien berichten zwei Tage über das Spektakel. Und am dritten Tag ist wieder alles beim Alten.

Die Südafrikaner brauchen gar keine Gesetze mehr, um sich voneinander fernzuhalten. Der Johannesburger Emmarentia-Park wird fast ausschließlich von Weißen, der Zoo-Park von Indern, der Joubert-Park im Zentrum der Stadt allein von Schwarzen frequentiert. Persönliche Feste wie Geburtstage oder Hochzeiten sind meist ziemlich einfarbige Angelegenheiten – höchstens mit ein paar Tupfern der jeweiligen Kontrastfarbe versehen, die als Ausnahmen die Regel bestätigen. Südafrikanische Sitcoms werden entweder für Schwarze mit fast ausschließlich schwarzer Besetzung in für Schwarze konzipierten Fernsehprogrammen – oder für Weiße mit fast ausschließlich weißem Ensemble im für Weiße vorgesehenen TV-Programm ausgestrahlt. Als eine Produktionsfirma bereits kurz nach der Wende eine buntere Szenerie ausprobieren wollte, sei das von den Zuschauern als »zu gekünstelt« abgelehnt worden, erzählt die Schauspielerin Brümilda van Rensburg. Wenn ich mit meiner dunkelhäutigen Tochter einen der trostlosen öffentlichen Spielplätze in Johannesburg aufsuchte, brachen die zahlreichen, ihre weißen Zöglinge beaufsichtigenden schwarzen Kinderfrauen in schallendes Gelächter aus. Ihnen kam es vor, als ob beim Entwickeln der Bilder etwas schiefgelaufen wäre – unter die schwarz-weißen Abzüge war ein weiß-schwarzes Negativ geraten.

Jährlich erhält Südafrikas Menschenrechtskommission fast 4000 Beschwerden über Fälle von Ungleichbehandlung, die meist mit der Hautfarbe des Klägers zu tun haben. Ob das nun weiße Polizisten sind, die ihre Hunde auf wehrlose schwarze Immigranten hetzen, oder Friseure, die keine schwarzen Kunden bedienen wollen, weil sie sich (angeblich) mit deren Haarstruktur nicht auskennen. Regelmäßig wird auch noch das längst verbotene K-Wort (für *Kaffir*) verwendet, und in der Provinzstadt Louis Trichardt gab es mehr als 20 Jahre nach der Apartheid in einem Bürogebäude noch separate Toiletten für Schwarze und Weiße.

Besonders interessant sind die subtilen Diskriminierungsfälle – wie die kulturellen Vorurteile in den standardisierten Eignungstests für Jobbewerber. Darin würden die in der westlichen Welt üblichen individualistischen Problemlösungsvorschläge besser bewertet als kollektive afrikanische Entscheidungsprozesse, beschweren sich dunkelhäutige Kandidaten. Auf diese Weise hätten sie von vornherein schlechtere Chancen.

Gelegentlich sorgen die Spannungen zwischen den Bevölkerungsgruppen auch für merkwürdige Entgleisungen. Mcebo Dlamini, Präsident der Studentenvertretung der Johannesburger Witwatersrand-Universität, stimmte einst auf seiner Facebook-Seite ausgerechnet ein Loblied auf Adolf Hitler an: »Ich bewundere das Charisma und die organisatorischen Fähigkeiten dieses Mannes«, schwärmte das überzeugte ANC-Mitglied, das während der Studentenstreiks im Herbst 2016 eine entscheidende Rolle spielte. Seine Bewunderung begründete Dlamini mit der Behauptung, Hitler habe die Deutschen »aus den Klauen der Kommunisten befreit und wieder groß gemacht« – und so die Grundlage dafür geschaffen, dass heute in aller Welt deutsche Autos gefahren werden. Höchste Zeit also, dass auch »die guten Seiten« des Führers beleuchtet würden.

Das sei ungefähr so, als ob man einen Vergewaltiger für seine prächtige Erektion lobt, warf eine aufgebrachte Kommentatorin ein. Vor allem in liberalen weißen Kreisen sorgten Dlaminis Äußerungen für blankes Entsetzen. Der Studentenführer wurde als »schwarzer Faschist« gebrandmarkt und kurze Zeit später – allerdings wegen eines anderen Vorfalls – seines Amtes enthoben. In Wahrheit sei es ihm gar nicht um Adolf Hitler gegangen, gab Dlamini erst später die eigentlichen Beweggründe seines Affronts bekannt: Er habe lediglich die »Heuchelei der Weißen« aufdecken wollen, die von Schwarzen verlangten, stets dieselben Idole lieben und dieselben Bösewichter verachten zu müssen.

Noch immer ist Südafrika in klar definierte Lager aufgeteilt. Die Stellungen sind meist dermaßen offensichtlich, dass man selbst als Ausländer gleich weiß, ob es sich bei einem Anrufer in einer Radio-Talkshow um einen Weißen oder Schwarzen handelt – man muss nur die Wortwahl und die Perspektive beachten. Ein dunkelhäutiger Anrufer beklagt sich über mangelnde Jobs, steigende Preise und zusammengebrochene Sozialstrukturen. Er spricht von *community* und *our traditions* und ist der Überzeugung, dass »der Westen«, wozu auch die weißen Mitbürger zu zählen sind, die Afrikaner und ihren Kontinent niederzuhalten sucht. Dagegen beschwert sich ein bleicher Anrufer am liebsten über die Ineffizienz der neuen Verwaltung, den Kollaps öffentlicher Dienstleistungen wie der Wasser- oder Stromversorgung (Annehmlichkeiten, die viele schwarze Südafrikaner noch bis vor 20 Jahren gar nicht in Anspruch nehmen konnten) und ist der Überzeugung, dass *they* (womit die Schwarzen und ihre Regierung gemeint sind) das Land in den Ruin treiben werden.

Auch in der Politik sind die Lager klar abgesteckt. Schwarze wählen so selbstverständlich den Afrikanischen Nationalkongress (ANC) wie Weiße die Demokratische Allianz (DA) – obwohl die DA schon seit geraumer Zeit von einem Schwarzen geführt wird. Doch Mmusi Maimane wird vom ANC als dunkelhäutiger Lakai der im Hintergrund agierenden weißen Herrschaft oder kurz: als ein »gemieteter Eingeborener« verleumdet. Eine Ministerin meint sogar: »Er ist wie ein dressierter Affe, der weiter tanzt, selbst wenn er sich bereits in Freiheit befindet.« Auf der anderen Seite sehen sich weiße Südafrikaner mit Jacob Zuma in ihrem Stereotyp vom »schwarzen Mann« bestätigt: ungebildet, vom Sexualtrieb angefeuert, hochgradig korrupt.

Nach Auffassung des Johannesburger Politologen Steven Friedman ist für einen südafrikanischen Wähler gar nicht so wichtig, ob eine Partei seine Interessen vertritt oder nicht. Entscheidend sei vielmehr die Identität des Wählers: Ob er sich seiner biologischen Beschaffenheit und sozialen Zugehörigkeit wegen mit der einen oder anderen Seite verbunden fühlt. Deshalb ist am Kap auch die anderswo unvorstellbare Konstellation möglich, dass sich im ANC stinkreiche Kapitalisten und lupenreine Neoliberale mit eingefleischten Gewerkschaftern und sogar Mitgliedern der Kommunistischen Partei vereinen. Sie werden nicht von gemeinsamen Interessen, Ideologie oder Ideen zusammengehalten, sondern allein von der Tatsache, dass sie einst alle Opfer der weißen Unterdrückung waren. Nur allmählich schwächt sich die Kohäsionskraft ab: Bei den Kommunalwahlen im August 2016 gaben erstmals auch schwarze urbane Mittelständler der DA ihre Stimme und sorgten so dafür, dass der ANC die Macht gleich in drei großen Städten – Johannesburg, Pretoria und Port Elizabeth – verlor.

Ansonsten hat sich die Hoffnung, dass mehr als zwei Jahrzehnte nach der Ausrufung des Regenbogenstaats das Thema Rasse keine Rolle mehr spielen würde, nicht erfüllt: Sie war wohl von Anfang an unrealistisch. Nicht nur, dass der gemeine Rassismus weiterhin fröhliche Urständ feiert: Erst kürzlich mokierte sich wieder eine weiße Maklerin auf Facebook, dass schwarze Südafrikaner »wie Affen« in Horden am Strand von Durban badeten. Das von Cecil Rhodes in aller Deutlichkeit ausgedrückte Überlegenheitsgefühl scheint sich längst in die DNA der Bleichgesichter gefräst zu haben: Kein Streit zwischen einem schwarzen Kunden und einem weißen Dienstleister (oder umgekehrt), in dem das ungleiche Kräfteverhältnis nicht mindestens mitschwingen würde.

Der größte Fehler im Regenbogenstaat sei es, die nach wie vor getrennte Gesellschaft und den Rassismus zu ignorieren, meint der Kolumnist und Coca-Cola-Manager Khaya Dlanga: »Wir müssen diese Trennung anerkennen, wir müssen uns mit den harten Fakten befassen, sie müssen uns wehtun, sie müssen uns zur Weißglut treiben, erst dann können wir langsam genesen.« Nelson Mandelas Versöhnungsprojekt habe an der falschen Vorstellung gelitten, »dass wir schneller heilen, wenn wir unseren Schmerz wegpacken«, fügt der dunkelhäutige Buchautor hinzu. Das habe es den Weißen ermöglicht, so zu tun, als ob gar nichts gewesen sei. Wie im Nachkriegsdeutschland ist es in Südafrika heute schwer, noch jemanden zu finden, der die Apartheid unterstützt. Auch in Deutschland begann die Aufarbeitung der Vergangenheit erst mehr als zwei Jahrzehnte nach dem Zusammenbruch des Naziregimes. Der große Unterschied: Am Rhein und an der Elbe lebte damals kaum noch ein Jude. In Südafrika geht es ums Zusammenleben.

Viele Weiße können mit Schwarzen nur dann etwas anfangen, wenn sich deren Gepflogenheiten den eigenen weitgehend angeglichen haben – wie das in der Mittelschicht auch zunehmend geschieht. Geht es bei der Überwindung des Rassismus und des Fremdenhasses jedoch darum, den Anderen gerade in seiner Andersartigkeit zu akzeptieren und fremde Denk- oder Lebensweisen gelten zu lassen, dann ist auch das Kap der Guten Hoffnung noch nicht weit gekommen.

Die Cappuccino-Gesellschaft – unten schwarz, oben weiß

Als Bleichgesicht in Südafrika zu leben heißt, mit einem schlechten Gewissen zu leben – vorausgesetzt, man verfügt noch über eine solche Instanz. Mein innerer Gerichtshof wird bereits wenige Hundert Meter nach Verlassen unseres elektroumzäunten Eigenheims im Johannesburger Stadtteil Melville aktiviert – an der Kreuzung zur Main Street, wo die ersten Bettler warten. Dort humpelt der einbeinige Thabo mit hölzernen Krücken auf mein Auto zu, während Piet mit Federn in den Beinen ausgestattet zu sein scheint – falls er nicht einen Stoff zu sich nimmt, der ihn so hüpfen lässt. Für Letzteres spricht, dass er meistens auch breit grinst, was seiner Absicht, Mitleid zu erzeugen, nicht unbedingt förderlich ist. Henk – der Einzige mit bleicher, allerdings meist rot verbrannter Haut – wird zornig, wenn er leer ausgeht. Und Beki im roten Overall ist eigentlich gar kein Bettler: Er verkauft Zeitungen, manchmal auch welche vom Vortag. Neben dem Stammpersonal meiner Kreuzung springen ab und zu auch Aushilfskräfte ein: junge Kerle mit über den Kopf gezogenen Kapuzen oder eine Frau mit einem Baby auf dem Rücken.

Die Straßenkreuzung ist seit Jahren meine Nemesis. Die erste tägliche Konfrontation mit der südafrikanischen Wirklichkeit, die mich entweder wütend, ängstlich, hartherzig oder verzweifelt macht. Die Gefühle haben im Lauf der Zeit eine gewisse Entwicklung durchgemacht. Irgendwann stellte ich fest, dass sie mit den Stufen zu vergleichen sind, die die schweizerisch-amerikanische Sterbeforscherin Elisabeth Kübler-Ross bei einer anderen Form der Konfrontation mit der rauen Wirklichkeit, dem Umgang mit dem Tod, beschrieb.

Am Anfang steht die Phase der Verdrängung. Schon bei der Annäherung an die Kreuzung wende ich mich ostentativ meiner Frau zu, um eine Konversation aufzunehmen. Bin ich alleine im Wagen, gebe ich den Sendern im Autoradio eine neue Reihenfolge oder lösche die verpassten Anrufe in meinem Handy – bloß keinen Augenkontakt aufnehmen, so lautet die Devise. Schließlich habe ich mit der Armut dieser armen Kerle – noch dazu als Ausländer – nicht das Geringste zu tun. Und Almosen sind zur Bekämpfung der Armut, wie jedes Kind weiß, ohnehin ungeeignet. Die Wegelagerer verstehen meine Ablenkungstaktik allerdings professionell zu parieren: Sie führen in einer verzweifelten Geste in unmittelbarer Nähe zum Seitenfenster ihre Hand zum Mund, seufzen laut auf oder gehen in einem dramatischen Stunt auf dem Asphalt in die Knie.

Verständlich, dass unter solchen Umständen die Wut als zweite Phase folgt. Warum, um Himmels willen, können einen diese gottverdammten Kerle eigentlich nicht in Ruhe lassen? Ich zahle Monat für Monat meine Steuern, und zwar nicht zu knapp. Ich zahle außerdem die Schulgebühren für meine Kinder, die astronomischen Kosten der privaten Krankenkasse, den Wächter in unserer Straße, der die nutzlose Polizei ersetzen soll, und Mautgebühren für die Autobahn. Was, um alles in der Welt, macht die Regierung bloß mit den Millionen, die ich ihr Jahr für Jahr überweise? Sie könnte dafür Beki, Thabo und den Kapuzenkerlen ein angenehmes Leben an der Küste im Hotel mit Vollpension, Liegestuhl und Animateur finanzieren. Bettelt doch den Präsidenten in Pretoria an, dem ihr gewiss alle brav eure Stimme gegeben habt, schreie ich das Kreuzungspersonal (zumindest in Gedanken) an.

Von meinem Zornausbruch unbeeindruckt stehen Thabo, Piet und Beki auch anderntags wieder an der Kreuzung und zwingen mich so ins nächste Stadium des Umgangs mit dem Unausweichlichen: die Phase der Verhandlungen. Thabo kriegt etwas, weil er ja tatsächlich mit einem schrecklichen Handikap zu leben hat. Dafür bekommen die jungen Kapuzentypen nichts: Sie sollen sich gefälligst nach anderen, produktiveren Tätigkeiten umsehen. Der Zeitungsmann kriegt etwas, weil er Initiative ergriffen hat und etwas Sinnvolles tut. Dafür bekommt die Mutter mit dem Baby nichts, weil sie mich emotional erpresst – und dabei auch noch ihr armes Kind giftigen Auspuffabgasen aussetzt. Ein derart unverantwortliches Verhalten wird selbstverständlich nicht unterstützt.

Auch diese Strategie ist allerdings nicht lange durchzuhalten. Warum die Frau mitsamt ihrem Baby verhungern soll, während der Zeitungsverkäufer seine Kommission plus Trinkgeld einstreicht, fragt mein inneres Tribunal und wendet außerdem ein, dass dem einbeinigen Thabo ohnehin jeder etwas gibt, während die armen, unbehinderten Kapuzenjungen vermutlich ständig leer ausgehen – auf diese Weise wird offensichtlich bloß eine Ungerechtigkeit mit einer anderen ersetzt. Das zwingt mich schließlich in die nächsten Phase, die Elisabeth Kübler-Ross die depressive nennt: Ein Zustand, aus dem die meisten weißen Südafrikaner gar nicht mehr herauszukommen scheinen. Zumindest deutet darauf der enorme Verbrauch an Antidepressiva hin. Und das nennt man dann das Kap der Guten Hoffnung! Im *misery index*, dem weltweit gemessenen Üble-Laune-Grad, ist das Sonnenland inzwischen auf den 116. Platz (von 157 Staaten) abgerutscht.

Für Sterbeforscherin Kübler-Ross gipfelt das seelische Ringen mit dem nahen körperlichen Ende in der Phase der Akzeptanz – ein würdevoller Zustand, der den Menschen mit dem Tod auf Augenhöhe bringt. Das wäre in meinem Fall allerdings fehl am Platz: Denn die südafrikanische Wirklichkeit zu akzeptieren würde bedeuten, die ungerechteste Gesellschaft dieser Welt gutzuheißen. Zehn Prozent der Bevölkerung verdienen hier fast 60 Prozent der Summe aller Gehälter, in Industriestaaten sind das nur rund 30 Prozent. Noch krasser stellt sich die Kluft beim angesammelten Vermögen dar: Hier besitzen zehn Prozent der Bevölkerung über 90 Prozent. Während die fast 50 000 Dollar-Millionäre des Landes über insgesamt 184 Milliarden Dollar verfügen, müssen rund zehn Millionen Menschen mit weniger als einem Dollar pro Tag auskommen.

Die Kreuzung in Melvilles Main Street ist nur eine von vielen Bühnen der Konfrontation mit der Wirklichkeit. Vergleichbare Dramen spielen sich an jeder zweiten Kreuzung der »afrikanischen Metropole der Weltklasse« ab, wie Werbestrategen Johannesburg nennen. Allerdings fühle ich mich an weiter entfernten Schauplätzen für das Elend nicht mehr so richtig zuständig. Würde ich jedem Johannesburger Bettler einen Euro geben, hätte ich bei einer einmaligen Durchquerung der Stadt bereits mein Monatsgehalt auf den Kopf gehauen – und dabei sind die Bettler nur die augenfälligsten Propheten der Armut. Man muss nur von der Stadtautobahn abbiegen und in einen der sich am Rand der Metropole ausbreitenden Slums geraten, um der Armut in ihrer ganzen Vielfalt zu begegnen. Bretterhütten mit Wellblechdächern, barfüßige Kinder mit chronischen Rotznasen, Abwasser, das über ungeteerte Wege fließt. Hier hat das Elend seit der Wende 1994 nichts von seinem Biss verloren.

Selbstverständlich gleicht Johannesburg nicht einem einzigen Jammertal, sonst wäre die Zehn-Millionen-Stadt längst wieder dort angelangt, wo sie vor der Entdeckung des ersten goldenen Nuggets im Jahr 1886 stand: im Nichts. Zumindest einem Teil ihrer Einwohner bietet die Metropole einen Lebensstil, wie sie ihn nirgendwo anders in der Welt genießen könnten. In meinem Fall fängt das schon damit an, dass ich an 320 Tagen im Jahr mit einem atemberaubenden Blick über eine im Morgenrot glühende Stadt aufwache und später in einen azurblauen Himmel schaue, der aussieht, als sei er soeben frisch gestrichen worden. Das Wasser des Schwimmbads kräuselt sich im lauen Wind, und die saurierähnlichen Ibisse, hierzulande *hadidahs* genannt, rammen ihre langen, säbelkrummen Schnäbel wie Musketiere in unseren Rasen, um ein paar Frühstückswürmer zu ergattern (wie sie das genau anstellen, ist mir trotz jahrzehntelanger Beobachtung noch immer ein Rätsel). Eine Avocado-Birne plumpst im Dschungelteil meines Gartens zu Boden, was unsere beiden Hunde, die Katze und ein paar exotisch aussehende Vögel erschrocken zusammenzucken lässt. Wo sonst in aller Welt könnte sich ein mittelmäßiger Zeitungsschreiber ein Paradies wie dieses leisten?

The Paradise

Das wirkliche Paradies liegt allerdings zehn Kilometer weiter nördlich im renommierten Luxusviertel Sandhurst. Dort haben sich die neuen Reichen, die politisch gut Verknüpften und hohen Staatsbeamten eingenistet: Der stellvertretende ANC-Präsident lebt hier genauso wie der Chef des Verfassungsgerichts und der Besitzer einer Supermarktkette. Die Killarney Road nimmt in der südafrikanischen Version des Monopoly-Spiels die Stelle der Schlossallee ein. Und Haus Nummer 22 stellt sich mit einem beleuchteten Metallschild sogar selbst als »The Paradise« vor.

Ein livrierter Wärter, der in einem kleinen, in die drei Meter hohe Mauer eingelassenen Pavillon sitzt, lässt das breite Tor aus Edelstahl zur Seite fahren. Zum Vorschein kommt ein gepflasterter Platz mit einem Springbrunnen in der Mitte, in dessen Wasser sich – was sonst? – japanische Zierfische der Gattung Koi tummeln. Der Vorhof des Paradieses wird links und rechts von Garagenfluren gesäumt, deren Tore offen stehen, damit die Maßeinheiten des Reichtums, die chromblitzenden Luxuskarossen, auch gut sichtbar sind. Hier eine Bentley-Limousine und dort ein Porsche Cayenne, der Aston Martin steht fahrbereit unter dem Vordach der Eingangstür.

Robert Gumede ist freundlich, eher leise, hat einen weichen Händedruck und vor allem: dunkle Haut. Der Geschäftsmann erwarb das Anwesen für umgerechnet vier Millionen Euro, wie er den Besucher bereitwillig wissen lässt, und steckte viele weitere Millionen in seine Veredelung. Über ein Gepardenfell hinweg treten wir in den Empfangsraum, der mit seinen schweren weißen Ledersofas und ausdruckslosen abstrakten Gemälden keimfrei wirkt. Im Innenhof speien bronzene Delfine Wasserfontänen in ein Schwimmbad, während sich ein Gärtner um die Rosenrabatte kümmert. Ganz hinten im Garten, in weiter Entfernung: das Clubhaus mit dem flutlichtbeleuchteten Tennisplatz. Er grenzt an das Anwesen von Cyril Ramaphosa, der möglicherweise Südafrikas nächster Präsident wird.

Gumede hat eine Bilderbuchkarriere hinter sich. Seine Mutter Keni zog alleine sieben Kinder groß – in einem Zweizimmerhäuschen in der Schwarzensiedlung der Provinzhauptstadt Nelspruit (heute Mbombela). Tagsüber arbeitete sie als *maid* (heute Haushälterin) bei einer weißen Familie, abends verkaufte sie Klamotten in der Township. Ihren Fleiß und Geschäftssinn muss sie ihrem fünften Kind vererbt haben: Bereits als Siebenjähriger begann Robert, seinen Klassenkameraden in den Schulpausen Süßigkeiten zu verkaufen, und hielt samstags den Garten einer weißen Familie in Schuss. Deren Hausherr brachte ihn auf die Idee, auch noch sonntags als Caddie auf dem Golfplatz Geld zu verdienen. Mit einem Handikap von acht ist Gumede heute ein ernst zu nehmender Golfer.

Zunächst verlief die Karriere des begabten Entrepreneurs noch im irdischen Rahmen, wenn auch bereits am oberen Rand. Gumede studierte Jura und heuerte später bei einer großen Baufirma an. Doch mit der Wende 1994 öffnete sich für dunkelhäutige Profis wie Gumede der Luftraum: Die junge Regierung brauchte dringend schwarze Geschäftsleute mit dem richtigen politischen Hintergrund, einer Mitgliedschaft beim Afrikanischen National-kongress. Sie sollten zu Dockstationen der Regierungspartei im von Weißen dominierten Wirtschaftsuniversum werden. Zumin-dest die Weitsichtigen unter den etablierten Wirtschaftsbossen kamen den Neuankömmlingen entgegen. Sie wussten, dass sie die Repräsentanten der neuen Elite in Zukunft brauchen würden. Gumede bekam eine Firma zur Herstellung elektronischer Iden-tifizierungssysteme und Smartcards zum Kauf angeboten – und wurde anschließend mit immer neuen Aufträgen der Regierung gesegnet. Ob es bei der Vergabe der Aufträge stets sauber zuging, ist umstritten.

Von solchen Vorwürfen lässt sich Robert Gumede allerdings nicht die Laune verderben. Er genießt den Wohlstand. Seinen 50. Geburtstag feierte er gleich drei Tage lang mit Rap-Konzert, Themenpark für Kinder und einer dramatisierten Darstellung seines Lebens unter dem Titel *The Unfinished Story*, die zumin-dest ihn selbst zu Tränen rührte. Zu seiner (zweiten) Hochzeit lud er 2500 Gäste ein und flog den R&B-Sänger Kenny Lattimore mitsamt dessen Soul singendem Landsmann Freddie Jackson (*Rock Me Tonight*) aus den USA ein. Die Jahrhundert-Sause soll ihn 80 Millionen Rand (damals rund zehn Millionen Dollar) ge-kostet haben. »Das ist die mondänste Hochzeit, die ich jemals er-lebt habe«, schwärmte der damalige Schatzmeister des regieren-den ANC und Gumede-Freund Mathews Phosa. Der Aufwand hatte sich also gelohnt.

Längst ist der Sohn der Dienstmagd »angekommen«, wie der Einzug eines dunkelhäutigen Südafrikaners in die schon immer sichtbare, aber bisher unerreichbare Welt der Weißen genannt wird. Im Gegensatz zu seinen hellhäutigen Geschäftskollegen braucht Robert Gumede nicht einmal ein schlechtes Gewissen zu haben: Wer könnte es einem bislang Benachteiligten übel neh-men, die Früchte eines lebenslang ersehnten und unter Mühen erreichten Paradieses zu genießen? Auf die unverhüllte Zurschaustellung seines Reichtums angesprochen, wirft Gumede seinem Besucher Heuchelei und versteckten Rassismus vor: »Wenn Weiße ihre Erfolge feiern, ist das selbstverständlich. Doch bei uns Schwarzen ist es unverschämt.«

Mir kommt ein vor dem Zweiten Weltkrieg geschriebener Brief meines Vaters in den Sinn, in dem er als Lehrer an der deutschen Kilimandscharo-Schule im verschlafenen Tansania von einer Reise nach Nairobi berichtet. In der Hauptstadt der britischen Kolonie Ostafrika musste er ein Ersatzteil für ein Fernrohr kaufen und sah dort zum ersten Mal an den urbanen europäischen Lebensstil angepasste Afrikaner. Für den schwäbischen Beamtensohn ein nicht nur fremder, sondern anstößiger Anblick: »Hier laufen die Neger in Anzügen und mit Aktentaschen herum«, schrieb er aufgebracht an seine Mutter. Wir mögen uns heute an Afrikaner in Anzug und mit Aktentasche, an schwarze Popstars und sogar an einen dunkelhäutigen US-Präsidenten gewöhnt haben. Doch wenn ein Schwarzer seinen Reichtum zeigt, wird das – zumindest in südafrikanischen Kreisen – als obszön empfunden. Sollte er seinen Wohlstand nicht mit Seinesgleichen teilen? Eine Frage, die sich tatsächlich den Rassismus-Vorwurf gefallen lassen muss: Warum sollte ein schwarzer Millionär eher für schwarze Habenichtse zuständig sein als sein bleicher Millionärs-Genosse?

Robert Gumede ist ein viel beachteter Mann. Journalisten aus dem In- und Ausland reißen sich um eine Begegnung mit dem unternehmerischen Prachtexemplar. Schließlich können an seinem Beispiel die Errungenschaften des neuen Südafrikas aufgezeigt werden: Geschichten über den Glanz des Regenbogenstaats sind populärer als Artikel über dessen Verblassen. Erhält der Reporter keinen Termin im Paradies, muss er mit einem Vertreter der wachsenden schwarzen Mittelschicht vorliebnehmen, die in Südafrikas Kontrollzentrum und Maschinenraum – der Pretoria und Johannesburg umfassenden Gauteng-Provinz – inzwischen allgegenwärtig sind. Junge schwarze Manager, die in ihrem BMW, dem sogenannten »*Beamer*«, unterwegs sind. Oder mit Anzug und Krawatte gekleidete Staatsbeamte, die Limousinen aus Stuttgart-Untertürkheim bevorzugen. Auf den Titelseiten der Südafrika gewidmeten Reisemagazine steht dann etwa: »Ein Land im Aufbruch«. Und drinnen sind schöne Texte über die goldene Zukunft am Kap der Guten Hoffnung zu lesen.

Livingstones Lager

Livingstone Sikunda ist in solchen Magazinen nicht zu finden. Er lebt auch nicht im »Paradies«, sondern unter einem Bougainvillea-Busch rund einhundert Meter von der Villa Brendhurst, der Residenz des reichsten Südafrikaners im Johannesburger Stadtteil Westcliff, entfernt. Wenn Nicky Oppenheimer sein herrschaftliches Anwesen verlässt, fährt er freundlich grüßend an Sikundas Lager vorbei, das aus fünf riesigen Säcken voller Plastikflaschen und einem flachen Leiterwagen besteht. Die Küche (ein mit wenigen Steinbrocken eingefasster Feuerplatz) und das Schlafzimmer (eine mit einer Plastikplane überspannte Kuhle) sind hinter bzw. in dem violett blühenden Busch versteckt. Hier lebt der 53-jährige Schwarze mit den leicht ergrauten Haaren bereits seit 16 Jahren. Einer seiner Freunde hat sich im benachbarten Busch eingerichtet, ein anderer unter der nahe gelegenen Brücke der Stadtautobahn. Wie er sich als Nachbar des reichsten Südafrikaners fühlt? »Für Oppenheimer ist es hier sicherlich schön«, lacht der Mann, der seinen Vornamen dem europäischen Missionar und Afrikaforscher David Livingstone verdankt.

Livingstone Sikunda pflegt morgens um sechs Uhr mit seinen zwei Freunden loszuziehen, um in den Mülltonnen der umliegenden Stadtviertel nach Plastik oder Metall zu fahnden – eine Aufgabe, die in anders organisierten Regionen der Welt die Mülltrennung übernimmt. Die Arbeit sei okay, meint der Sammler: Beim Durchwühlen der Johannesburger Abfalltonnen gebe es in der Regel keine Probleme. Nur um den nahe gelegenen Stadtteil Foresttown müssen seine Kollegen und er einen Bogen machen. Denn dort befindet sich eine der Villen des Staatspräsidenten – und dessen Sicherheitspersonal duldet keine Recycler. Alle zwei Wochen schleift Sikunda seine gesammelten Schätze über den Standstreifen der Stadtautobahn zum fünf Kilometer entfernten Recyclinghof. Dort erhält er in der Regel umgerechnet rund 100 Euro.

Zwanzig Jahre lang hatte Sikunda zunächst als Kumpel in einer Goldmine, später als Elektriker auf Großbaustellen einen festen Arbeitsplatz – bis er ausgerechnet im neuen Südafrika seinen Job verlor und partout keinen neuen mehr finden konnte. Er machte sich selbständig, was besser klingt, als es sich anfühlt: Weil Sikunda nicht genug Geld für die Miete verdient, muss er im Freien schlafen. In Johannesburg fallen die Temperaturen in Winternächten auf unter null, und im Sommer lösen gewaltige Gewitter wahre Sturmfluten aus. Dann muss der Müllsammler aufpassen, dass er auf seiner Bastmatte nicht den Hang hinuntergespült wird. Zwar hat die ANC-Regierung allen mittellosen Südafrikanern kleine Billighäuser versprochen. Doch nach jahrelangen Bemühungen, auf der Bewerberliste auch nur ein wenig vorwärtszukommen, gab Sikunda schließlich auf. »Ohne Schmiergeld geht hier gar nichts«, klagt er. Der Recycler macht sich Sorgen, ob er seinem Job überhaupt noch lange nachgehen kann: Monat für Monat tauchen auf den Straßen neue Gestalten auf, die sich über eine gleichbleibende Menge an Plastik- und Metallabfall hermachen, klagt er. Dass sich das Heer der Altstoffhändler ständig vergrößert, wird samstags vor dem Recyclinghof im Stadtteil Newtown bestätigt. Dort windet sich eine Schlange um die Häuserblocks, die man in dieser Länge sonst höchstens bei der Einführung eines neuen iPhones vor dem Apple-Shop sieht.

Laptops und lederne Lendenschurze
Scharfsinnige Beobachter nennen Südafrika die »Cappuccino-Gesellschaft«: unten eine große schwarze Basis, dann eine kleine weiße Schicht geschäumter Milch und schließlich obendrauf ein paar dunkle Schokoladenstreusel. Die Vielschichtigkeit des Lan-

des kann man sich am besten so vorstellen, als würde man Frankreich und seine afrikanischen Exkolonien in einen gemeinsamen Staat projizieren. Während sich die Bewohner Johannesburgs mit ihren glänzenden Shopping-Malls, den mehrstöckigen Autobahnen und dem superschnellen Glasfaserkabelnetz zu Recht in Paris (oder besser: in Dallas) wähnen können, ist man wenige Autostunden weiter schon jenseits von Ouagadougou angelangt: In einem abgelegenen Zulu-Dorf etwa, mit strohbedeckten Lehmhütten, ohne Strom und fließend Wasser, wo zumindest die älteren Leute weder lesen noch schreiben können. Und irgendwo zwischen Glasfasernetz und Zulu-*Kraal* sieht es in den Kleinstädten der Provinz noch heute so aus, als wäre die Apartheid niemals abgeschafft worden. Dort sind die Wohngebiete für Weiße und Schwarze noch immer fein säuberlich getrennt. Nur dass die Trennung inzwischen nicht mehr von den staatlichen Ordnungskräften, sondern vom Geldbeutel diktiert wird.

Die Illusion der Metropolenbewohner, dass es sich bei Südafrika um einen modernen, urbanisierten Industriestaat handelt, macht Google mit einer kleinen Meldung zunichte. Die mit Abstand häufigste Abfrage auf seiner südafrikanischen Suchmaschine sei nicht etwa der neueste Smartphone-Test oder der beste Internetanbieter, sondern der Preis für eine Kuh. Dazu muss man wissen, dass unter schwarzen Südafrikanern nach wie vor der *Lobola* genannte Brautpreis üblich ist. Und dieser wird im Gegenwert von Kühen berechnet. Der Preis einer Kuh ist deshalb nicht nur für einen Farmer oder Schlachter interessant. Er ist die Währung der Liebe.

Als Verbeugung an die Moderne gibt es seit kurzem eine *Lobola*-App, womit ein künftiger Bräutigam oder dessen Schwiegervater den Wert der Braut kalkulieren kann. Als Variable sind die Vermögensverhältnisse des Bräutigams sowie Alter, Ausbildung und Kinderzahl der Braut einzugeben mitsamt der Antwort auf die Frage, ob die Begehrte raucht und Alkohol trinkt oder kochen, backen und putzen kann (was auch gleich alles Wesentliche über den Fortschritt der Gleichberechtigung am Kap der Guten Hoffnung verrät). Nach dem *Lobola*-Kalkulator hätte ich für meine Frau zwölf Kühe oder umgerechnet 5000 Euro hinlegen müssen – zweifellos ein Schnäppchen. Kein Wunder, dass sich selbst der notorisch klamme Präsident Jacob Zuma sechs Ehefrauen leisten konnte.

Schwarz und weiß, reich und arm, Laptops und lederne Lendenschurze: An Gegensätzen ist Südafrika reicher als jede andere Nation. »Die Welt in einem Land«, brachten die Marketingexperten der Tourismusbranche den Reiz ihrer Heimat früher einmal auf den Punkt. Hier prallen nicht nur Individuen und ihre jeweiligen Interessen, sondern ganze Erdteile, Kulturen und Jahrhunderte aufeinander. Doch was für Reiseagenten ein Schatz sein mag, ist für Nationengründer eine Qual. Aus diesem Hexenkessel ein harmonisches Gemeinwesen zu machen, würde selbst einen Otto von Bismarck, Kemal Atatürk oder Abraham Lincoln zur Verzweiflung treiben.

Keiner kann behaupten, dass die Südafrikaner schon zu einer kollektiven Identität gefunden haben. Als gemeinsamer Nenner fällt auch Erzbischof Desmond Tutu nur das Wort *braai* für den nationalen Zeitvertreib, das Grillen, ein, das in allen elf offiziellen Sprachen des Landes gebraucht wird. Nach einer Untersuchung des Instituts für Gerechtigkeit und Versöhnung in Kapstadt nimmt die Bereitschaft der Südafrikaner, in einem geeinten Staat zu leben, mittlerweile sogar wieder ab. Im Jahr 2014 glaubten nur noch 55 Prozent der Kapländer an eine erfolgreiche Integration, zehn Jahre zuvor waren es noch fast 75 Prozent. Die Südafrikaner können bei ihrer Identitätssuche auch nicht auf ethnische oder genetische Gemeinsamkeiten zurückgreifen: Nicht einmal eine gemeinsame Sprache und Kultur steht ihnen als Kitt zur Verfügung. Doch das muss in einer sich rapide globalisierenden Welt kein Fluch sein. Angesichts einer immer enger vernetzten Erde, zunehmender Migration und »rassischer Vermischung« führen Blut-und-Boden-Nationalisten ohnehin nur noch Rückzugsgefechte. Statt ethnisch können sich Gemeinwesen aber auch ethisch und historisch, durch gemeinsame Werte und eine gemeinsame Geschichte, definieren. Die Vereinigten Staaten von Amerika sind ein durchaus erfolgreiches Beispiel dafür.

Auch die Südafrikaner haben eine gemeinsame Geschichte, wie ungerecht und gewalttätig sie auch immer verlief. Falls sie aus der verpatzten Vergangenheit dieselben Lehren ziehen, könnten auch sie zu einer auf gemeinsamen moralischen Grundsätzen beruhenden Grundlage finden, wie das in ihrer beeindruckenden Verfassung bereits geschah. Voraussetzung dafür ist jedoch, dass die hellhäutigen Südafrikaner diese Vergangenheit als genauso verabscheuungswürdig betrachten wie ihre dunkleren Mitbürger, was nach der Studie des Instituts für Gerechtigkeit und Versöhnung unglücklicherweise immer weniger der Fall ist. »Sie vergessen, statt sich zu erinnern«, klagen die Sozialforscher.

Den Südafrikanern scheint nur eine Chance zu bleiben: die Rückbesinnung auf Nelson Mandela. Wenn es etwas gibt, in dem sich (fast) alle einig sind, dann ist es die Symbolkraft des Regenbogenmachers. Wer einen von Hass und ideologischer Verblendung einigermaßen ungetrübten Blick hat, räumt ein, dass »Madiba« (wie der Gründervater der neuen Nation bei seinem Clannamen genannt wird) das am Rand des Bürgerkriegs stehende Land vor dem Untergang gerettet hat. Er wusste den Weißen ihre Angst und ihren Überlegenheitswahn zu nehmen und gab den Schwarzen die Würde zurück. Mit seinem Leben und seinen Überzeugungen hat der Vater der Regenbogennation gezeigt, wie eine auf den Werten des afrikanischen *ubuntu* aufgebaute »farbenblinde« Demokratie funktionieren kann. Viel mehr als den Katalysator Nelson Mandela haben die Südafrikaner nicht, um zu einer – vielfältigen – Nation zu werden. Aber auch nicht weniger.

»In and out of Africa« – das komplizierte Verhältnis Südafrikas zu seinen Nachbarn

Bevor gleich in aller Ausführlichkeit vom Regenbogenmacher die Rede sein wird, schnell noch ein Abstecher zur Verortung seiner Heimat im Kontinent, zum Verhältnis der Südafrikaner zu ihren Nachbarn. Zumindest die bleichen Kapbewohner waren während der Apartheid vom Rest des Erdteils so gut wie abgeschnitten, sieht man einmal von ihren kriegerischen Einfällen in einzelne Staaten wie Angola ab. Ihre Fluggesellschaft South African Airlines (SAA) durfte sich nicht einmal über dem Kontinent blicken lassen: Sie musste teure Umwege über den Atlantischen Ozean fliegen. Unterdessen wies auch zu Hause – zumindest in den urbanen Zentren – kaum etwas darauf hin, dass es sich bei Südafrika um ein afrikanisches Land und keine westliche Industrienation handelte: ganze Geflechte von Autobahnen; Raffinerien, die Kohle in Benzin verwandeln; Stahlfabriken und Skylines, die an US-Städte erinnern.

Auf diese Errungenschaften sind auch die schwarzen Südafrikaner stolz. Begibt sich ein Kap-Mensch nach Simbabwe, Kenia oder Nigeria, so reist er »nach Afrika« – als ob es sich beim Rest des Kontinents um einen fremden Erdteil handeln würde. Er packt dann Desinfektionsmittel, Malariaprophylaxe und Wasseraufbereitungstabletten ein und speichert die Telefonnummer einer privaten Fluggesellschaft im Handy, die ihn im Notfall aus dem Dschungel evakuieren soll. Selbst in den entlegensten Winkeln des Kontinents stößt man heute auf Südafrikaner, die dort den sich immer zahlreicher eröffnenden wirtschaftlichen Gelegenheiten nachjagen: »Afrikas Aufstieg« ist längst zu einem geflügelten Begriff geworden.

Schon bald nach der Wende 1994 waren vor allem Pioniere von Minenkonzernen und Supermarktketten ins »dunkle Herz Afrikas« aufgebrochen, um sich dort als neue Partner anzudienen: Nicht einmal chinesische Firmen haben in Afrika mehr als die südafrikanische Geschäftswelt investiert. Ihre Repräsentanten stechen in Lagos, Nairobi oder Bamako entweder durch ihre bleiche Hautfarbe, ihre Arroganz oder beides heraus: Auch die dunkelhäutigen Exemplare des Regenbogenstaats sind im Rest des Erdteils eher unbeliebt. Einer Studie der staatlichen Marketingagentur Brand SA zufolge gelten die Kapbewohner als taktlos, geldgierig und hochnäsig. Südafrikas neue Elite stört das allerdings nicht: Sie tritt auch politisch immer fordernder auf, indem sie etwa den Vorsitz in der Kommission der Afrikanischen Union für sich in Anspruch nahm und damit gegen das ungeschriebene Gesetz verstieß, solche prominenten Positionen lieber mit Repräsentanten kleinerer Nationen zu besetzen.

Ganz grundlos ist der nationale Dünkel natürlich nicht. Südafrikas Wirtschaftskraft war bis vor kurzem noch die mit Abstand stärkste des Kontinents, sein Bruttoinlandsprodukt ist fast halb so groß wie das aller südlich der Sahara gelegenen Staaten zusammengenommen, sieht man einmal vom erdöltriefenden Nigeria ab. Überhaupt handelt es sich beim Kap der Guten Hoffnung um einen geschichtlichen Sonderfall: Es ist der einzige Staat Afrikas, der schon seit Beginn des vergangenen Jahrhunderts nicht mehr von einer fremden europäischen Kolonialmacht, sondern von einer im Land selbst lebenden Minderheit beherrscht wurde, deren Angehörige sich sogar »Afrikaaner« nannten. Nicht zufällig streifte Südafrika als letzte Nation des Erdteils die »koloniale« Herrschaft ab: Hier klammerten sich die Nachfahren der Europäer besonders hartnäckig an die Macht, weil sie längst keine »zweite Heimat« mehr hatten, in die sie sich wie andernorts die Portugiesen, Franzosen oder Engländer nach ihrer Entmachtung hätten absetzen können. Dass sie sich überhaupt so lange an den Schalthebeln behaupten konnten, war ihrer bleibenden Verbindung zur Alten Welt zuzuschreiben, der sie auch ihre wirtschaftlich und technologisch einzigartige Stellung in Afrika verdankten. Bezeichnenderweise wurde das Ende des Apartheidregimes erst besiegelt, als sich Europa und die USA Mitte der 1980er Jahre mit Wirtschaftssanktionen von ihm distanziert hatten.

Viele weiße Südafrikaner sind stolz auf »ihre« europäischen Errungenschaften, auch wenn sie als Farmer irgendwo in der Pampa mit der Entwicklung der Glühbirne oder der Ausbreitung des Internets soviel wie ihre Hühner mit dem Flug einer Schwalbe zu tun hatten. Ihrer Herkunft wegen fühlen sie sich noch immer mit Europa verbunden, auch wenn ihr verstaubtes Weltbild, ihr durch kein Fegefeuer der Aufklärung gegangener Glaube und ihr zumindest latenter Rassismus mit modernen europäischen Werten nicht zu vereinbaren sind. Nicht weniger stolz auf den technologischen Vorsprung des ehemaligen Rassistenstaats sind allerdings auch schwarze Südafrikaner, was sich unter anderem in ihrer Liebe zu den im Land produzierten deutschen Limousinen ausdrückt. Die Abkürzung BMW steht hierzulande für »Black Man's Wish«: Am Kap erfreuen sich die bayrischen Autobauer eines Marktanteils wie kaum irgendwo anders auf der Welt. Den südafrikanischen Dünkel brachte Präsident Jacob Zuma einst in aller Deutlichkeit zum Ausdruck, als er zum Entsetzen der afrikanischen Immigranten erklärte: »Wir können hier nicht wie Afrikaner im Rest Afrikas denken. Wir sind hier in Johannesburg. Und nicht irgendwo in Malawi.«

Einig ist sich Südafrikas Regierungselite jedoch mit ihren Pendants in anderen Staaten des Kontinents, wenn es um den gemeinsamen Prügelknaben geht: den »neokolonialistischen« und »imperialistischen« Westen. Afrikas *big men* haben es zu wahrer Meisterschaft darin gebracht, die Nachfahren der Kolonialisten für sämtliche Schwächen Afrikas verantwortlich zu machen – allen voran Robert Mugabe, der den Westen bei jeder sich bietenden Gelegenheit bezichtigt, das von seiner eigenen Machtgier ruinierte Simbabwe auf dem Gewissen zu haben. Bemühungen westlicher Demokratien, Druck auf afrikanische Dauerpräsidenten auszuüben und sie zum Abdanken zu zwingen, werden in den Hauptstädten des Kontinents gern als arrogante Versuche zum *regime change* verurteilt: Wo nehmen die Europäer das Recht her, ihnen genehme Führer ein- und andere abzusetzen? Tatsächlich führen sich westliche Politiker oft fürchterlich schulmeisterlich und heuchlerisch auf: Diktatoren, die wie der äquatorialguineische ihre Bevölkerung eisern im Griff haben, werden in Ruhe gelassen, schwächelnde wie Muammar al-Gaddafi werden weggebombt.

Himmelhoch jauchzend, zu Tode betrübt

In Sachen Selbstbewusstsein pflegen Südafrikaner zwischen Größenwahn und Selbsthass zu oszillieren. Wenn ihre Nationalmannschaft beim Fußball ein Tor schießt – was höchstens alle zwei Jahre vorkommt – sind sie sicher, dass sie das nächste Mal Weltmeister werden. Vergleichen sie sich mit Afrika, schwillt ihre Brust; vergleichen sie sich mit dem Rest der Welt, fühlen sie sich abgehängt. Seit Nelson Mandelas »Wunder am Kap« glauben sie, ein auserwähltes Volk zu sein, dessen Stimme in internationalen Foren ein besonderes moralisches Gewicht haben sollte. Doch wenn in den Zeitungen wieder einmal von der Vergewaltigung eines sechs Monate alten Babys berichtet wird, würden sie vor Scham am liebsten im Boden versinken. Südafrikaner aller Schattierungen sind manisch-depressiv oder bipolar, wie man heute sagt: In einem Moment fühlen sie sich genial, im nächsten sehen sie sich als Teil der »Verdammten dieser Erde«.

Nie aber können sie vermeiden, sich am Hinterteil der Welt zu fühlen. Trends, Ideen und Filme schlagen hier stets mit gehöriger Zeitverzögerung auf: Wenn ein Popstar eine Welttournee unternimmt, kommen Johannesburg und Kapstadt, falls überhaupt, als Letzte dran. In politischer Hinsicht lebt man in Südafrika noch in der ersten Hälfte des 20. Jahrhunderts: Hunderttausende von Mitgliedern der an der Regierung beteiligten Kommunistischen Partei sind der Überzeugung, dass man den verhassten Bossen die Produktionsmittel wegnehmen und eine Diktatur des Proletariats errichten muss. Die meisten von ihnen lesen nur selten Zeitungen oder ein Buch und haben (was keineswegs ihre Schuld ist) noch nie die Landesgrenze überschritten. Und wenn, dann höchstens die nach Swasiland oder Simbabwe.

Thabo Mbeki beschwor als einer der wenigen noch den panafrikanischen Traum und die »afrikanische Renaissance«, als er in einer Rede zu seinem Amtsantritt 1999 erklärte: »I am an African.« Dahinter stand das Bewusstsein, dass Südafrikas Zukunft seit der Befreiung von der Apartheid untrennbar mit der des Kontinents verbunden ist – eine Aussicht, die auf der anderen Seite des politischen Spektrums angesiedelte Bleichgesichter in Angst und Schrecken versetzt. Sie sehen Südafrika bereits in denselben Abgrund wie andere afrikanische Staaten stürzen – vor allem das 14 Jahre zuvor unabhängig gewordene Simbabwe. Der oft bemühte Vergleich zwischen Südafrika und seinem nördlichen Nachbarstaat hinkt allerdings schon deswegen, weil die Bedingungen am Kap ganz andere als im simbabwischen Bauernstaat sind – und weil die wesentlich zahlreichere weiße Bevölkerung im südafrikanischen Fall keine Ausweichmöglichkeit mehr hat. Die bleichen Farmer einfach zu enteignen, würde in Südafrika nicht funktionieren. Soll hier ein Blutbad vermieden werden, muss man sich einigen.

In den Kassandrarufen der Bleichgesichter schwingt der Refrain mit, dass in Afrika ohnehin alles den Weg des Verfalls, der Korruption und des Bürgerkriegs geht – ein Klischee, das allein schon vom aktuellen Aufschwung des Kontinents widerlegt wird. Zu seiner Entstehung haben allerdings auch die schwarzen Eliten beigetragen: Statt sich nach dem Abzug der Kolonialherren wohltuend von deren grausamer Herrschaft abzuheben, ahmten sie diese nach oder überboten sie sogar noch. Auch Südafrika ist vor dieser Gefahr keineswegs gefeit, wie in den folgenden Kapiteln dieses Buchs noch deutlich werden wird.

Thabo Mbekis »I am an African«-Rede sollte auch als Verneigung vor den zahllosen Afrikanern verstanden werden, die den Befreiungskampf am Kap finanziell, logistisch und selbst unter Einsatz ihres Lebens unterstützt hatten. Gaddafis Libyen sandte

Geld, in Tansania wurden ANC-Kämpfer trainiert, Sambia beherbergte die politische Führung der Bewegung und in Angola, Namibia und Mosambik riskierten Einheimische im Kampf gegen die Apartheidarmee sogar ihr Leben. Ohne afrikanische Hilfe hätte der »Speer der Nation« – die von Nelson Mandela gegründete Befreiungstruppe des ANC – noch viel weniger ausgerichtet.

Die Südafrikaner haben dem Rest des Kontinents also einiges zu verdanken. Nach ihrer Befreiung zeigten sie sich zunächst auch erkenntlich dafür. In den ersten zwei Jahrzehnten des neuen Südafrikas kamen bis zu fünf Millionen Migranten ans Kap – vor allem aus Simbabwe, Mosambik, dem Kongo, Somalia, Äthiopien, Eritrea und Nigeria. Um ihre Aufnahme wurde wesentlich weniger Aufheben gemacht, als um den Zuzug einer sehr viel kleineren Zahl syrischer Flüchtlinge in die 28 Staaten der Europäischen Union. Erst mit den zunehmenden Wirtschaftsproblemen am Kap verschlechterte sich das Verhältnis zu den Zuwanderern, bis im Herbst 2008 schließlich die ersten ausländerfeindlichen Pogrome ausbrachen. Zigtausende afrikanischer Migranten mussten in Polizeistationen Zuflucht suchen, Dutzende wurden ermordet, in einem Slum bei Johannesburg goss eine Meute Benzin über einen mosambikanischen Arbeiter und verbrannte ihn bei lebendigem Leib. Ähnliche Ausschreitungen brachen in den folgenden Jahren immer wieder aus: Allein mehr als 1000 Somalier sollen den Pogromen schon zum Opfer gefallen sein. Selbst Zulu-König Goodwill Zwelithini beteiligte sich an der Hatz, als er die Immigranten im März 2015 aufrief, »ihre Sachen zu packen und in ihre Herkunftsländer zurückzukehren … Sie machen unsere Straßen dreckig.« Die königliche Hetze löste eine weitere Gewaltwelle aus, in deren Verlauf mehr als 2000 Ausländer vertrieben, 300 Geschäfte geplündert und mehrere Menschen getötet wurden. Der Regent wurde niemals zur Rechenschaft gezogen.

Viele Südafrikaner gehen nach solchen Pogromen zu Protesten auf die Straße, denen sich meist auch eine überraschend große Zahl an Bleichgesichtern anschließt – sie sind offensichtlich besorgt, dass es nach den afrikanischen Immigranten auch sie treffen könnte. Auf Kundgebungen ist dann oft das Zitat des deutschen Pastors Martin Niemöller zu hören: »Als die Nazis die Kommunisten holten, habe ich geschwiegen; ich war ja kein Kommunist … Als sie die Gewerkschafter holten, habe ich geschwiegen; ich war ja kein Gewerkschafter … Als sie mich holten, war keiner mehr da, der protestieren konnte.«

Zweifellos zählen die ausländerfeindlichen Ausschreitungen zu den bisher dunkelsten Stunden im Regenbogenstaat. Als im April 2015 mehrere Tausend Johannesburger zu einer Mahnwache vor das Verfassungsgericht zogen, trugen einige von ihnen einen Sarg aus Pappkarton, auf dem »Der Regenbogenstaat« geschrieben stand. Und eine Gruppe schwarzer Demonstranten sang: »Wenn Nelson Mandela das mit ansehen müsste, er würde sich im Grab umdrehen.«

Von der Sonne in die Traufe – vom Hoffnungsträger Nelson Mandela zur allgemeinen Enttäuschung

Der Regenbogenmacher – Nelson Mandela

Ich kam, zugegeben, etwas zu spät. Als Nelson Mandela am 11. Februar 1990 mit erhobener rechter Faust und der linken Hand in der Hand seiner Frau Winnie aus dem Victor-Verster-Gefängnis bei Kapstadt schritt, saß ich noch bleich und unterkühlt in der Nachrichtenredaktion des Hessischen Rundfunks in Frankfurt. Vielleicht war das auch besser so: Viel mitbekommen hätte ich bei dem an jenem strahlenden Sonntag in Kapstadt herrschenden Chaos ohnehin nicht. Die Stadt glich einem Tollhaus: Zigtausende von jubelnden Menschen überfluteten die Straßen. Auf seinen Umwegen ins Stadtzentrum von Kapstadt verirrte sich Mandelas Fahrer. Und als sie schließlich Stunden verspätet im Bürgermeisteramt am Großen Paradeplatz ankamen, musste der frisch Entlassene feststellen, dass er seine Brille im Gefängnis vergessen hatte. Er lieh sich Winnies Augengläser aus, was ziemlich schräg aussah.

Aufs Aussehen kam es allerdings nicht an. Obwohl damals jeder gespannt auf die tatsächlichen Gesichtszüge des berühmtesten Gefangenen der Welt war: Aus der 27-jährigen Haftzeit des ANC-Führers gab es lediglich zwei uralte Schwarzweiß-Bilder, die ihn beim stumpfsinnigen Behauen von Felsbrocken oder im Gespräch mit seinem Freund Walter Sisulu zeigten. Das amerikanische *Time Magazine* ließ anlässlich der Freilassung extra ein Titelbild malen, das auf Schilderungen von Familienmitgliedern und Freunden beruhte: Mit dem wahren Nelson Mandela hatte dies jedoch so viel zu tun wie ein schlechtes Phantombild mit dem Original.

Viel wichtiger war, was Nelson Mandela *sagen* würde. Schließlich wusste kaum jemand, ob aus dem inzwischen 71-Jährigen während der endlosen Gefängniszeit nicht ein greiser Trottel, ein verbitterter Hardliner oder ein Psychopath geworden war – nur ganz wenige hatten mit dem inhaftierten Befreiungsführer in Kontakt bleiben können. Auch wenn der vom Balkon des Bürgermeisteramts mit schräger Brille abgelesenen Rede Mandelas in der allgemeinen Aufregung kaum jemand folgte, stand schon nach den ersten Sätzen fest: Die Furcht vor Hardliner, Psychopath oder Tattergreis war unbegründet. Da bot vielmehr ein rüstiger Herr mit fester Stimme den nervös gewordenen weißen Herrschern die Hand zur Versöhnung an, ohne dem bewaffneten Kampf abzuschwören oder von seiner Forderung des allgemeinen Wahlrechts – »one man, one vote« – auch nur ein Jota abzurücken. Zweifellos war hier ein Mann aus dem Kerker gestiegen, den jahrzehntelange Demütigung und Entbehrungen weder gebrochen noch bitter gemacht hatten.

Eine Sternstunde für Südafrika, denn ohne diesen Umstand wäre das »Wunder vom Kap« nicht möglich gewesen. Ein psychopathischer Hardliner hätte die sensiblen Verhandlungen zur Transformation des Rassistenstaates in eine moderne Demokratie niemals auf jene souveräne Weise führen können, wie es Mandela tat. Wie aber war es möglich, dass Häftling Nummer 46664 in 27 Jahren Knast weder seine Würde noch seine Entschlossenheit und Herzlichkeit verloren hatte? Die Beantwortung dieser Frage hat mehr als nur historischen Wert: Darauf wurde das neue Südafrika gegründet, damit steht oder fällt der Regenbogenstaat.

Auch wenn der Blick auf die malerische Bucht von Kapstadt und ihren Tafelberg von der Gefängnisinsel aus einer der spektakulärsten ist: Den politischen Häftlingen muss dieser Ausblick wie eine Folter vorgekommen sein. Zumindest zu Beginn ihrer Haft war das Leben auf der Insel erniedrigend und miserabel: Die Gefangenen hatten kurze Hosen zu tragen, damit sich die weißen Schließer besser über die schwarzen *boys* erheben konnten;

sie schliefen nachts auf dem Boden und arbeiteten tagsüber im Steinbruch. Besucher durften sie nur einmal im halben Jahr hinter einer Glasfront empfangen. Und wer »aufsässig« war, musste damit rechnen, dass ihm einer der Wärter zur Strafe auf den Kopf urinierte. Mancher *comrade* kehrte als psychisches Wrack von der Insel zurück: Zedd Manona, der Anfang der 1990er Jahre als Tontechniker mit mir zusammenarbeitete, bekam bis zu seinem frühen Tod 1999 keinen Boden mehr unter die Füße. Leiden könne bei einem Menschen zwei Dinge auslösen, meint der anglikanische Erzbischof Desmond Tutu. »Es kann einen verbittern, oder es brennt die verhärtende Schlacke ab. Es kann einen Menschen stark und gleichzeitig sanft und einfühlsam machen. So ist es zweifellos mit Nelson geschehen.«

Ich bekam Nelson Mandela zum ersten Mal drei Wochen nach seiner Freilassung zu Gesicht, als der ANC zu einer Pressekonferenz ins Johannesburger Carlton-Hotel einlud. An Mandela fielen nicht nur seine Körpergröße und seine getragene, sonore Stimme auf. Mindestens ebenso beeindruckend waren sein breites Lächeln und sein eisbrechender Charme. Der graumelierte Herr begrüßte viele der Journalisten persönlich und erkundigte sich mit einem heiseren »How are you?« nach ihrem Befinden – danach strahlten die von der Aufmerksamkeit des Heroen Geadelten für eine gute Stunde. Mandelas Begrüßungszeremoniell wirkte nie wie der kalt kalkulierte Schachzug eines politischen Profis, es fühlte sich vielmehr wie die warme Geste eines Menschenfreunds an. »Er strahlte eine Würde aus, die nie etwas Aufgesetztes an sich hatte«, meint der Publizist und Mandela-Freund Allister Sparks. »Das hängt gewiss damit zusammen, dass Mandela von einem König großgezogen wurde.«

Der Königssohn

Nelson Mandela wurde am 18. Juli 1918 im Kuhdorf Mvezo in der abgelegenen Transkei-Provinz als Sohn des Dorfältesten und Mitglied der Königsfamilie der Thembu, einer Untergruppe des

Xhosa-Volks, geboren. Als sein Vater viel zu früh starb, nahm der König der Thembus den neunjährigen Neffen in seinen *Kraal* auf. Dort lernte Rolihlahla (»der Unruhestifter«, wie ihn seine Eltern vorausblickend genannt hatten), als Führer eines Volkes aufzutreten. Als Erster in seiner Familie besuchte Rolihlahla eine Schule. Beide Eltern waren Analphabeten. Die afrikanische Grundschullehrerin verpasste ihm, wie damals üblich, erst einmal einen westlichen Vornamen. Er habe keine Ahnung, wie sie auf Nelson kam, schrieb Mandela in seinen Memoiren *Der lange Weg zur Freiheit*.

Weiße verirrten sich nur selten in die Transkei-Provinz. Das erste Bleichgesicht lief Nelson im Alter von 16 Jahren über den Weg. Gewiss lag es auch daran, dass der adoptierte Königssohn von den psychischen Schäden verschont blieb, die der algerische Psychiater Frantz Fanon unter den Opfern des Kolonialismus' beobachtet hatte. In der vom Überlegenheitswahn der weißen »Herrenmenschen« hervorgebrachten »neurotischen Situation« würden die beherrschten Afrikaner zur Verinnerlichung der Herrlichkeit ihrer Unterdrücker gezwungen, schrieb Fanon Mitte des vergangenen Jahrhunderts in seinem Klassiker *Schwarze Haut. Weiße Masken*. Auf diese Weise werde das Selbstwertgefühl der Afrikaner ausradiert. Im südafrikanischen Rassistenstaat war die »neurotische Situation« besonders krass: Das Ziel der Apartheidpolitik war nicht zuletzt die Demütigung der schwarzen Bevölkerungsmehrheit, um sie so besser beherrschen zu können. Noch heute kommen die Folgen dieser systematischen Erniedrigung in der Unterwürfigkeit – oder der Wut – vieler dunkelhäutiger Südafrikaner zum Vorschein. Der in der entlegenen Provinz aufwachsende Königssohn Nelson blieb von solchen Deformationen offenbar verschont. Er habe ihn ganz automatisch mit »Mister Mandela« angesprochen, erinnert sich einer seiner Wärter, James Gregory, als er ihn zum ersten Mal auf Robben Island sah: »Es gibt Menschen, da kann man gar nicht anders, als ihnen Respekt entgegenzubringen.«

Wie passend sein afrikanischer Vorname ausgewählt war,

wurde erst während Rolihlahlas Universitätszeit deutlich. Als Studentenvertreter an der Hochschule von Fort Hare – der einzigen Universität, die schwarzen Südafrikanern damals offenstand – führte der Unruhestifter einen Streik für besseres Essen an und wurde, als er nicht einlenken wollte, von der Uni geworfen. Gleichzeitig legte er sich mit seinem königlichen Pflegevater an, der Nelson eine – ungewollte – Ehefrau ausgesucht hatte: Der Unruhestifter floh ins fast 1000 Kilometer entfernte Johannesburg. Dort verdingte er sich zunächst als Nachtwächter in einer Goldmine, nahm aber bald sein Jurastudium wieder auf und schloss sich schließlich dem ANC an.

Damals, in den 1940er Jahren, war die 1910 gegründete Organisation noch ein eher behäbiger Club zur Vertretung der Interessen des winzigen schwarzen Mittelstands – der wenigen dunkelhäutigen Ärzte, Rechtsanwälte, Geschäftsleute oder Journalisten. Die ANC-Mitglieder schrieben Petitionen an die Regierung oder reisten auch mal zum britischen König nach London, um ihm ihre Klagen über die schlechte Behandlung in Südafrika zu Gehör zu bringen. Erreichen konnten sie damit nichts. Nach den Wahlen der weißen Minderheit 1948 spitzte sich die Lage für schwarze Südafrikaner noch weiter zu: Mit der Einführung der Apartheidpolitik wurden sie vollends entrechtet.

Wenn zwei sich versöhnen, leidet der Dritte

Bei den Wahlen 1948 löste die Nationale Partei die United Party ab, die Südafrika fast vier Jahrzehnte lang regiert hatte. Womit die Animositäten zwischen den Buren und den britischen »Rotnacken« wieder aufbrachen. Die Nationale Partei hatte sich die Interessen der ärmeren Buren auf die Fahnen geschrieben und während des Zweiten Weltkriegs sogar mit den Nazis in Deutschland sympathisiert. Wohingegen die Union Party vor allem vom britischen Establishment und wohlhabenden gemäßigten Buren unterstützt wurde. Der ehemalige Burengeneral Jan Smuts saß sogar in Churchills Kriegskabinett.

Die Spannungen zwischen Südafrikas Bleichgesichtern gehen bis in die Frühzeit der Kolonialisierung zurück. 1652 hatte Kaufmann Jan van Riebeek im Auftrag der Holländisch-Ostindischen Gesellschaft eine für die Schifffahrt nach Fernost benötigte Versorgungsstation am Kap der Guten Hoffnung aufgebaut. Sie zog in den folgenden Jahrzehnten zahlreiche Siedler aus Holland, Deutschland und Frankreich (vor allem die vor den katholischen Pogromen fliehenden Hugenotten) an. Die Neuankömmlinge rotteten die einheimischen Khoikhoi aus (die sie Hottentotten nannten) oder machten sie zu ihren Sklaven und drängten außerdem das am Ostkap angesiedelte Volk der Xhosa immer weiter gen Osten ab.

Nach dem Zusammenbruch der holländischen Kolonialherrschaft eigneten sich die Briten Anfang des 19. Jahrhunderts den strategisch wichtigen Stützpunkt an. Als sie dort wenig später die Sklaverei wie überall in ihrem Empire verboten, packten die erzürnten burischen Siedler ihre Rinderwagen und zogen ins Landesinnere – sie meinten, ohne die kostenlosen Arbeitskräfte nicht auskommen zu können. Im Landesinneren (das keineswegs so unbevölkert war, wie die Buren später zu behaupten pflegten) löste ihr »Großer Treck« zahlreiche Konflikte mit afrikanischen Völkern wie den Sothos und den Zulus aus, welche die weißen Farmer mit ihren Feuerwaffen meist für sich entscheiden konnten. Sie gründeten schließlich zwei eigene Staaten – den Oranje-Freistaat und die Südafrikanische Republik. Letztere erstreckte sich über einen Großteil der heutigen Provinzen Gauteng, North-West, Limpopo und Mpumalanga.

Mit der Entdeckung von Diamanten (1866 in Kimberley) und Gold (1886 in Johannesburg) wurde plötzlich auch das Interesse der britischen Kolonialmacht am Hinterland geweckt. Der Gouverneur des Empires in Kapstadt schickte Soldaten aus, die zunächst den Oranje-Freistaat, später auch die Südafrikanische Republik annektierten. Die Gegenwehr der Buren führte zu zwei grausamen »Burenkriegen«, aus denen die Briten schließlich siegreich hervorgingen – allerdings nach hohen eigenen Verlusten und der skandalösen Internierung burischer Familien in Konzentrationslagern, in denen mehr als 26 000 Frauen und Kinder verhungerten. Nach ihrem Sieg sah sich die britische Kolonialverwaltung gezwungen, einen Modus Vivendi mit der burischen Bevölkerungsmehrheit zu finden. London kam auf die Idee, die Kolonie als »Südafrikanische Union« in die zumindest nominelle Unabhängigkeit zu entlassen. Das kühlte die Wut der Buren ab und öffnete den Weg für eine von britischstämmigen Weißen und gemäßigten Buren unterstützte Partei – die United Party –, die in der Geburtsstunde der Union die Macht übernahm. Die Verlierer des notdürftig gekitteten weißen Bruderzwists waren die Schwarzen: Ihnen wurde per Gesetz jeglicher Landbesitz verboten. In Kombination mit der bereits zuvor eingeführten Hüttensteuer blieb den ihres Landes beraubten Afrikanern nichts anderes übrig, als weit von ihren heimatlichen Dörfern entfernt in den verhassten Minen zu arbeiten.

Der weiße Burgfriede wurde mit der Weltwirtschaftskrise in den 1920er Jahren auf die Probe gestellt, als zahllose auf dem Land verarmte Buren zur Arbeitssuche in die Städte zogen. Dort sahen sie sich der Konkurrenz einer wachsenden Zahl urbanisierter Schwarzer ausgesetzt – eine Entwicklung, die sich durch den Industrialisierungsschub während des Zweiten Weltkriegs noch weiter zuspitzte. Die unter wirtschaftlichen Druck geratenen Buren suchten Zuflucht bei der Nationalen Partei, die ihnen für Weiße reservierte Jobs und andere Privilegien in Aussicht stellte – kein leeres Wahlversprechen, wie sich nach ihrer Machtübernahme 1948 schnell herausstellen sollte. Hendrik Verwoerd, Minister für »Angelegenheiten der Eingeborenen«, führte die Politik der getrennten Entwicklung – die Apartheid – ein: Sie erhob die Ungleichbehandlung der Bevölkerung zum Prinzip und schrieb sie gesetzlich fest. Schwarze Südafrikaner wurden nach Volksgruppen aufgeteilt in entlegene oder unfruchtbare Reservate, sogenannte Homelands, abgeschoben: Im südafrikanischen

Kernland waren sie fortan nur noch zur Arbeit mit einem gültigen Pass geduldet. Dagegen durften sich die Weißen der fruchtbaren Tortenstücke des Landes, reservierter Jobs und billiger Arbeitskräfte erfreuen. Ein auf rassischen Kriterien beruhendes Zweiklassensystem, wie es die Welt in dieser Kaltschnäuzigkeit nur selten erlebt hat.

Speere gegen Atombomben

Für die politischen Vertreter der schwarzen Bevölkerungsmehrheit war die Einführung der Apartheid ein Affront sondergleichen. Junge Mitglieder des Afrikanischen Nationalkongresses wie Nelson Mandela und dessen Freunde Oliver Tambo und Walter Sisulu drängten auf eine Radikalisierung der Organisation: Sie gründeten die ANC-Jugendliga und suchten den behäbigen Club der Mittelständler für die Masse der Afrikaner zu öffnen. Nach dem Vorbild Mahatma Gandhis organisierten sie Kampagnen des zivilen Ungehorsams, in deren Rahmen Demonstranten öffentlich ihre Pässe verbrannten, wofür sie zu Tausenden verhaftet und eingesperrt wurden. Statt in einen Dialog mit ihren Kritikern zu treten, verschärfte die Regierung ihre Gangart nur noch weiter. Bei einem Protest gegen die Passgesetze in der rund 50 Kilometer südlich von Johannesburg gelegenen Township Sharpeville eröffnete die Polizei am 21. März 1960 das Feuer auf unbewaffnete Demonstranten: 69 Menschen starben, darunter acht Frauen und zehn Kinder. Das Massaker kam einem Offenbarungseid der südafrikanischen Machthaber gleich. Danach konnte keiner mehr sagen, dass am Kap der Guten Hoffnung alles in Ordnung sei.

Die von dem Blutbad ausgelöste Wut der schwarzen Bevölkerung entlud sich in einer Flut von Protestaktionen. Die Regierung verhängte den Ausnahmezustand und verbot sämtliche politisch relevanten Organisationen – neben dem ANC auch dessen radikaleren Ableger, den Panafrikanischen Kongress (PAC), sowie Südafrikas Kommunistische Partei (SACP). Die Führer der Organisationen flohen ins Ausland oder tauchten ab, darunter

ANC-Vizepräsident Nelson Mandela. Ein Jahr später gab er einem Reporter des britischen TV-Senders ITN sein erstes – und vor seiner Verhaftung – letztes Fernsehinterview. ITN-Reporter Brian Widlake wurde dafür mitten in der Nacht zum Haus eines weißen Professors im Johannesburger Stadtteil Foresttown gebracht, wo er einem Mann in schwarzer Lederjacke und mit Bart begegnete, der einen »müden, fast apathischen Eindruck« machte. Nelson Mandela sank in den für ihn bereitgestellten Stuhl und sagte mit angespannter Stimme: »Es gibt viele Menschen, die den Eindruck haben, dass es für uns sinnlos ist, weiterhin Gewaltlosigkeit zu predigen, wenn die Regierung mit brutalen Angriffen auf wehrlose Menschen reagiert. Deshalb müssen wir darüber nachdenken, ob unsere bisherigen Methoden noch angemessen sind.«

Zu diesem Zeitpunkt ist Mandela bereits mit dem Aufbau des bewaffneten Flügels des ANC beschäftigt, den er »Umkhonto we Sizwe« (»Speer der Nation«) nennt. Der Kommandant der Befreiungstruppe verlässt kurze Zeit später heimlich Südafrika und reist mehrere Monate lang durch den Kontinent, um unter den unabhängig gewordenen afrikanischen Staaten um Unterstützung für den bewaffneten Kampf des ANC zu bitten. Wirklich in Verlegenheit vermochte der afrikanische Speer die selbst mit Atombomben ausgerüstete Militärmaschinerie der weißen Minderheitsregierung allerdings nie zu bringen. Die Existenz der zum Großteil im fernen Angola stationierten Truppe hatte eher eine psychologische Bedeutung: dass sich die »schwarzen Schafe« der südafrikanischen Politik ihre Behandlung als Menschen zweiter Klasse nicht widerstandslos gefallen lassen. Für die Niederlage der weißen Minderheit drei Jahrzehnte später spielte der Kampf des »Umkhonto we Sizwe« kaum eine Rolle: Es waren die nicht unter Kontrolle zu bringenden inneren Unruhen, die verheerenden wirtschaftlichen Auswirkungen der Apartheidpolitik sowie die internationale Isolation, die die Rassentrenner schließlich in die Knie zwangen.

Um ein verbreitetes Missverständnis aus dem Weg zu räumen: Nelson Mandela war nie ein Pazifist. Er repräsentierte zu jener Zeit auch nicht den lächelnden Versöhner, den man von Bildern nach seiner Wahl zum Präsidenten kennt, trat vielmehr eher aggressiv auf, mit durchaus arroganten Zügen. Der junge Politiker und Rechtsanwalt hielt sich durch Boxen fit, liebte es, sich in feines Tuch zu kleiden, und fand an schönen Frauen Gefallen. Seine erste Ehe mit Evelyn, einer Zeugin Jehovas, ging schief: Mandela soll sie sogar geschlagen haben, will David Smith, einer seiner zahllosen Biografen, herausgefunden haben. Kurze Zeit später heiratete der dunkelhäutige Don Juan erneut. Dieses Mal die attraktive Sozialarbeiterin Winnie Madikizela, die während Mandelas Haft zum weltweit wahrgenommenen Gesicht des Antiapartheidkampfes wurde.

Der Krokodil-Dompteur

Jemand muss ihn verraten haben. Wer es war, ist noch heute nicht bekannt – manche meinen, dass der amerikanische Geheimdienst, die CIA, daran beteiligt war. Jedenfalls wird Nelson Mandela während einer Autofahrt von Durban nach Johannesburg am 5. August 1962 bei Howick in der Natal-Provinz verhaftet. Gemeinsam mit anderen führenden ANC-Mitgliedern, die kurze Zeit später auf der Liliesleaf-Farm bei Johannesburg aufgegriffen werden, wird Mandela wegen Sabotage vor Gericht gestellt – ein Delikt, auf das die Todesstrafe steht. Sein Schlussplädoyer beendet Mandela mit den berühmt gewordenen Sätzen: »Ich habe in meinem Leben gegen weiße und gegen schwarze Vorherrschaft gekämpft. Ich habe das Ideal einer demokratischen und freien Gesellschaft hochgehalten, in der alle Menschen in Harmonie und mit denselben Chancen zusammenleben. Für dieses Ideal würde ich gern leben und es erreichen. Doch wenn es nötig sein sollte, bin ich auch bereit, dafür zu sterben.«

Überraschenderweise schreckt Richter Quartus de Wet vor der Verhängung der Todesstrafe zurück. Stattdessen wird der Angeklagte Nummer 1 zusammen mit sieben *comrades* zu lebenslänglicher Haft auf der Gefängnisinsel Robben Island verurteilt. Im Mai 1963 kommt Mandela auf der Insel an, die er fast 20 Jahre lang nicht wieder verlassen wird. Seiner körperlichen Bewegungsfreiheit beraubt, begibt sich der Königssohn indessen auf eine ausgedehnte mentale Reise. »Ich musste einen langen Weg zurücklegen, um ein Mitglied der menschlichen Familie zu werden, statt nur Teil einer begrenzten Gemeinschaft zu sein«, erinnert er sich später. In der ständigen Auseinandersetzung um verbesserte Haftbedingungen lernt der Gefangene seine »Feinde«, die überwiegend burischstämmigen Wärter, eingehend kennen. Er begreift, dass er die vor Intelligenz nicht unbedingt berstenden Schließer lieber für sich gewinnt, als einen aussichtslosen Kampf gegen sie zu führen. Er schreibt in juristischem Jargon verfasste Briefe für sie, die sie im Konflikt mit ihrer Bank, dem Verkehrsamt oder der Schule ihrer Kinder brauchen, und lernt über Fernkurse sogar ihre Sprache, Afrikaans – ein vereinfachtes Altholländisch, dem im Gebrauch mit dem afrikanischen Dienstpersonal über die Jahrhunderte hinweg sämtliche linguistischen Schnörkel verloren gingen. Seine »Freundschaft« mit den Wärtern gewährt dem Befreiungsführer Einsichten in die Psyche der Buren, die ihm später – bei den Verhandlungen mit der weißen Übergangsregierung sowie als Staatspräsident – noch beste Dienste erweisen sollten. Er lernt die hinter dem burischen Nationalismus und Rassismus verborgenen Motive kennen: die Angst, von der englischen Minderheit dominiert oder von der schwarzen Bevölkerungsmehrheit außer Landes gejagt zu werden.

Als die weiße Regierung bereits Mitte der 1980er Jahre erkennt, dass es mit der Rassentrennungspolitik so nicht weitergehen kann, nimmt sie heimlich Kontakt zu Mandela auf. Der befindet sich wegen einer Tuberkulose-Erkrankung ohnehin im Pollsmore-Gefängnis auf dem Festland bei Kapstadt und wird nach seiner Genesung erst gar nicht mehr auf die Insel zurückgeschickt. Bis zu seiner Freilassung führt Häftling Nummer 46664 über 50 Gespräche mit dem weißen Geheimdienstchef, dem Justizminister und schließlich sogar mit dem Staatspräsidenten Pieter Willem Botha, der wegen seiner Hinterlist und Bissigkeit »das Krokodil« genannt wird.

Für Mandela sind diese Sondierungsgespräche eine heikle Angelegenheit, denn nicht alle ANC-Funktionäre sind der Überzeugung, dass man mit dem verhassten Regime überhaupt reden sollte. Der gesprächsbereite Häftling droht isoliert zu werden. Dass das nicht geschieht, ist neben seiner Autorität auch der Einsicht seines die Befreiungsbewegung aus dem Exil in Sambia führenden Freundes Oliver Tambo zu verdanken. Auch Tambo weiß, dass die weißen Herrscher nicht mit Gewalt in die Knie zu zwingen sind. In den heimlichen Sondierungsgesprächen beharrt Mandela stets kompromisslos auf der Grundforderung des ANC: die Einführung des allgemeinen gleichen Wahlrechts. Der Häftling erweckt bei seinen Gesprächspartnern Respekt und ein derartiges Vertrauen, dass sie ihre Widerstände gegen seine Freilassung und gegen die Aufnahme von Verhandlungen über eine neue Verfassung des Landes schließlich fallen lassen. »Ich kann den alten Mann verstehen. Ich hätte an seiner Stelle womöglich dasselbe getan«, soll Botha nach der historischen Begegnung mit Mandela im Juli 1989 in seinem Kapstädter Präsidentenbüro Tuynhuys gesagt haben. Selbst dem garstigen Krokodil hatte der würdige Häftling den Biss genommen.

Auf die Frage, wie er es denn geschafft habe, in all den Jahren im Gefängnis nicht zu verbittern, wird Mandela später seinem Kollegen und Freund Bill Clinton erwidern: »Verbitterung ist wie Gift trinken und erwarten, dass dein Feind davon stirbt. Sie hatten mir damals alles genommen: die besten Jahre meines Lebens, meine Frau und meine Kinder. Das Einzige, was sie mir nicht nehmen konnten, war mein Verstand und mein Herz. Hätte ich ihnen nicht vergeben, dann hätten sie auch das noch gekriegt.«

Vor dem Bürgerkrieg

Die Flitterwochen zwischen dem wieder zugelassenen ANC und der weißen Minderheitsregierung währen nach der Freilassung Mandelas am 11. Februar 1990 allerdings nur kurz. Die Nationale Partei unter Frederik Willem de Klerk, der nach einem Schlaganfall des Krokodils zunächst den Parteivorsitz und später auch die Präsidentschaft übernommen hat, strebt eine Verfassung an, die den weißen Südafrikanern weiterhin erhebliche Privilegien sichern soll. Gleichzeitig kommt es in den Schwarzensiedlungen des Landes zu blutigen Konflikten zwischen Mitgliedern der von Mangosuthu Buthelezi geführten Inkatha-Partei, der fast ausschließlich Zulus angehören, und den Anhängern des Afrikanischen Nationalkongresses. Immer klarer stellt sich heraus, dass Kräfte des weißen Sicherheitsapparats die Inkatha-Kämpfer bewaffnen und steuern. Auf diese Weise soll der ANC geschwächt werden. Wir Journalisten sind fast drei Jahre lang damit beschäftigt, einerseits über Kämpfe und Massaker in den Townships, andererseits über die festgefahrenen Verhandlungen zwischen dem ANC und der weißen Minderheitsregierung zu berichten.

Dann kommt der 10. April 1993, ein sonniger Ostersamstag, den ich mit meiner Frau Merle in Kapstadt verbringe. Beim Einkaufen erreicht uns die Nachricht, dass Chris Hani erschossen wurde – eine Meldung, die uns das Blut in den Adern stocken lässt. Jeder weiß, dass Chris Hani nach Mandela der populärste ANC-Führer ist. Mit seinen 50 Jahren ist der Chef des »Speers der Nation« und Führer der Kommunistischen Partei nicht nur wesentlich jünger als Mandela – der »Falke« ist auch das Idol der militanten Township-Jugend. Keine Frage: Seine Ermordung könnte zu Nächten langer Messer, zum Auftakt eines blutigen Bürgerkrieges führen. Wir eilen zum Flughafen und nehmen die erste Maschine zurück nach Johannesburg.

In den Johannesburger Zeitungsredaktionen sind bereits Einzelheiten über die Tat bekannt. Der Schütze heißt Janusz Walus, ein Immigrant aus Polen, der Kontakte zur rechten weißen Szene in Südafrika unterhält – Details, die nicht gerade zur Beruhigung der Gemüter beitragen. Schon treffen Kameraleute mit Bildern von Äxte schwingenden und Molotow-Cocktails werfenden schwarzen Jugendlichen in den Redaktionen ein. Die zornigen *comrades* errichten in den Townships rund um Johannesburg Straßensperren und zünden Häuser an. So fängt also ein Krieg an, denke ich.

Dann wird bekannt, dass Nelson Mandela im Südafrikanischen Fernsehen SABC, dem Propaganda-Instrument der weißen Minderheitsregierung, sprechen wird. Dort sitzt der ANC-Chef später wie ein Staatspräsident vor der Kamera: die erste »Amtshandlung« des damals noch ungekrönten schwarzen Staatsoberhauptes. Mandela erinnert seine aufgebrachten Landsleute daran, dass nicht nur der Täter weiß sei, sondern auch die Zeugin, die die sofortige Festnahme des Schützen ermöglichte. Ein Rassenkrieg sei also fehl am Platz, sagt der Befreiungsführer. Noch nie sei es wichtiger gewesen als jetzt, dass die *comrades* Disziplin zeigten und die Verhandlungen nicht zum Scheitern brächten. Tatsächlich lassen sich die zornigen Jugendlichen noch einmal beruhigen. Die Unruhen halten sich in Grenzen – doch die weiße Minderheitsregierung hat einen derartigen Schreck bekommen, dass sie sich endlich zu allgemeinen Wahlen nach dem Prinzip »one man, one vote« bereit erklärt. Ein Jahr später wird Nelson Mandela offiziell zum Präsidenten Südafrikas gekürt.

Der Versöhner

Einen Tag wie den 10. Mai 1994 hat Südafrika noch nicht erlebt. Mehr als 4000 prominente Gäste aus aller Welt sind in den Südzipfel des Kontinentes gekommen: Königinnen, Präsidenten, Pop-Divas und Hollywood-Stars. Wir Journalisten mussten morgens um vier Uhr aufstehen, um rechtzeitig unsere Plätze im Amphitheater vor dem Union Building, dem monumentalen, über Pretoria thronenden Regierungspalast, einzunehmen. Eine nicht enden wollende Prozession an Limousinen rollt an: Sie spucken neben Fidel Castro den US-Vizepräsidenten Al Gore aus, neben dem britischen Prinzen Philip den libyschen Revolutionsführer Muammar al-Gaddafi und neben dem israelischen Ministerpräsidenten Yitzhak Rabin den PLO-Chef Yassir Arafat. Mandela hat alle möglichen Menschen – selbst von außerhalb seiner Heimat – zusammengebracht. Hatte sich in den vergangenen 50 Jahren kein ernst zu nehmender Politiker mehr nach Südafrika begeben, so ist der Pariastaat plötzlich in Mode gekommen. Vom »Wunder am Kap« ist die Rede, vom »Zauber Mandelas« und natürlich vom Regenbogenstaat. »Wir geloben, eine Gesellschaft zu errichten, in der alle Südafrikaner, ob schwarz oder weiß, aufrecht gehen können«, sagt Mandela in seiner Amtseinführungsrede, »eine Regenbogennation im Frieden mit sich selbst und mit der Welt.« Nie wieder solle »dieses wunderschöne Land die Unterdrückung eines Menschen durch einen anderen erleben«.

Die Feierlichkeiten werden von einer Milliarde Menschen in aller Welt verfolgt. Anschließend begibt sich der neue Präsident zur Rasenfläche unterhalb vom Union Building, wo mehr als 60 000 Südafrikaner auf ihn warten, darunter auch zahlreiche Weiße. Sie spricht der neue Präsident auf Afrikaans an: »Wat verby is, is verby«, zu gut Deutsch: Lasst die Toten ihre Toten begraben. Noch immer sind viele Bleichgesichter zu diesem Zeitpunkt nicht davon überzeugt, dass dem als »Terroristen« gebrandmarkten ANC-Chef tatsächlich auch ihr Wohl am Herzen liegt – das wird erst ein Jahr später kommen.

Für 1995 war der runderneuerten Nation die Austragung des Rugby-Weltcups zugesprochen worden. Ein Ereignis, das die Mehrheit der Bevölkerung eigentlich kaltlassen sollte. Denn Rugby gilt als Sport der Weißen, vor allem burischer Farmerssöhne, die bei dem Raufsport ihre Körper zum Einsatz bringen können. Während sich der Sportminister der jungen, vom ANC geführten Regierung Gedanken darüber macht, wie er die sogenannten Springböcke zähmen und zur Aufnahme eines höheren Prozentsatzes dunkelhäutiger Spieler zwingen könnte (es gibt zu diesem Zeitpunkt lediglich einen einzigen nicht weißen Springbock im nationalen Rugby-Team), hat Nelson Mandela andere Pläne. Er sieht das Potential des Wettkampfes für die Vereinigung der gespaltenen Nation und nimmt Kontakt mit Rugby-Mannschaftskapitän François Pienaar auf – ein Vorgang, den der britische Journalist John Carlin in seinem Buch *Playing the Enemy* beschreibt. Später wird Clint Eastwood aus dem Stoff den Film *Invictus* produzieren. Mandelas politisches Kalkül mit dem Lieblingssport der Weißen gipfelt in seinem Auftritt beim Finale im Johannesburger Ellis-Park-Stadion, wo sich Gastgeber Südafrika und Neuseeland gegenüberstehen. Die fast ausschließlich weißen Zuschauer in der zum Bersten gefüllten Arena schwenken anfangs alte südafrikanische Fahnen – bis Nelson Mandela im grünen Trikot der Springböcke aufs Spielfeld kommt. Die ersten Rufe werden laut, bis das Stadion schließlich von Sprechchören widerhallt: »Nelson, Nelson!« In einem an Dramatik nicht zu überbietenden Finale gewinnen die Springböcke in letzter Minute, und in den Straßen fallen sich schwarze und weiße Südafrikaner in die Arme. Spätestens jetzt haben auch die Bleichgesichter ihr Herz für Nelson Mandela und den Regenbogenstaat entdeckt.

Über dem Regenbogen

Der Regenbogenmacher ist am Ziel seines »langen Wegs zur Freiheit« angelangt. Er hat nicht nur die weißen Unterdrücker niedergerungen und seine schwarzen Landsleute befreit: Er hat auch die Grundlage einer neuen Nation geschaffen, auf der die gesamte Palette der bunten Bevölkerung leben und leben lassen konnte. Seine Mission ist erfüllt: Nelson Mandela konnte sich zur Ruhe setzen, über dem Regenbogen würde sein Stern nur umso heller leuchten.

Bereits nach der ersten Amtszeit als Präsident tut er das auch. Und setzt damit gleich noch ein Zeichen für jene zahlreichen afrikanischen Herrscher, die sich lebenslang an die Macht zu krallen suchen: Wer seinem Volk wirklich dienen will, tritt rechtzeitig ab. Gewiss spürt der inzwischen über 80-Jährige auch, dass seine Kräfte schwinden – und dass sein beispielloser Ruf vom Regierungsgeschäft nur angegriffen werden kann. Viele Südafrikaner hätten ihren Madiba, wie Mandela bald nur noch bei seinem Clannamen genannt wird, gerne länger an der Macht gesehen. Doch in Wahrheit hatte der Gründervater der neuen Nation schon in der ersten Amtszeit das alltägliche Regieren weitgehend seinem Stellvertreter Thabo Mbeki überlassen.

Er selbst konzentriert sich aufs Repräsentieren, empfängt Wallfahrer aus aller Welt: Könige und Präsidenten, aber auch Stars und Sternchen, die sich wie Bono, die Spice Girls oder das Supermodell Naomi Campbell in den Strahlen des Heroen sonnen wollen. Er gibt Sportlern seinen Segen, die sich vor internationalen Wettbewerben noch schnell von der *Madiba Magic*, dem Zauber der Ikone, beflügeln lassen wollen. Vor allem aber setzt der Präsident sein Versöhnungswerk fort und richtet die von Desmond Tutu geführte Wahrheits- und Versöhnungskommission ein. Sie soll die Gräben zwischen Tätern und Opfern zuschütten, was allerdings nur eingeschränkt gelingt, weil kaum ein Weißer freiwillig seine Verstrickung in den rassengetrennten Unrechtsstaat offenlegen will. Mandela trifft sich zum Tee mit Betsie Verwoerd, der Witwe des Apartheidarchitekten Hendrik Verwoerd, und lädt Staatsanwalt Percy Yutar, der im Sabotage-Prozess seinen Tod gefordert hatte, in seinen Amtssitz zum Mittagessen ein. Sie hätten lange miteinander gequatscht, teilt Mandela später mit: »Wie das unter Anwaltskollegen halt so üblich ist.«

Jetzt kann der Befreiungsheld auch seine zutiefst menschliche Seite zeigen, wie Allister Sparks, der mittlerweile verstorbene, wohl profundeste Analyst Südafrikas, zu berichten weiß. Sparks hatte einen ziemlich direkten Draht zu Nelson Mandela, man könnte auch sagen: Sie waren befreundet. Als dem Präsidenten zu Ohren kommt, dass Sparks' Ehefrau Sue an Krebs erkrankt ist und nicht mehr lange leben wird, dirigiert er auf dem Weg zu einem Staatsbesuch nach Saudi-Arabien seinen den Flughafen ansteuernden Konvoi um und lässt ihn vor Sparks' Haus in Johannesburg halten. Mandela klingelt und fragt, ob er mit dem Ehepaar frühstücken könne. Sie unterhalten sich eine Stunde lang, während die Entourage des Staatschefs (und womöglich auch König Fahd) wartet. Es ist das letzte Mal, dass Sue Sparks Nelson Mandela sieht. Sie stirbt zwei Wochen später.

Damals fühlten sich die Südafrikaner in einer Art Trance und wähnten sich als auserwähltes Volk. Mit der relativ friedlichen gesellschaftlichen Kehrtwende hatten sie ein Wunder vollbracht, für das sie von aller Welt geschätzt wurden. Und mit Nelson Mandela wurden sie von einem »Giganten der Menschheit« regiert, um den sie jeder beneidete. Schwarze Südafrikaner waren der Überzeugung, dass sich ihr Leben bald radikal verändern würde. Und weiße Südafrikaner waren beglückt, dass der fundamentale Umschwung gar nicht wehgetan hatte. Im Gegenteil, durch den wirtschaftlichen Aufschwung des von den Fesseln der Rassentrennung befreiten Landes ging es ihnen sogar noch besser als zuvor. Sie waren außerdem vom Image der hässlichen Rassisten befreit: So gut hatte sich kaum eines der von der »schwarzen Gefahr« verängstigten Bleichgesichter das neue Südafrika vorgestellt. Fast niemand nahm damals jedoch wahr, dass der schöne Schein höchstens die Oberfläche erleuchtete – und dass es noch viele Jahrzehnte dauern würde, bis die Nation tatsächlich einmal vereint sein könnte. Falls es überhaupt einmal geschieht.

Die Schattenseiten des Heroen

Nelson Mandela war seine Überhöhung zum Halbgott selber suspekt. »Ich will wie jeder andere Mensch behandelt werden«, sagte er in einem Interview, »mit meinen Tugenden und Lastern.« Tatsächlich kam es während seiner Präsidentschaft auch zu folgenschweren Fehlentscheidungen. Sein verheerendstes Versäumnis war wohl, der sich damals abzeichnenden Aids-Pandemie nicht die nötige Aufmerksamkeit gewidmet zu haben. »Ich wollte die Wahlen gewinnen und habe deshalb nicht über Aids gesprochen«, bereute Mandela später die Unterlassung, die Zigtausende von Südafrikanern mit dem Leben bezahlten. Immerhin brachte Madiba die Größe auf, das Versäumnis öffentlich einzuräumen. Sein Nachfolger Thabo Mbeki, der nicht nur schwieg, sondern die Existenz des Virus lautstark leugnete und sich weigerte, lebensrettende antiretrovirale Medikamente im Rahmen der staatlichen Gesundheitsfürsorge ausgeben zu lassen, brachte dagegen weder ein Eingeständnis noch eine Entschuldigung über die Lippen.

Auch an Madibas Versöhnungspolitik wird herumgekrittelt – allen voran vom simbabwischen Präsidenten Robert Mugabe. Mandela sei bei der Besänftigung der weißen Südafrikaner viel zu weit gegangen, meint der eifersüchtige Rivale aus dem Nachbarland. Selbst die Köpfe der Nelson-Mandela-Stiftung fragen sich inzwischen, ob die von ihrem Gründer initiierte Wende tatsächlich als Triumph betrachtet werden kann und nicht einer Niederlage gleichkam – und Mandelas Versöhnungspolitik mehr als eine Sammlung »grandioser symbolischer Gesten« war. In einem 2015 veröffentlichten Positionspapier über »Rasse und Identität« beklagen der Geschäftsführer der Stiftung, Sello Hatang, und Archivar Verne Harris den Kniefall Mandelas vor dem »weißen Kapital« und der »neoliberalen Wirtschaftspolitik«. Außerdem habe er den Lack der Versöhnung womöglich etwas zu schnell und zu dick aufgetragen. »Die Rede von der Regenbogennation war eine Illusion«, gibt ihnen Methodisten-Bischof Mike Forster recht, als über das Kap wieder einmal eine Welle ausländerfeindlicher Ausschreitungen schwappt. »Wir haben in einer Seifenblase gelebt und müssen nun die Debatten nachholen, die wir vor zwei Jahrzehnten hätten führen sollen.«

Am 14. Juni 1999 geht Nelson Mandela zum letzten Mal zur Arbeit ins Präsidentenamt. Damit hört sein Höhenflug allerdings nicht auf – im Gegenteil, jetzt wird Mandela vollends in den Olymp der Halbgötter erhoben. Der pensionierte Gründervater wird wie ein nationales Heiligtum gehütet und aktiviert, wann immer die junge Nation übernatürliche Hilfe braucht – etwa zur Sicherung der ersten Austragung einer Fußballweltmeisterschaft auf afrikanischem Boden (2010 in Südafrika). Obwohl sich Tata, das Großväterchen, aus der Kommentierung tagesaktueller Ereignisse bewusst heraushält, wird er von den immer weiter auseinanderdriftenden Fraktionen seiner Partei gerne als Joker benutzt – der Greis wird zu Fototerminen aufgesucht oder zu Kundgebungen geschleppt. Den Gipfel der Rücksichtslosigkeit erklimmt Jacob Zuma, als er sich im kleinen Kreis neben dem inzwischen über 90-Jährigen ein ums andere Mal ablichten lässt. Tata sitzt dabei apathisch in seinem Lehnstuhl, sichtlich irritiert vom Blitzlichtgewitter, das seine empfindlichen Augen über sich ergehen lassen müssen – ein Fall von politischer Vergewaltigung.

Im Juni 2013 erkrankt Mandela wieder einmal an einer Lungenentzündung. Auf der Fahrt ins Krankenhaus hat die Ambulanz eine Panne: Der fast 95-jährige Patient muss in der kalten Winternacht zwei Stunden lang am Rand der Autobahn warten, bis endlich Ersatz für den Krankenwagen gefunden ist. Danach liegt Mandela wochenlang an Geräte angeschlossen in einer Klinik in Pretoria, und dem Sprecher der Regierung fällt nichts anderes ein, als den Gesundheitszustand des Gründervaters jeden Tag aufs Neue als »ernst, aber stabil« zu beschreiben. Unterdessen streitet sich Mandelas umfangreiche Familie darüber, wer an Stelle des invaliden Heroen sprechen und entscheiden darf. Monatelang wird Mandela künstlich am Leben gehalten – als ob der endgültige Abschied vom berühmtesten Sohn des Landes um alles in der Welt vermieden werden müsste. Erzbischof Tutu wird später von einem »Affront gegen Mandelas Würde« sprechen. Die Demütigung des Königssohns, die den Gefängniswärtern auf Robben Island partout nicht gelingen wollte, haben *comrades* und Familie mühelos geschafft.

Donnerstag, 5. Dezember 2013, der Anruf kommt abends um elf. Unsere Haushälterin Rosina teilt mit, soeben habe Präsident Zuma den Tod Madibas bekannt gegeben. Weil das Ereignis nicht gerade überraschend kommt, haben wir Korrespondenten längst ganze Textpakete als Nachruf auf den beliebtesten Politiker der Welt vorbereitet. Nun müssen nur noch Zeitpunkt und genauere Umstände des Todes eingefügt werden – und ab geht die Post. Bereits am nächsten Morgen werden die Zeitungen in aller Ausführlichkeit über Leben und Wirken der Ikone berichten. Nach getaner Arbeit ist an Schlafen nicht zu denken: Völlig ausgeschlossen, jetzt alleine zu sein. Ich fahre zu Nelson Mandelas Haus im höchstens zehn Autominuten entfernten Johannesburger Stadtteil Houghton. Ein im dunklen Himmel kreisender Hubschrauber sowie zahllose die Straßen zuparkende Fahrzeuge lassen keinen Zweifel daran, dass ich hier richtig bin. Noch einmal hat Madiba seinen Zauber wirken lassen: Vor seinem Haus haben sich Hunderte von Menschen jeder Herkunft eingefunden, schwarze, weiße, braune und gelbe. Kinder sind in ihren Schlafanzügen gekommen, Omas im Morgenmantel, Nachteulen direkt aus der Bar. Manche halten Kerzen, andere Blumen oder gar einen Teddybär in den Händen. Einige singen Lieder, andere erzählen sich Geschichten, viele weinen – aus Trauer oder Dankbarkeit. Noch einmal haben sich die Südafrikaner unter dem Regenbogen versammelt. Es wird, bis auf Weiteres, das letzte Mal gewesen sein.

Ronnie und das Ende einer (fast) lebenslangen Liebe – der Niedergang des ANC

Er ist noch immer ganz der Alte. Gut 1,70 Meter groß, runder Kopf, inzwischen etwas schütteres Haar. Zurzeit kämpft er mal wieder mit seinem Gewicht, geht jeden Tag schwimmen, 40 Bahnen, 1000 Meter. Obwohl Ronnie Kasrils mittlerweile 78 Jahre alt ist, hat er noch immer jene leidenschaftlichen Augen, die unter seinen buschigen Augenbrauen wie die eines Leoparden aus dem Unterholz blitzen. Und wenn er angeregt in seinem bemüht deutlichen, etwas oberlehrerhaft wirkenden Englisch spricht, verzieht sich sein Mund gelegentlich zu einem ironischen Grinsen. So kenne ich den Mann seit 25 Jahren.

Allerdings zittert Ronnie dieser Tage etwas mehr. Tribut an die nervenaufreibenden Zeiten, die der ehemalige militärische Geheimdienstchef des ANC durchlebt hat – und noch immer durchlebt? Unter vielen seiner Genossen gilt der Kommunist jüdischer Abstammung als Verräter – als einer, der das Nest der ehrenwerten Organisation beschmutzt hat. Während der heißesten Phase des Befreiungskampfs in den 1980er Jahren hätten ihm seine *comrades* womöglich einen mit Benzin getränkten Autoreifen um Hals und Arme gelegt und angezündet: So ging man damals mit Abtrünnigen um. *Necklacing* heißt das am Kap der Guten Hoffnung euphemistisch: jemandem ein Halsband umlegen.

Damals hatte Ronnie allerdings noch nichts zu befürchten. Er war noch ein hundertfünfzigprozentiges Mitglied des ANC und der mit ihm verschwisterten Südafrikanischen Kommunistischen Partei. Der »angesehenste weiße Revolutionär Afrikas«, wie ihn Zeitungen nennen, ist eines der wenigen Bleichgesichter, die im ANC Karriere machten: Als junger Rekrut des bewaffneten Flügels »Umkhonto we Size« zündete er 1961 vor einem Regierungsgebäude in Durban die erste Bombe im Befreiungskampf. Später wurde *comrade* Khumalo (sein ehemaliger Deckname) in der Sowjetunion und der DDR in der Guerillakriegsführung ausgebildet. Und nach der Wende, im neuen Südafrika, diente Ronnie seiner Heimat unter anderem als Chef des militärischen Geheimdienstes. Doch heute lässt er keine Gelegenheit aus, seinen ehemaligen *comrades* vom ANC und der SACP gegen das Schienbein zu treten. »Schockierend und beschämend« nennt er deren Politik. Das Land sei in die Hände einer »korrupten und diktatorischen Clique« geraten.

In Ronnies kleiner Dreizimmerwohnung im Johannesburger Stadtteil Killarney brodelt der Kaffee vergessen auf dem Herd – mein Gastgeber ist zu erregt, um sich von Nebensächlichem ablenken zu lassen. Gut 20 Jahre nach dem Machtantritt des ANC und der Blüte der Organisation unter Nelson Mandela ist der Ruf der Befreiungsbewegung auf einem Tiefpunkt angelangt. Kaum ein Tag vergeht, an dem Zeitungen nicht über einen neuen Fall von Machtmissbrauch, Vetternwirtschaft oder Korruption innerhalb der Regierungspartei berichten; keine Woche, in der die Enttäuschung der Bevölkerung über den wirtschaftlichen und gesellschaftlichen Stillstand des Landes nicht neue Ausmaße annimmt. Mit der offiziellen Quote von über 27 Prozent hat die Arbeitslosigkeit schwindelerregende Höhen erreicht, in Wahrheit soll sie sogar über 40, unter schwarzen Jugendlichen über 60 Prozent liegen. Nach vielen Jahren eines mäßigen aber steten Aufschwungs krebst die Wirtschaft mit Wachstumsraten von weniger als einem Prozent vor sich hin, die von Mandelas Versöhnungskurs abgebauten Spannungen zwischen den verschiedenen Bevölkerungsgruppen nehmen wieder zu. Trotz massiver Kritik aus allen Teilen der Gesellschaft hält sich die Regierung unter Präsident Jacob Zuma krampfhaft an der Macht fest – offensichtlich mehr daran interessiert, vor ihrem Ende noch schnell abzusahnen, was abzusahnen ist, als das Land auf einen neuen, aussichtsreicheren Weg zu bringen. Über Werte wird im ANC nur noch gesprochen, sofern sie auf Banknoten stehen. »Die Bewegung ist ein Schatten ihrer selbst«, klagt Ronnie.

Alle Macht dem Volk

Als wir uns wenige Wochen nach Mandelas Freilassung im April 1990 erstmals begegneten, war Ronnies revolutionäre Welt noch in Ordnung. Der Geheimdienstchef des ANC bewegte sich damals im Untergrund, denn die Amnestie, die nach Aufhebung des ANC-Verbots für die Funktionäre der Befreiungsbewegung ausgesprochen wurde, galt nicht für ihn und einige seiner Kameraden. Südafrikas Geheimdienst warf Ronnie Kasrils finstere Absichten vor: Während die ANC-Führung mit Präsident Frederik Willem de Klerk über eine neue Verfassung verhandele, betreibe der Kommunist mit einigen Gleichgesinnten heimlich den Sturz der Regierung. Tatsächlich hatte sich Ronnie schon Monate vor der überraschenden Kehrtwende der weißen Minderheitsregierung aus dem sambischen Exil nach Südafrika eingeschlichen, um hier im Untergrund Strukturen für eine ANC-Führung aufzubauen. Dabei handelte es sich um einen von der ANC-Spitze sanktionierten Plan, die »Operation Vula« (Zulu für Regen), die von den dramatischen Entwicklungen um die Freilassung Mandelas jedoch längst überholt worden war.

Dennoch nutzten Südafrikas Geheimdienstler den ihnen zufällig bekannt gewordenen Plan zu einem ihrer zahlreichen Versuche, die feindliche Organisation zu schwächen. Sie verhafteten mehrere Personen, von denen zwei zu Tode gefoltert wurden – ihre Leichname warf die Polizei kurzerhand in den Tugela-Fluss. Als einzigem der steckbrieflich Gesuchten gelang es Ronnie abzutauchen. Er ließ sich einen Vollbart wachsen und zog sich eine Mütze über. Auf diese Weise führte er seine Verfolger bis zur Erneuerung der Amnestie drei Jahre später an der Nase herum.

Eine gemeinsame Bekannte hatte Ronnie eines Tages in mein Häuschen im Johannesburger Stadtteil Bezuidenhout Valley gebracht. Dort sah der Flüchtige, dem es im Untergrund langweilig geworden war, meinen Tennisschläger. Wir verabredeten uns für den nächsten Tag zum Match, dem in den kommenden Jahren noch unzählige weitere folgen sollten. Da der Tennisplatz öffentlich zugänglich war, bat mich Ronnie, laut deutsch zu reden, wann immer jemand des Weges kam. In Ermangelung eines fundierten Wortschatzes pflegte er auf meine deutschen Sätze stets mit »Achtung!« und »ains, swai, drai, vier, funf« zu antworten. Glücklicherweise befand sich unter den Passanten nie ein Sicherheitspolizist mit auch nur rudimentären Kenntnissen der deutschen Sprache.

Trotz seiner prekären Lage war Ronnie damals bester Stimmung. Mit der Freilassung Mandelas hatte der ANC einen unerwarteten Triumph errungen. 30 Jahre nach Beginn des bewaffneten Widerstands zahlten sich die Strapazen für *comrade* Khumalo und Genossen endlich aus. Jetzt galt es nur noch, die weiße Minderheitsregierung vollends aus dem Weg zu räumen, dann könnten am Kap der Guten Hoffnung paradiesische sozialistische Zeiten beginnen. Auch wenn der real existierende Sozialismus in anderen Teilen der Welt gerade zusammengebrochen war: Für »romantic Ronnie«, wie der Chefredakteur der *Sunday Times* meinen Tennispartner nannte, blieb die Idee von der Verstaatlichung der Produktionsmittel und der Herrschaft der Arbeiterschaft aktuell.

Wir Korrespondenten und die *comrades* des ANC waren damals noch beste Freunde. Ein Großteil der ausländischen Presse hatte während der Apartheidzeit mit der Befreiungsbewegung sympathisiert – etwas anderes wäre für Journalisten mit einem einigermaßen funktionierenden moralischen Kompass auch gar nicht in Frage gekommen. Als die Verhandlungen zwischen ANC und weißer Minderheitsregierung begannen, in denen die Beteiligten auf jede nur mögliche Unterstützung angewiesen waren, wurden wir von der ANC-Führung regelrecht hofiert: Keine Woche, in der sich nicht einer der führenden *comrades* zu einem Hintergrundgespräch zur Verfügung stellte. Die Guten und die Bösen waren damals noch leicht auseinanderzuhalten: Erstere besaßen in der Regel eine dunkle Haut, waren gerade aus dem Gefängnis gekommen oder aus dem Exil zurückgekehrt und streckten bei zahllosen öffentlichen Auftritten die rechte Faust zu »Amandla-awetu«-Rufen (»Alle Macht dem Volk«) in die Höhe. Die anderen sahen eher bleich aus, warnten vor dem drohenden Kommunismus und dass Afrikas wirtschaftliches Powerhouse von den *comrades* in den Ruin getrieben werde, wenn diese nicht gezügelt würden.

Nach der Regierungsübernahme durch den ANC erkaltete die Liebe zwischen den *comrades* und uns Journalisten allerdings schnell. Zumindest jene Reporter, die sich als Repräsentanten einer »Vierten Gewalt« oder als »Stimme der Sprachlosen« verstanden, traten den neuen Machthabern immer häufiger auf die Füße – vor allem, wenn sich diese kaum anders als ihre verachteten weißen Vorgänger verhielten. Die meist in der Sowjetunion oder der DDR ausgebildeten Kader der Befreiungsbewegung wussten mit Kritik schlecht umzugehen. Nelson Mandela vermochte die wachsende Feindseligkeit noch mit seiner persönlichen Souveränität und der Überzeugung in Schach zu halten, dass sich auch mächtige Menschen kritisieren lassen müssen. Doch schon unter seinem Nachfolger Thabo Mbeki ging diese Auffassung zunehmend verloren. Dessen Nachfolger Jacob Zuma machte »die Medien« schließlich für alles verantwortlich, was unter seiner Herrschaft schieflief. Und das war praktisch alles.

»Armed and dangerous«

Irgendwann während seiner Zeit im Untergrund zog Ronnie in mein Häuschen ein, was mit einigen Unannehmlichkeiten verbunden war. Wenn ich Besuch erhielt, musste ich meinen Mitbewohner mit David anreden und ihn als reisenden Geschäftsmann aus England vorstellen. Nachts plagten Ronnie oft Alpträume, die sich in besorgniserregenden Schreien bemerkbar machten. Und irgendwann sah ich in seinem Schrank, der eigentlich meiner war, eine geladene Pistole liegen. Um seine erzwungene freie Zeit noch zu etwas Wertvollerem als dem Tennisspiel zu nutzen, begann Ronnie, auf meinem Computer seine Autobiografie zu schreiben. Ihren Titel *Armed and Dangerous* verdankte sie der Beschreibung meines Hausgenossen in einem Fahndungsaufruf der Polizei.

In ihrer ersten Auflage fielen Ronnies Memoiren im Dienste der Bewegung noch rundum positiv aus. Überschwänglich pries er den »heroischen und prinzipientreuen Kampf« des ANC, was keineswegs ganz aus der Luft gegriffen war – schließlich kann die 1912 gegründete, älteste afrikanische Befreiungsbewegung tatsächlich auf eine stolze Geschichte verweisen. Auch wenn sie keineswegs die einzige schwarze Widerstandsorganisation war –

wie es ihre Funktionäre heute gerne glauben machen wollen –, so wusste sie den Kampf gegen die Apartheid doch wie keine andere Gruppierung über viele deprimierende Jahrzehnte hinweg aufrechtzuerhalten. Unzählige *comrades* bezahlten ihren Einsatz mit dem Leben, wurden gefoltert und mit übelsten Methoden zu Verrätern gewendet. Zählt man auch den, dem ANC damals noch nahestehenden, anglikanischen Erzbischof Desmond Tutu dazu, kann sich die Befreiungsbewegung mit Albert Luthuli und Nelson Mandela gleich dreier Friedensnobelpreisträger brüsten. Nur das Internationale Rote Kreuz und die UNO blicken auf eine ähnlich beeindruckende Bilanz.

Für Ronnie begann die große Zeit des ANC mit der 1955 verabschiedeten Freiheitscharta, die auch von befreundeten Organisationen des Kongresses, allen voran der Kommunistischen Partei, unterzeichnet wurde. Der erste Satz »Südafrika gehört allen, die darin leben, schwarz und weiß«, nahm schon Nelson Mandelas Versöhnungskurs vorweg. Seit der Verabschiedung des ANC-Grundgesetzes gehört die »Farbenblindheit«, das Eintreten für eine rassenlose Gesellschaft, zum Credo der Organisation. Das war vor allem dem Einfluss der Kommunisten zuzuschreiben, für die der Rassenkonflikt stets nur ein Nebenschauplatz des eigentlich entscheidenden Klassenkampfes war. Lenins Theorem folgend, hielten Südafrikas Kommunisten zwei Phasen der »Nationalen Demokratischen Revolution« für nötig: Erst die Befreiung der unterdrückten Schwarzen von den (weißen) Kolonialisten, dann die Befreiung der Arbeiterklasse von den (weißen oder schwarzen) Bossen.

Bewahrte die Allianz mit der Kommunistischen Partei den ANC vor einem engstirnigen schwarzen Nationalismus und einem umgekehrten Rassismus, so brachte ihm das Bündnis zumindest im Westen den Vorwurf der Ostblock-Hörigkeit ein. Großbritanniens Eiserne Lady Maggie Thatcher nannte den ANC 1987 eine »von Kommunisten unterwanderte Terroristenorganisation«, ein Jahr zuvor hatte Ronald Reagan Nelson Mandela auf die Terrorliste der Supermacht setzen lassen. Trotzdem legte die Befreiungsbewegung Wert darauf, ihre Beziehungen zum kapitalistischen Teil der Welt und den alten Kolonialnationen nicht abreißen zu lassen. Außer in ihrem Hauptquartier in der sambischen Hauptstadt Lusaka hielten sich viele führende ANC-Funktionäre in London, Washington oder Amsterdam auf. Dort entstanden überall auch Zentren der weltweiten Antiapartheidbewegung. Ronnie lebte nach seiner Flucht aus Südafrika im August 1963 mit seiner Frau und zwei Kindern in London, wenn er nicht für den »Speer der Nation« in Afrika, der DDR oder der Sowjetunion unterwegs war.

Als bekannt wurde, dass der ANC in Angola – wo er an der Seite der Regierungstruppen und kubanischer Soldaten gegen die südafrikanische Invasionsarmee kämpfte – mehrere Straflager unterhielt, erlitt sein Ruf auch in fortschrittlichen westlichen Kreisen einen empfindlichen Dämpfer. In den Lagern waren neben angeblichen Agenten des Apartheidregimes auch Kritiker der ANC-Führung inhaftiert. Sie wurden gefoltert, manche von ihnen sogar hingerichtet. In seinen Memoiren geht Ronnie kurz und wenig überzeugend auf dieses Kapitel ein. Die Befreiungsbewegung habe den schmutzigen Methoden des Apartheidregimes nicht immer auf ganz saubere Weise begegnen können, räumt er ein. Doch die Übergriffe seien die Reaktion auf ein vom Feind aufgezwungenes Übel gewesen. In Wahrheit war die Befreiungsbewegung zumindest nach ihrem Verbot eine von moskautreuen Kommunisten dominierte Kaderorganisation, in der interne Kritik als Revisionismus oder Verrat galt. ANC-Denker nahmen die repressive Panzerpolitik der Sowjetunion in Schutz und denunzierten etwa den Prager Frühling als »ernsthafte Bedrohung« durch »reaktionäre antisozialistische Kräfte«. Führende Genossen wie Thabo Mbeki und Jacob Zuma wandten sich zwar kurz vor der Machtübernahme am Kap von der SACP ab. Doch die Kultur der Kadertruppe, die Zuma »die Familie« zu nennen pflegte, steckte vielen noch immer in den Knochen.

Bereits Ende der 1960er Jahre hatte Chris Hani, der spätere Chef von »Umkhonto we Sizwe«, die ANC-Führung auch auf andere Missstände aufmerksam gemacht: dass viele der *comrades* der Korruption und dem Nepotismus frönten und sich eher ihrer politischen Karriere als dem revolutionären Kampf verpflichtet fühlten. »Wir sind beunruhigt vom Karrierismus vieler exilierter ANC-Führer, der aus Revolutionären bloße Berufspolitiker gemacht hat«, hieß es im sogenannten Hani-Memorandum, das dem damaligen ANC-Chef Oliver Tambo vorgelegt wurde. Hanis Gegner strengten einen Hochverratsprozess gegen den Nestbeschmutzer an und verlangten die Todesstrafe. Nur der Intervention Tambos ist es zu verdanken, dass Hani damals nicht hingerichtet wurde.

Klammheimliche Verfassungsfeinde

Als Ronnie Kasrils im Jahr 1993 amnestiert wird, kann er endlich an den Verhandlungen über eine neue Verfassung teilnehmen. Weil er bei seiner heimlichen Rückkehr in die Heimat mit derart förmlichen Terminen nicht gerechnet hat, muss er sich von mir Krawatten ausleihen. Die immer wieder ins Stocken geratenden Gespräche sind schließlich erfolgreich: Die Repräsentanten völlig unterschiedlicher gesellschaftlicher Kräfte einigen sich auf eine Übergangsregierung, an der die wichtigsten Parteien beteiligt sein werden – und später auf eine Verfassung, die zu den besten der Welt gehört. Bis zu diesem Zeitpunkt hatte Südafrika noch nie über ein Grundgesetz verfügt: Erstmals werden jetzt die drei staatlichen Gewalten – Exekutive, Legislative und Judikative – förmlich getrennt, Institutionen zur Kontrolle der Regierung etabliert sowie die unveräußerlichen Rechte der Bevölkerung in einer »Bill of Rights« festgeschrieben. Diese garantiert, dass kein Bewohner des Landes seiner Hautfarbe, seines Geschlechts, seiner Religionszugehörigkeit oder seiner sexuellen Ausrichtung wegen benachteiligt werden darf – ein Novum auf dem afrikanischen Kontinent.

Zu Recht sind viele Südafrikaner stolz auf das Dokument, das aus dem Hunderte von Jahren alten Unrechtsstaat endlich einen Rechtsstaat machte. Später stellt sich jedoch heraus, dass nicht jeder im ANC mit dem bürgerlichen Kern der Verfassung einverstanden ist – wie der Gewaltenteilung oder den Institutionen zur Machtkontrolle, die verhindern sollen, dass sich eine geld- und machtgierige Führung den Staat unter den Nagel reißen kann. Von den Kritikern der Verfassung, die sich höchstens verdeckt als solche zu erkennen geben, wird das Grundgesetz als »westliches« Danaergeschenk gebrandmarkt, dessen liberale Werte mit den revolutionären Idealen und dem Parteiprimat eines Wladimir Il- jitsch Lenin nicht zu vereinbaren seien. Für andere, zu denen Prä- sident Zuma gehört, ist die Verfassung schlicht »unafrikanisch«. »Ich wäre sehr froh, wenn wir afrikanische Probleme künftig auf afrikanische Weise angehen könnten«, sagte der Präsident, kurz nachdem er vom Verfassungsgericht der Verletzung seines Amts- eids für schuldig befunden worden war. »Wenn wir sie nur auf rechtliche Weise behandeln, dann wird es kompliziert.« Thabo Mbeki hatte bereits vor Zumas Machtübernahme davor gewarnt, dass dieser weder den Rechtsstaat noch die Verfassung schätze.

Ein besseres Leben für alle

Als der ANC die historische Wahl im April 1994 mit 62,6 Prozent der Stimmen klar gewinnt, legt sich Ronnie Kasrils seine eigenen Krawatten – und wenig später auch sein eigenes Haus – zu. Denn Nelson Mandela beruft meinen Mitbewohner ins Kabinett, wo er zunächst als Vize-Verteidigungsminister, später als Minister für Wasser und Forstwirtschaft dient. Damit rückt er ins Zentrum der Anstrengungen, die die neue Regierung unternimmt, um die Lebensbedingungen der schwarzen Bevölkerungsmehrheit mög- lichst schnell zu verbessern. Als Ronnies wichtigste Aufgabe gilt, die bisher vernachlässigten schwarzen Wohngebiete ans Wasser- netz anzuschließen: Tatsächlich werden schon wenige Jahre spä- ter nicht mehr nur 60, sondern 95 Prozent der Bevölkerung mit

Trinkwasser versorgt. Auch die Elektrifizierung der Haushalte wird vorangetrieben: Statt wie bisher 45 verfügen bald 85 Prozent der Südafrikaner über einen Stromanschluss. Schließlich lässt die Regierung kleine Häuschen für die Ärmsten der Armen bauen und kann sich außerdem über ein schnelles Wachstum des schwarzen Mittelstandes freuen, zu dem vor allem die neu eingestellten dunkelhäutigen Staatsbediensteten zählen. »Ein besseres Leben für alle«, lautete der Slogan, mit dem der ANC in seinen ersten Wahlkampf zog. Das war – zumindest zunächst – kein leeres Versprechen.

Auch wirtschaftspolitisch vollzieht sich der Machtwechsel überraschend reibungslos. Der ANC verzichtet auf die in der Freedom Charta geforderte Verstaatlichung der Schlüsselindustrien sowie der Banken und belässt vorerst sogar den weißen Finanzminister und weißen Zentralbankchef im Amt. »Die erste Revolution der Welt, in der nicht ein einziger der Unterdrücker etwas verlor«, wird der Philosoph Achille Mbembe später sagen. Da sich die Wirtschaftswelt nun erstmals ernsthaft um die gesamte Bevölkerung und nicht nur um die bleiche Minderheit kümmert, kommt es zu einem anhaltenden Boom. Das Volumen der Volkswirtschaft verdreifacht sich in den 14 der Wende folgenden Aufschwungjahren. In den Townships entstehen die ersten Einkaufszentren, und die in den 1980er Jahren gestoppten Investitionen aus dem Ausland kehren ans Kap zurück. Nur in einer Hinsicht hapert es von Anfang an: Selbst mit der boomenden Wirtschaft werden partout keine neuen Arbeitsplätze geschaffen. Im Gegenteil: Die Privatisierung von Staatsbetrieben wie dem Stahlkonzern Iscor setzt noch zusätzliche Arbeitsplätze frei, während die Abschaffung archaischer Arbeitsverhältnisse auf den Farmen dafür sorgt, dass die Bauern viele ihrer Farmarbeiter entlassen. Auch die Integration des einstigen Pariastaats in die Weltwirtschaft und die Öffnung nach Osten zeitigen unbeabsichtige Folgen: Billige chinesische Importe zwingen die bislang geschützte Textilindustrie in die Knie. Maßnahmen zur wirtschaftlichen Ermächtigung von Schwarzen (Black Economic Empowerment, kurz BEE genannt) sorgen zwar dafür, dass einzelne, politisch gut vernetzte, dunkelhäutige Persönlichkeiten schnell zu beachtlichem Reichtum gelangen. Doch neue Jobs werden auf diese Weise keine geschaffen.

Stattdessen wird die Kluft zwischen den schwarzen Habenichtsen und den wohlsituierten Weißen – zu denen eine wachsende Zahl dunkelhäutiger »Klassen-Kameraden« stößt – nur noch weiter vertieft. Um einer gefährlichen Verelendung der schwarzen Bevölkerungsmehrheit zu begegnen, nimmt Mandelas Nachfolger Thabo Mbeki eine drastische Ausweitung staatlicher Wohlfahrtszahlungen vor. Außer den Rentnern bekommen erstmals auch Kinder, Behinderte und chronisch Erkrankte eine monatliche Beihilfe, die die Ärmsten der Armen zumindest vor dem Verhungern bewahren soll. Die dafür nötigen zehn Milliarden Euro im Monat sind finanzierbar, solange die Steuereinnahmen wachsen. Doch in Zeiten des wirtschaftlichen Stillstands wird der massive Budgetposten zu einer ernsthaften Belastung.

Schon während Nelson Mandelas Amtszeit kommt es auch zu ersten Vorwürfen des Amtsmissbrauchs und der Korruption einiger Minister, denen der greise Regierungschef mit – vielleicht zu viel – Großmut begegnet. Er sucht seine des Regierens noch unerfahrenen *comrades* in Schutz zu nehmen. Unter Thabo Mbeki vermehren sich diese nicht geahndeten »Unregelmäßigkeiten« wie auch irrationale Regierungsentscheidungen. Mbeki leugnet beharrlich die Existenz des HI-Virus als Verursacher von Aids und wischt sämtliche wissenschaftlichen Erkenntnisse als westliche Verschwörungen vom Tisch. Anfang dieses Jahrtausends sind bereits mehr als fünf Millionen Südafrikaner von dem Virus infiziert – so viele wie in keinem anderen Land der Welt. Im Kampf gegen die Pandemie lässt Mbeki seine Gesundheitsministerin Manto Tshabalala-Msimang (alias »Dr. Rote Bete«) die Überlegenheit von Knoblauch und Gemüse über antiretrovirale Medikamente preisen. Jahrelang wagt es kein einziges Mitglied der ANC-Führung, dem irrwitzigen Parteichef öffentlich zu widersprechen. Eine Harvard-Studie bringt schließlich ans Licht, dass mehr als 330 000 Menschen sterben mussten, weil Mbeki die lebensrettenden Aids-Cocktails nicht in die staatliche Gesundheitsversorgung aufnehmen ließ.

Seine Arroganz wird dem Präsidenten letztlich zum Verhängnis. Der unternehmerfreundliche Wirtschaftskurs des Parteichefs stößt vor allem in der Parteilinken – unter Gewerkschaftern, Kommunisten und Mitgliedern der ANC-Jugendliga – auf immer schärfere Kritik, die der Präsident mit Nichtbeachtung zu strafen sucht. Die Linke schmollt. Als sich Vizepräsident Jacob Zuma gegen Ende der zweiten Amtszeit Mbekis als Nachfolger in Position zu bringen sucht, will ihn der Amtsinhaber in seine Schranken verweisen: Mbeki hält seinen Vize, der erst als Erwachsener auf der Gefängnisinsel Robben Island lesen und schreiben gelernt hat, für regierungsuntauglich. Die Parteilinke wittert ihre Chance zur Revolte und hebt Zuma als Kandidat aufs Schild, auch wenn sich der traditionelle Zulu zuvor nie wirklich als Linker profiliert hat – seine Mitgliedschaft in der Kommunistischen Partei hatte eher karrieristische Gründe. Kommunisten, Gewerkschafter und Mitglieder der Jugendliga werden die opportunistische Allianz später bereuen – da ist es allerdings zu spät. Nach seinem Wahlsieg säubert der einstige Sicherheitschef den ANC erst einmal von seinen Kritikern und errichtet eine Art Zumakratie – ganz nach dem Vorbild anderer afrikanischer *big men*.

Obwohl Ronnie Kasrils ideologisch dem linken Flügel der Partei nahesteht, stellt er sich beim Machtkampf zwischen Mbeki und Zuma hinter den »neoliberalen« Präsidenten. Mit ihm sucht der Geheimdienstminister die Machtübernahme Zumas noch zu verhindern: Der notorisch klamme Schürzenjäger könnte über seine zahlreichen Skandale – die Verwicklung in einen korrupten Waffendeal sowie die angebliche Vergewaltigung einer jungen Freundin seines Hauses – noch zu Fall gebracht werden. Die Rechnung geht allerdings nicht auf. Zuma wird vom Vorwurf der Vergewaltigung freigesprochen und kurze Zeit später, beim ANC-Parteitag im Dezember 2007, trotz seiner schmutzigen Weste zum Parteichef gewählt. Ein knappes Jahr später verdrängt er Mbeki auch als Staatspräsident, worauf Ronnie Kasrils nichts anderes übrig bleibt, als das Handtuch zu werfen und in Rente zu gehen.

Zumas Talfahrt

An die Macht gekommen tut Zuma, was von ihm erwartet wird. Er nimmt zahlreiche Repräsentanten der Parteilinken – Kommunisten und Gewerkschafter – ins Kabinett auf, behält aber auch wirtschaftsliberale Vertreter der alten Administration im Amt. Die Repräsentanten der konträren ideologischen Lager liefern sich alsbald Grabenkämpfe, die zur Lähmung der Regierung führen. Um jegliche wirtschaftspolitische Ausrichtung gebracht, tritt das industrielle Eldorado Afrikas einen atemberaubenden Sinkflug an: Die lange Wachstumsperiode endet, die Zahl der Arbeitslosen schießt in die Höhe, die Schuldenlast nimmt besorgniserregende Ausmaße an. Investitionen aus dem In- und Ausland brechen ein, die internationalen Rating-Agenturen werten das Kap der Guten Hoffnung ein ums andere Mal ab, bis es schließlich um ein Haar mit dem »Ramsch-Status« versehen im Mülleimer der Investoren gelandet wäre.

Auch in anderer Hinsicht verblassen die Farben der Regenbogennation in rasendem Tempo. Nach einer leichten Entspannung nimmt die Kriminalität wieder zu, die in den ersten 20 Jahren des neuen Südafrikas insgesamt 400 000 Mordopfer forderte. Innerhalb von zwei Jahrzehnten wurde die Bevölkerung einer Stadt größer als Bochum ausradiert. Nicht einmal die Regierung selbst hält sich noch an das Gesetz. Dem des Völkermords vor dem Internationalen Gerichtshof in Den Haag angeklagten sudanesischen Präsidenten Omar al-Baschir verhilft Präsident Zuma zur Flucht aus Johannesburg, obwohl ein Richter dessen Verhaftung angeordnet hat. Immer tiefer wird der Rechtsstaat von höchster Stelle ausgehöhlt: Mit den »Skorpionen« löst Präsident Zuma eine einzigartig effektive Ermittlungseinheit der Staatsanwaltschaft auf (weil diese das Korruptionsverfahren gegen ihn eingeleitet hatte) und rüstet das Büro des Generalstaatsanwalts zu seiner persönlichen Sturmtruppe um. Zumas Mannschaft versucht, die Presse mit neuen Sicherheitsgesetzen an die Kandare zu legen, und schwächt die Institutionen zur Machtkontrolle entweder durch inadäquate personelle Besetzung, durch verfassungswidrige Nichtbeachtung oder durch Mittelentzug. Schließlich verkommt das Parlament, das die Regierung eigentlich kritisch begleiten sollte, zu einer Versammlung beflissener Abnicker oder ohnmächtig schäumender Oppositioneller. Immer häufiger wird das Land mit einer afrikanischen Bananenrepublik verglichen.

Auch Korruption und Misswirtschaft gelangen während Zumas Amtszeit zu einer traurigen Blüte. Allein im Jahr 2015 werden dem Public Protector, einer Art Anwalt der Öffentlichkeit, fast 40 000 Fälle verdächtiger Amtsvergehen gemeldet, jährlich sollen 30 Milliarden Rand – ein Fünftel des staatlichen Auftragsvolumens – in dunklen Kanälen verschwinden. 72 Prozent aller Regierungsabteilungen und Staatsunternehmen halten sich bei ihren Einkäufen nicht an internationale Standards. Ein Minister nach dem anderen wird mit der Hand in der Staatskasse erwischt. Höchstens in den haarsträubendsten Fällen führt das Fehlverhalten zur Entlassung. Experten schätzen den Schaden, den die Korruption allein in den ersten zwei Jahrzehnten der ANC-Regierung angerichtet hat, auf 70 Milliarden Euro. Immer unverfrorener nutzt der ANC seine fast absolute Herrschaft über die öffentlichen Auftragsbücher aus: Firmen, die über keine Beziehungen zur Regierungspartei verfügen, brauchen sich an den *tenders* genannten Ausschreibungen erst gar nicht zu beteiligen. Das Wort »Tenderpreneure« wird zum geflügelten Begriff: Entrepreneure, die statt über unternehmerische Qualitäten über gute Beziehungen verfügen.

Als »Absahner-in-Chief« stellt sich immer deutlicher »No 1«,

»JZ« oder Präsident Jacob Zuma heraus, der bereits mit angeschlagenem Image die Regierung übernommen hatte. Mit seinen sechs Frauen und mindestens 21 Kindern befand sich der Polygamist in ständiger Geldnot, aus der ihn sein Freund und Finanzberater Schabir Shaik retten sollte. Der Geschäftsmann brachte Zuma mit der französischen Waffenfirma Thompson in Verbindung, die an einem gigantischen Waffeneinkauf der neuen Regierung beteiligt werden wollte – und schließlich auch wurde. Shaik landete wegen seines »korrupten Verhältnisses« zu Zuma 2005 vor Gericht, wo er zu 15 Jahren Haft verurteilt wurde. Selbstverständlich musste daraufhin auch die zweite Person der korrupten Beziehung, der damalige Vizepräsident Zuma, angeklagt werden. Doch die Anwälte des kurz darauf zum ANC-Chef Gewählten wiesen die Anklage als »kompromittierend« zurück. Sie sei auf Druck Thabo Mbekis, des politischen Widersachers Zumas, zustande gekommen, hieß es. Tatsächlich stellte der inzwischen ausgetauschte Chefankläger das Verfahren gegen Zuma ein. Eine Entscheidung, die ein Gericht sieben Jahre später als »irrational« bezeichnen sollte.

Seinen inhaftierten Berater Shaik musste der Präsident durch neue Finanziers ersetzen. Die fand er in der Gupta-Familie, deren drei Brüder Ajay, Atul und Rajesh 1993 aus der für ihre Korruption berüchtigten indischen Uttar-Pradesh-Provinz ans Kap der Guten Hoffnung umgesiedelt waren – offensichtlich in Erwartung profitabler Gelegenheiten, die ihnen die Umwälzungen an der Südspitze Afrikas eröffnen sollten. Die drei Brüder suchten die Nähe zum ANC und fanden Jacob Zuma. Sie boten sich dem Präsidenten als wirtschaftliche Hausmacht an, integrierten Mitglieder seiner Familie, vor allem Sohn Duduzane, in ihr wachsendes Imperium und traten immer selbstbewusster als eine eigene Institution im Staate auf. Das wurde zum ersten Mal deutlich, als eine Maschine der Gupta Air widerrechtlich auf Pretorias Militärflughafen landete, um Freunde der indischen Familie zu einer Hochzeit ins nahe gelegene Luxus-Resort Sun City zu chauffieren. Nach einem öffentlichen Entrüstungssturm wurde der für den Sicherheitslapsus verantwortliche Protokollchef mit einem Botschafterposten in Holland »bestraft«.

Innerhalb weniger Jahre bauen die Guptas ein veritables wirtschaftliches Reich auf – mit einem Computerunternehmen, mehreren Minengesellschaften, Beraterfirmen, einem Fernsehsender und einer Tageszeitung. Diese beiden Propagandaeinrichtungen sind wirtschaftlich nicht lukrativ, werden jedoch mit Werbeschaltungen und großzügigem Sponsorship der Regierung über Wasser gehalten. Gleichzeitig genießen die Gupta-Filialen Priorität, wenn es um Aufträge staatlicher Konzerne wie des Strommonopolisten Eskom oder der Eisenbahngesellschaft Prasa geht. Schließlich dringt auch der Plan der Regierung an die Öffentlichkeit, acht Atomkraftwerke im Wert von mindestens 70 Milliarden Euro aus Russland zu erwerben – ein angesichts der knappen südafrikanischen Finanzen und des Reichtums an erneuerbaren Energien geradezu irrwitziges Projekt. Offensichtlich will sich Zuma am Geschäft mit seinen russischen Freunden vollends gesundstoßen. In weiser Voraussicht haben sich die Guptas auch schon eine Uranmine gesichert.

Finanzminister Nhlanhla Nene widersetzt sich den Plänen und wird von Zuma im Dezember 2015 durch David von Rooyen, einen unbekannten Hinterbänkler, ersetzt. Der überraschende Schritt sorgt an den Finanzmärkten für Panik: Innerhalb eines Tages verliert der Rand zehn Prozent seines Werts und die südafrikanische Börse fast 170 Milliarden Rand. Zuma wird von seiner Partei gezwungen, seinen Hampelmann im Finanzministerium wieder abzuberufen und durch den bewährten Nene-Vorgänger Pravin Gordhan zu ersetzen. Im Zuge des Skandals wird außerdem bekannt, dass im Johannesburger Anwesen der Gupta-Familie wesentliche Regierungsentscheidungen getroffen werden. Gleich mehrere ANC-Politiker berichten, dass sie in die Gupta-Villa in Saxonwold gerufen wurden, wo ihnen die Unternehmerfamilie Ministerposten angeboten habe – für den Fall, dass sie sich ihren Interessen gegenüber aufgeschlossen zeigten. Der Hinterbänkler van Rooyen war gleich siebenmal in ebenso vielen Tagen in Saxonwold, bevor er von Zuma zum Finanzminister ernannt wurde. In der Presse macht die Rede vom *state capture* die Runde: Die indische Familie war dabei, den südafrikanischen Staat in ihrem Netz zu fangen.

Aus Nelson Mandelas »integrativem demokratischen Regenbogenstaat« sei ein »exklusiver halbdemokratischer Hybrid-Staat« geworden, schreibt Politologe Heinrich Matthee in einer Analyse für den *South African Monitor*. In diesem Zwitterstaat fänden zwar nach wie vor Wahlen statt, doch der »Locus der Politik«, der Ort der eigentlichen Entscheidungsfindung, habe sich auf das private Terrain von Familien, Cliquen und politischen Seilschaften verlagert. Kaum 20 Jahre nach seiner Gründung ist aus dem Regenbogen- ein Kleptokratenstaat geworden, der selbst manches afrikanische Vorbild in den Schatten stellt. So wird der staatliche Fernsehsender SABC zeitweise von einem von sich selbst nur in der dritten Person redenden Pfau geführt, der bei seiner Bewerbung mit einem niemals abgelegten Abitur prahlte – in Wahrheit ist Hlaudi Motsoenengs wichtigste Qualifikation, dass er Jacob Zumas Mann ist. Als ein Gericht seinen Abtritt verlangt, widersetzen sich sowohl Motsoeneng als auch der Zuma-treue Rundfunkrat: Stattdessen gibt sich der SABC-Chef erst einmal eine dicke Gehaltserhöhung und erlässt weitreichende Zensurmaßnahmen für seine Journalisten. Wer sich dagegen wehrt, fliegt raus. Erst nach monatelangem Chaos wird es selbst dem ANC zu bunt: Er löst den »unfähigen« Rundfunkrat auf und setzt den Betrüger Motsoeneng vor die Tür. Die Zustände am Kap der Guten Hoffnung nehmen derartige Ausmaße an, dass Karikaturisten wie Jonathan Shapiro, alias »Zapiro«, und Kabarettisten wie Trevor Noah auf der Welle der Tollheiten zu internationaler Berühmtheit gelangen. Anderswo können Satiriker von solchen Stoffen nur träumen.

»Wir haben nicht gekämpft, um arm zu bleiben«

Wie es so schnell so weit kommen konnte? »Power corrupts«, meint Ronnie Kasrils, und »absolute power corrupts absolutely«. Er habe Nelson Mandela vor Zuma gewarnt, sagt mein ehemaliger Mitbewohner, doch der alte Mann habe nicht auf ihn hören wollen. Unter enttäuschten *comrades* ist es in Mode gekommen, alle Schuld am rasanten Niedergang des neuen Südafrikas dessen viertem Präsidenten zuzuschreiben – auch wenn Zuma nur die Schaumkrone einer sich selbst zersetzenden Organisation war. Der »toxische« Präsident hatte am Kap der Guten Hoffnung ein umfangreiches System der Patronage eingeführt, das schließlich das ganze Land überzog. Unter anderem vergrößerte er Zug um Zug sein Kabinett, um immer mehr Freunde an den Trog holen zu können. Kam Mandela noch mit 18 Ministern aus, meinte Zuma, fast die doppelte Anzahl an Ministern zu brauchen – außerdem 38 Vize-Minister und 159 Generaldirektoren. Der Präsident besetzte die Spitzen der staatlichen Konzerne mit Kumpels, die seine Geschäfte erledigten und sich bedienen durften, dabei jedoch die von den Steuerzahlern subventionierten Unternehmen zugrunde richteten. Schließlich platzierte Zuma seine Lakaien in den Institutionen zur Machtkontrolle, die aus den Wachhunden der Verfassung Schoßhündchen des Präsidenten machten. Immer ging es um den Macht- und Geldhunger der neuen Elite – und um deren Versuch, die schwierige und langwierige Umwandlung einer zutiefst ungerechten Gesellschaft für sich selbst zu beschleunigen.

Der ANC habe die Südafrikaner zwar im Befreiungskampf »sehr gut geführt«, meint Friedensnobelpreisträger Desmond Tutu. Doch bei der Transformation der Gesellschaft habe die Partei grandios versagt. Gute Befreiungskämpfer sind eben nicht unbedingt gute Gesellschaftsreformer – die beiden Berufungen erfordern ganz verschiedene Qualifikationen. Geht es einer Befreiungsbewegung darum, Unterdrückern die Macht zu entreißen, so kommt es bei der Reform eines kaputten Gemeinwesens auf einen ausgebildeten analytischen Verstand, auf profunde Kenntnisse der Funktionsweise einer Gesellschaft sowie auf gutes Management an. Solche Fachleute waren im ANC zumindest nicht in großer Zahl zu finden.

Hinzu kam ein psychologisches Phänomen – die unter vielen *comrades* gepflegte »culture of entitlement«, die kultivierte Anspruchshaltung. Nach einem Leben voller Entbehrungen versprachen sich die Befreiungskämpfer materielle Belohnung. »Wir haben nicht gekämpft, um arm zu bleiben«, brachte ANC-Sprecher Smuts Ngonyama die Erwartungshaltung auf den Punkt. Auf den ersten Blick scheint die Forderung auch durchaus berechtigt. Zumindest wenn man zu vergessen bereit ist, dass einst Millionen schwarzer Südafrikaner unter der weißen Vorherrschaft gelitten und dagegen angekämpft haben, während vom Segen der Befreiung bislang nur eine kleine, politisch gut verknüpfte Elite profitiert. Die alten Ideale der Bewegung – wonach alle Macht vom Volk ausgehen soll und die Verletzung eines Individuums die ganze Organisation verletzt – wurden außer Kraft gesetzt. Den *comrades* schien es irgendwann nur noch darauf anzukommen, als Erste zu den Fleischtöpfen zu gelangen, um dort die besten Brocken an sich zu reißen. »It's our time to eat«, lautet ein Bonmot, das nach der Entkolonialisierung auch in anderen Teilen Afrikas zu hören war: »Nun sind wir mit dem Essen dran.« Oder in den Worten Bertolt Brechts: Erst kommt das Fressen, dann kommt die Moral.

Mit den Eskapaden des Zuma-Systems wächst allerdings auch der Widerstand. Persönlichkeiten wie die Ombudsfrau Thuli Madonsela stehen auf, die zur Verteidigung der Verfassung bereit ist, selbst ihr Leben aufs Spiel zu setzen (siehe Kapitel »Die sanfte Faust – Thuli Madonselas Kampf gegen die Korruption«). Noch immer gibt es auch eine große Zahl alter kampferprobter Aktivistengruppen, die in der Zuma-Regierung einen mit dem Apartheidregime vergleichbaren Gegner sehen und nicht zulassen werden, dass Südafrika den Weg seines simbabwischen Nachbarn geht. Und noch gibt es ein gut funktionierendes Rechtswesen, das dem Präsidenten ein ums andere Mal seine Verfehlungen um die Ohren schlägt. Schließlich könnte auch noch die ein oder andere aufrechte Gestalt im ANC verblieben sein, die die ehrenwerte Organisation wieder auf Kurs bringen könnte.

»Bis Jesus Christus wiederkommt«

Ronnie Kasrils gehört allerdings nicht dazu. Er scheint die Hoffnung für seine einst geliebte Organisation aufgegeben zu haben: Gemeinsam mit anderen Renegaten schmiedet der Minister im Ruhestand Pläne zur Gründung einer neuen linken Partei. Schon seit Jahrzehnten sagen Politologen die Spaltung der »Volkskirche« ANC voraus, denn unter dem ausladenden Dach der Befreiungsbewegung sind Vertreter völlig verschiedener Interessen und politischer Glaubensrichtungen versammelt – Kommunisten und Kapitalisten, feurige Nationalisten und wirtschaftsliberale Preissänger der Globalisierung. Passiert ist bislang allerdings nichts dergleichen. Dissidenten, die sich von der mächtigen Mutterkirche trennten, endeten meist in der Kälte oder schlichen reumütig in den warmen Schoß der Ekklesia zurück. Außerhalb des ANC, sagen seine Priester, »gibt es kein Leben«. Zumindest gibt es dort keine Pfründe.

Eine Ausnahme machen die Economic Freedom Fighters (EFF) unter ihrem Gründer Julius Malema. Das rhetorische Schnellfeuergewehr war einst Chef der ANC-Jugendliga und versprach als solcher, »auch zum Töten bereit« zu sein, um Jacob Zuma an die Macht zu verhelfen. Kaum war dieser im Amt, überwarf sich Malema allerdings mit seinem Mentor und wurde aus der Partei ausgeschlossen. Wie zahlreiche Renegaten vor ihm gründete er daraufhin seine eigene Organisation, die im Unterschied zu ihren Vorgängern allerdings Bestand zu haben scheint – obwohl oder gerade weil der Populismus ihres Gründers und »Commanders-in-Chief« von dem eines Donald Trump kaum zu unterscheiden ist.

Malema pflegt feinste Anzüge und italienisches Schuhwerk zu tragen. Gleichzeitig tritt er für die Verstaatlichung der Banken und der Minenindustrie sowie für die Enteignung des Grundbesitzes weißer Farmer ein. Über ihm schwebt ein Korruptionsverfahren, außerdem soll er der Steuerbehörde mehrere Millionen Rand vorenthalten haben. Trotzdem versteht er es, sich als Sprachrohr der Armen zu präsentieren. Vor allem zornige schwarze Jugendliche, die sich von der ausbleibenden Transformation betrogen sehen, pflegen dem »Motormund« ihre Stimme zu geben.

Malema ist wie Ronnie Kasrils der Überzeugung, dass sich der eigentliche Sündenfall des ANC bereits unter Nelson Mandela ereignet habe: Als sich die Befreiungsbewegung vom »weißen Monopolkapital« überreden ließ, ihre alten Forderungen nach einer Verstaatlichung der Schlüsselindustrien und nach radikalen Landreformen aufzugeben. Ronnie nennt das heute den »faustischen Pakt«, den Nelson Mandela mit dem Großkapital geschlossen habe. Als Minister hat ihm die Wirtschaftspolitik seiner Partei allerdings kein größeres Kopfzerbrechen bereitet.

Damals sonnte sich der ANC noch in seiner vermeintlichen Unbesiegbarkeit. Schließlich konnte die Partei bei jedem Wahlgang mit deutlich mehr als 60 Prozent der Stimmen rechnen. Wiederholt prahlte Zuma, der ANC werde regieren, »bis Jesus Christus wiederkommt«. Auch Fachleute wie Susan Booysen gingen davon aus, dass Nelson Mandelas Geist die Befreiungsbewegung vor einem schnellen Ende bewahrt. »Alle fünf Jahre wird an der Wahlurne aufs Neue der Sieg des ANC über die Apartheid gefeiert«, meinte die Johannesburger Politologin.

Das Beharrungsvermögen des ANC wird ausgerechnet von der Verfassung unterstützt. Sie führte in Südafrika nach dem britischen Mehrheits- das auch in Deutschland geltende Verhältniswahlrecht ein, das die Macht der Parteien stärkt. Diese stellen die Listen der Kandidaten auf, die dann der Reihe nach ins Parlament einziehen – je nachdem, wie viele Sitze ihre Partei gewinnt. So kann das Wahlvolk weder unbeliebte Repräsentanten großer

Parteien abstrafen noch beliebte Vertreter kleinerer Parteien mit einem Direktmandat belohnen – mit allen negativen Folgen, die das auf die Rechenschaftspflicht der Abgeordneten gegenüber dem Wahlvolk hat. Außerdem wird der Regierungschef am Kap – ebenfalls wie in Deutschland – nicht direkt vom Volk, sondern von den Abgeordneten gewählt. Auch das schwächt den Einfluss der Wähler und stärkt die Macht der Regierungspartei. Sie kann den Präsidenten auswählen, einsetzen und – wie im Fall Thabo Mbeki – auch zum Rücktritt zwingen.

Um die Machtfülle der dominanten Partei zumindest etwas zu begrenzen, hatten die Verfassungsväter dem Land eine föderale Struktur verpasst. Jede der neun Provinzen des Landes verfügt außer über ein Parlament auch über eine Provinzregierung und einen Premierminister, die über Fragen der Bildung, Gesundheit, Umwelt und regionalen Wirtschaft zumindest mitentscheiden können. ANC-Politiker standen dem Föderalismus zunächst skeptisch gegenüber, weil sie eine Einschränkung ihrer Macht und die Verschärfung der ethnischen Spannungen im Vielvölkerstaat befürchteten. Inzwischen sind die *comrades* jedoch froh darüber, denn dank des Föderalismus verfügen sie über einen noch größeren Fundus an zu vergebenden Pfründen und Jobs.

Unangefochten kontrolliert der ANC seit der Wende sieben der neun Provinzen des Landes. In KwaZulu-Natal regierte zunächst noch die Inkatha-Partei mit, bis der ANC auch dort die absolute Mehrheit errang. Nur in der Westkap-Provinz blieben die *comrades* (von einem kurzen Interregnum abgesehen) bislang von der Macht ausgeschlossen – ein ständiger Pfahl im Fleisch des ANC. Schon aus demografischen Gründen wird sich die Partei an das Ärgernis jedoch gewöhnen müssen: In Kapstadt und Umgebung sind die Weißen zusammen mit den *coloureds*, also den Mischlingen, in der Mehrheit.

Dennoch geriet die politische Landschaft am Kap schneller in Bewegung, als sich das die politischen Auguren träumen ließen. Schon bei der Kommunalwahl im August 2016 zeichnete sich eine massive Wanderbewegung weg vom ANC und hin zu Malemas EFF sowie zur »weißen« DA ab. Immer mehr mittelständische schwarze Wähler fühlen sich inzwischen in der Demokratischen Allianz zu Hause: Nach den Kommunalwahlen fielen gleich drei große Städte – Johannesburg, Pretoria und Port Elizabeth – an sie. Auch intern ist die Partei längst nicht so weiß, wie ihre politischen Gegner das glauben machen wollen: Außer ihrem Chef Mmusi Maimane sind zwei der neuen Bürgermeister – und eine Mehrheit ihrer Mitglieder – schwarz. Sie werden vom ANC als *teaboys* verunglimpft, als schwarze Angestellte, die die weiße Herrschaft bedienen.

In Johannesburg und Pretoria sind die herrschenden *teaboys* auf die Unterstützung oder zumindest Duldung der Ökonomischen Freiheitskämpfer angewiesen: Ein Pakt zweier Parteien, die ideologisch gar nicht weiter voneinander entfernt sein könnten und nur durch den gemeinsamen Hass auf den ANC zusammengehalten werden. Das explosive Gemisch und die allmähliche Desintegration der Befreiungsbewegung werden in den kommenden Jahren noch für manche Aufregung sorgen. Schon bald könnte die über 100 Jahre alte Organisation zerbrechen. Fest steht momentan nur, dass Nelson Mandelas Afrikanischer Nationalkongress nie wieder derselbe und lange vor der Wiederkehr des Menschensohns vom Sockel gefegt sein wird.

Vertagte Revolution

Kürzlich begann Ronnie Kasrils einen weiteren neuen Lebensabschnitt. Er heiratete zum dritten Mal und kaufte sich ein neues Haus – nicht weit vom Ort seiner Kindheit im ehemaligen jüdischen Stadtviertel Yeoville entfernt, wo heute vor allem Immigranten aus dem Kongo leben. Ronnies neue Heimat heißt Greenside und ist, was man in Deutschland gutbürgerlich nennt. Dort sieht »Afrikas angesehenster weißer Revolutionär« dem Ruhestand entgegen, denn die meisten seiner alten *comrades* meiden ihn inzwischen. Der romantische Marxist droht die Hoffnung zu verlieren, dass dem politischen Durchbruch noch zu seinen Lebzeiten die sozialistische Revolution folgen könnte. Dass Ärzte eine Parkinson-Erkrankung bei ihm festgestellt haben, macht die Sache auch nicht besser. Immer mehr wendet sich mein einstiger Mitbewohner der palästinensisch-israelischen Verständigung zu: Ein weiteres Thema, dessen Lösung auf die Wiederkehr des Messias wartet.

Der Zweinationenstaat – eine Ökonomie zwischen superreich und bettelarm

Dafür, dass er vier Tage lang durchgefeiert hat, sieht Kenny Kunene ausgesprochen frisch aus. Bei unserer Begegnung im trendigen News Cafe im Johannesburger Nobelviertel Sandton zeigt er sein feinstes Lausbubengesicht, trägt Moschino-Schuhe und ein Moschino-Shirt, dazu gleich zwei Rolex-Armbanduhren, an jedem Handgelenk eine: links South-African-Time, rechts New York. Neben ihm hat seine schmollmündige Freundin Platz genommen, die seine Tochter sein könnte und die die nächsten zwei Stunden mit ihrem Spielzeug, einem mit Diamanten verzierten Handy, beschäftigt ist. Kunene hat in den vergangenen vier Tagen seinen 44. Geburtstag gefeiert – mit Strömen an Moët & Chandon, Lachs-Maki und Garnelen-Nigiri. Letztere nahm der »Sushi-King« seiner Gewohnheit entsprechend von den nackten Körpern zweier Models in seinem Nightclub Taboo zu sich.

Der landesweit bekannte Lebemann wurde in einem armseligen Provinznest von seiner bettelarmen Mutter alleine großgezogen. Schon als Schüler beteiligte er sich am illegalen Goldhandel, später tüftelte er zwielichtige Investitionsprogramme, sogenannte Pyramiden-Schemen, aus. Das brachte ihm zwar kurzfristig Geld, aber längerfristig eine Haftstrafe wegen Betrugs ein. Mit dem Bankräuber Gayton McKenzie lernte er im Gefängnis einen ähnlich ehrgeizigen Ganoven kennen. Nach ihrer Freilassung betätigten sich die beiden erst als Motivationsredner, später als Berater von Minengesellschaften. Die beiden Exganoven dienten sich dem Bergwerkskonzern Gold Fields als Black-Economic-Empowerment-Partner an, die inzwischen alle großen südafrikanischen Firmen brauchen, um eine Lizenz zu erhalten oder öffentliche Aufträge ergattern zu können.

Seitdem muss der Sushi-König seine Freiheit nicht mehr mit gesetzeswidrigen Geschäften zu gefährden, sondern vermehrt seinen Reichtum auf ganze legale Weise. Nicht viele schwarze Südafrikaner wussten die Black-Empowerment-Welle mit größerem Geschick zu reiten, nur wenige hatten eine zwielichtige Vergangenheit wie Kenny Kunene. Die ersten Nutznießer der wirtschaftlichen Ermächtigung von Schwarzen (BEE) waren vielmehr etablierte ANC-Größen wie Cyril Ramaphosa, Tokyo Sexwale oder Saki Macozoma, die von mächtigen Unternehmen erst mit günstigen Krediten versorgt und dann zu Partnern gemacht worden waren. Die Idee, dunkelhäutige Gesichter in die »weißen« Konzerne zu holen, war entgegen landläufiger Auffassung kein Einfall des ANC, sondern eine Reaktion der weiß dominierten Geschäftswelt auf die neue gesellschaftliche Wirklichkeit. Man wollte damit gleich zwei Fliegen mit einer Klappe schlagen: Die kooptierten dunkelhäutigen Gesichter gaben einem den Anschein, transformiert zu sein. Und die neuen, politisch gut verknüpften Partner sollten den etablierten Firmen die Türen im zumindest politisch neu aufgestellten Staat öffnen. Nur wenige der Alibi-*comrades* schafften allerdings den Sprung vom Befreiungskämpfer zum Konzernchef. Und auch die ANC-Regierung stellte bald fest, dass das Mästen einiger weniger *fat cats*, wie die wirtschaftlichen Profiteure des politischen Umschwungs genannt werden, nicht alles gewesen sein kann. Dem jahrhundertealten Unrecht und der abgrundtiefen wirtschaftlichen Kluft in der Gesellschaft ist so jedenfalls nicht beizukommen.

Verkrüppelter Kapitalismus

Bei den Verhandlungen um die neue politische Verfassung Süd-afrikas waren ökonomische Themen fein säuberlich ausgespart worden. Allen Beteiligten war klar, dass auf diesem Gebiet keine einvernehmliche Lösung gefunden werden konnte. Schon vor den ersten demokratischen Wahlen 1994 hatten Abgesandte der weißen Geschäftswelt – allen voran der Minenmogul Harry Oppenheimer – damit begonnen, auf die ANC-Führung ein-zuwirken, damit diese ihre traditionelle Forderung nach einer Verstaatlichung der Schlüsselindustrien sowie einer radikalen Landreform aufgebe. Zumindest bei Nelson Mandela und sei-nem Stellvertreter Thabo Mbeki waren sie dabei auch auf offene Ohren gestoßen. Mandela wurde zum Weltwirtschaftsforum in die Schweiz geladen, wo er bei einem Dinner neben Li Peng, dem damaligen chinesischen Premierminister, zu sitzen kam. Als ihm der ANC-Chef die Verstaatlichungspläne seiner Partei erläuterte, sagte Peng lächelnd: »Auch wir haben das versucht. Aber es hat nicht funktioniert.« Das soll den ANC-Chef mehr beeindruckt haben als jede Kapitalistenmassage. Nelson Mandela heute Verrat am südafrikanischen Volk vorzuwerfen, ist wie Galileo Galilei der Ketzerei zu bezichtigen. Hätte der ANC auf seinem Mitte des ver-gangenen Jahrhunderts ausgedachten Wirtschaftsprogramm be-standen: Das Kap der Guten Hoffnung wäre heute im günstigsten Fall noch ein Naturschutzgebiet.

Eine andere Frage ist, ob Nelson Mandelas ANC mit der Ge-schäftswelt und den reichen Weißen nicht zu zimperlich umging und seine Versöhnungspolitik zwar eine »grandiose Geste« aber eher Augenwischerei war. Gewiss hatte der erste dunkelhäutige Präsident Sorge, dass noch viel mehr gut ausgebildete Bleichge-sichter nach der Wende das Land verlassen und sich die zu Hause Gebliebenen bockig, statt kooperativ zeigen könnten. Mande-las Mannschaft riss sich ein Bein aus, um die weiße Geschäfts-welt günstig zu stimmen: Man ließ den Finanzminister und den Zentralbankchef des alten Regimes im Amt, senkte die Körperschaftssteuer drastisch von 48 auf 29 Prozent, erlaubte großen Konzernen wie Anglo American, ihren Geschäftssitz ungehindert nach London zu verlegen, und ersparte den reichen Weißen eine Wohlstandssteuer nach dem Vorbild der deutschen Solidaritätsabgabe. Die bleichen Kapbewohner missverstanden Mandelas Versöhnungspolitik als Ermutigung, einfach so weiterzumachen wie zuvor. In den folgenden Jahren wurden die Reichen noch reicher und die Armen ärmer – mit dem einzigen Unterschied, dass zu dem weißen Kreis der Reichen auch immer mehr Dunkelhäutige stießen.

In einer berühmt gewordenen Parlamentsrede wies Thabo Mbeki im Mai 1998 darauf hin, dass Südafrika noch immer »ein Land mit zwei Nationen« sei. Die erste Nation sei weiß, wohlhabend und habe Zugang zu einer »entwickelten ökonomischen, physischen und pädagogischen Infrastruktur«. Mit Ausnahme weiterhin diskriminierter Frauen hätten alle Mitglieder dieser Nation die Möglichkeit, »ihr Recht auf Chancengleichheit wahrzunehmen«. Dagegen sei die zweite – und größere – Nation schwarz und arm, in der die Chancengleichheit eine bloße Chimäre bleibe. Vier Jahre nach den ersten demokratischen Wahlen sei Südafrika weder eine vereinte Nation noch auf dem Weg dorthin, kühlte der damalige Vize-Präsident Nelson Mandelas Regenbogenoptimismus ab. Unter diesen Bedingungen von nationaler Versöhnung zu reden, sei eine »bloße Fata Morgana«.

Moeletsi Mbeki führt die Analyse seines Präsidentenbruders noch weiter aus. Beim südafrikanischen Wirtschaftssystem handele es sich um einen »verkrüppelten Kapitalismus«, meint der Verleger und Ökonom. Die hiesige Gesellschaft teile sich nicht – wie in Europa – in eine kleine Oberschicht, eine breitere Mittelschicht und eine ganz breite Arbeiterschaft auf, sondern werde vom Nebeneinander eines ökonomisch aktiven und eines wirtschaftlich völlig abgehängten Teils der Bevölkerung geprägt. Letzterer umfasse rund die Hälfte aller Südafrikaner, die zum Überleben auf staatliche Wohlfahrtsleistungen angewiesen sind. Im

Gegensatz zu anderen Ländern der Dritten Welt verfüge das Kap der Guten Hoffnung nicht einmal über eine Kleinbauernschaft, die in Zeiten ohne Dürre zumindest für ihr nacktes Überleben sorgen könne. Denn schwarze Südafrikaner wurden bereits 1913 ihres Landes enteignet, das sie bis heute nur zu einem minimalen Teil zurückerhalten haben. Wenn sich nichts Grundsätzliches ändere, bleibe die Hälfte aller Südafrikaner von der offiziellen Volkswirtschaft ausgeschlossen, ist Moeletsi Mbeki überzeugt. Ein Missstand, der sich irgendwann in gewalttätigen Aufständen entladen werde.

Seit der Regierungsübernahme 1994 suchte der ANC die Integration – oder zumindest die Annäherung – der beiden separierten Nationen mit immer neuen wirtschaftspolitischen Konzepten herbeizuführen. Zuerst wurde das Reconstruction and Development Programme (RDP) ins Leben gerufen, das gewaltige Investitionen für den abgehängten Bevölkerungsteil vorsah. Sie sollten aus zusätzlichen Gewinnen in der »ersten Nation« finanziert werden. Ohne Wohlstandssteuer stellte sich der Plan jedoch als zu teuer heraus: Er wurde durch das Gear-Konzept (für Growth, Employment and Redistribution) ersetzt, das den Schwerpunkt ganz aufs Wirtschaftswachstum und die Schaffung von Arbeitsplätzen legte. Diese Strategie lehnten der linke ANC-Flügel, der Gewerkschaftsbund und die Kommunistische Partei als neoliberal und zu arbeitgeberfreundlich ab – ein Konflikt, der schließlich zur Entmachtung Thabo Mbekis führte. Nach Zumas Regierungsübernahme wurde Gear durch den National Development Plan (NDP) ersetzt. Doch dieses weithin als realistisch und ausgewogen gepriesene Programm blieb im politischen Morast der Zuma-Regierung stecken. Und mit ihm die Hoffnung, dass die Kluft zwischen den beiden Nationen in absehbarer Zeit wenigstens vermindert werden könnte.

Außer mit volkswirtschaftlichen versuchte der ANC auch mit betriebswirtschaftlichen Interventionen den großen Graben zuzuschütten. Dabei bediente sich die Partei der Idee der Kooption dunkelhäutiger Partner in etablierte Firmen, mit deren Umsetzung die weiße Geschäftswelt bereits begonnen hatte. Auf diese Weise sollte keine neue Gesellschaft geschaffen, sondern die schwarze Bevölkerungsmehrheit in die »erste Nation« integriert werden. Allerdings weitete die Regierung den Kooptionsgedanken zu einem ganzen System aus, das sie mit dem sperrigen Begriff Broad Based Black Economic Empowerment (BBBEE) belegte. Auf jeder Ebene eines Betriebs muss seitdem eine festgelegte Quote für bisher benachteiligte Personen eingehalten werden: in der Belegschaft, unter den Managern, im Aufsichtsrat sowie unter den Eigentümern. Nur wer diese Bedingungen erfüllt, bekommt das Gütesiegel *empowered* ausgestellt, das die Voraussetzung für Lizenzen und öffentliche Aufträge ist. Schließlich schreibt die Regierung vor, dass Firmen auch einen bestimmten Prozentsatz ihres Einkaufs von »ermächtigten« Unternehmen tätigen müssen. Auf diese Weise war die Kontrolle perfekt.

Um kein Missverständnis aufkommen zu lassen: Dass die bisher systematisch benachteiligte Bevölkerungsmehrheit endlich in vollem Umfang an der Volkswirtschaft beteiligt werden musste, versteht sich sowohl aus moralischen als auch aus wirtschaftlichen Gründen von selbst. Ob die BEE-Programme jedoch die richtige Strategie dafür waren, ist eine andere Frage. Jedenfalls wurde bald berechtigte fundamentale Kritik laut. Moniert wurde vor allem, dass diese Regularien das Leistungsprinzip untergraben würden, weil bei einer Jobbewerbung nun statt der Ausbildung und dem Leumundszeugnis die Hautfarbe den Ausschlag gebe – und dass die Quoten zu allerlei Missbrauch führten. Tatsächlich machte manches Unternehmen mal schnell seinen schwarzen Pförtner auf dem Papier zum Miteigentümer – oder kürte den Fahrer zum Aufsichtsratsmitglied. Hinzu kam, dass es aufgrund der ehemaligen Rassentrennung im Bildungsbereich unter den einst benachteiligten Jobanwärtern viel zu wenige entsprechend Qualifizierte gab. Das wiederum führte dazu, dass schwarze Angestellte, Manager oder Aufsichtsratsmitglieder oft als bloße BEE-Marionetten verunglimpft wurden – oder tatsächlich solche waren. Doch den größten Schaden richtete die Eigentümerquote an. Um das nötige Kontingent schwarzer Teilhaber oder Aktionäre zu erzielen, boten etablierte Firmen vorzugsweise aus der Politik kommenden BEE-Partnern Anteile an. Auf diese Weise suchte man sich gleich auch noch einen guten Draht zur Regierung zu sichern. Mit den Maßnahmen wurde keinerlei wirtschaftlicher Mehrwert erzeugt, dafür jedoch die Korrumpierung der Gesellschaft vorangetrieben und Leuten wie Sushi-König Kenny Kunene das Leben versüßt. Für Moeletsi Mbeki sind die BEE-Programme denn auch »legalisierte Korruption«. Sie hätten zur Verluderung der Sitten beigetragen und es der weißen Geschäftswelt ermöglicht, nach der Kooption einiger schwarzer Figuren wie bisher fortzufahren.

Zu den schärfsten Kritikern der Ermächtigungsprogramme zählen allerdings schwarze Unternehmer selbst, die wie der All-round-Geschäftsmann Richard Maponya bereits in den rauen Zeiten der Apartheid wirtschaftlich erfolgreich waren. »Unsere Jugendlichen wachsen mit der Überzeugung auf, alles umsonst zu bekommen«, klagt der 90-jährige Entrepreneur aus Soweto. »Durch diese Anspruchshaltung wird jede Eigeninitiative erstickt.« Selbst einer der Väter der BEE-Programme, der schwarze Unternehmer Phinda Madi, fordert einen Paradigmenwechsel: Statt dunkelhäutige Alibi-Figuren in bereits etablierte Unternehmen aufzunehmen, sollten sie zur Gründung ihrer eigenen Betriebe ermuntert und ermächtigt werden. Die Förderung kleiner und mittelständischer Unternehmen ist in der Entwicklungspolitik generell in Mode gekommen. Auf diese Weise, sagen Experten, würden mehr Arbeitsplätze und nachhaltigeres Wachstum geschaffen, als große Konzerne das leisten könnten. Der Ansatz scheint auch am besten geeignet zu sein, Bewegung in Südafrikas abgehängte »zweite Nation« zu bringen. Mikro-Betrieben schwarzer Entrepreneure werden in Townships und ländlichen Regionen die besten Chancen eingeräumt. Dort blüht bereits die informelle Wirtschaft der Straßenhändler, Bürgersteig-Friseure,

Müllverwerter und illegalen Minenarbeiter. Sie in die reguläre Wirtschaft zu überführen, käme einer historischen Errungenschaft gleich (siehe Kapitel »Die Goldwühlmäuse – oder die riskante Renaissance eines Bodenschatzes«).

Derartige Bemühungen werden allerdings ausgerechnet von den Gewerkschaften untergraben. Firmengründer sind außer auf Kredite auch auf niedrige Löhne und flexible Arbeitsgesetze angewiesen. Ein kleines Unternehmen auf die Beine zu stellen, ist auch am Kap der Guten Hoffnung mit Anstrengungen und Risiken verbunden. Doch Südafrika hat eines der rigidesten Arbeitsrechtsregimes dieser Welt – dank einer seit den 1970er Jahren höchst dynamischen Gewerkschaftsbewegung. Die Organisation der Arbeitnehmer wurde damals selbst von ausländischen Firmen wie Volkswagen und Daimler-Benz vorangetrieben: Auf diese Weise konnten die deutschen Konzernchefs der Antiapartheidbewegung zeigen, dass ihre Präsenz im Rassistenstaat auch der schwarzen Bevölkerung zugutekommt. Im Verlauf der 1980er Jahre entwickelte sich der von Anfang an eng mit dem ANC verbundene Gewerkschaftsbund Cosatu zur mächtigsten nicht staatlichen Organisation des Landes. Noch heute sind ANC, Kommunistische Partei und Cosatu in der Tripartite Alliance, der dreiteiligen Allianz, verbunden, deren Auflösung sich keiner der drei Partner leisten zu können meint. Mit seinen 1,8 Millionen Mitgliedern dient der Gewerkschaftsbund dem ANC als gut geschmierte Wahlkampfmaschine, während die Kommunistische Partei als seine ideologische Kaderschmiede gilt.

In Moeletsi Mbekis soziologischem Modell sind die Gewerkschaften in der privilegierten »ersten Nation« angesiedelt, da sie die Interessen der ordentlich angestellten Beschäftigten vertreten. Diese Arbeiter-Aristokratie hebt sich von der abgehängten, wirtschaftlich inaktiven Mehrheit der schwarzen Südafrikaner ab. An erster Stelle steht für sie der Schutz der Rechte der Arbeiterschaft: Die Zahl der Beschäftigten zu erweitern, darf nicht zulasten der von den Arbeitern erkämpften Rechte geschehen. Ihr Slogan lautet nicht: »Arbeit für alle!«, sondern: »Anständig bezahlte Arbeit für alle!« Das mag in industrialisierten Staaten verständlich klingen, doch keinem der asiatischen Tigerstaaten wäre auf diese Weise die Industrialisierung geglückt. Unternehmerverbände und die Lobby der Firmengründer sehen in den Gewerkschaften die Verhinderer einer Flexibilisierung der Arbeitswelt, von der die wirtschaftliche Zukunft am Kap der Guten Hoffnung in ihren Augen abhängt.

In Südafrika wird so häufig und lange wie kaum irgendwo anders in der Welt gestreikt. Im Jahr 2014 legten Angestellte der Post mehr als vier Monate lang die Arbeit nieder: Danach war der ohnehin angeschlagene staatliche Beförderungsdienst ruiniert. Das Wort Arbeitskampf ist am Kap durchaus wörtlich zu verstehen: Oft werden die Streiks von blutigen Zwischenfällen begleitet – sei es, dass Streikbrecher kurzerhand erschossen werden oder sich rivalisierende Gewerkschaften gegenseitig bekämpfen. Zu Tragödien kann allerdings auch das brutale Eingreifen der Sicherheitskräfte führen, wie beim Massaker von Marikana im August 2012, als Spezialkommandos der Polizei 34 streikende Minenarbeiter erschossen.

Südafrikas Wirtschaftsleben wird – zweifellos aus triftigen historischen Gründen – noch immer vom Antagonismus des vergangenen Jahrhunderts beherrscht. In gewerkschaftlichen Verlautbarungen werden Unternehmer nicht nur als »Bosse«, sondern auch als »Feinde« tituliert, das »weiße Monopolkapital« ist eine Phrase wie einst anderswo »das internationale jüdische Finanzkapital« geworden. Obwohl so gut wie alle prominenten schwarzen Neu-Millionäre dem ANC angehören, ist das feindselige Verhältnis zum Unternehmertum auch in der Regierungspartei verbreitet. Wie grobschlächtig wirtschaftspolitische Zusammenhänge selbst in der Spitze der Partei betrachtet werden, kommt in zahllosen Reden Jacob Zumas zum Ausdruck, in denen er zum Beispiel fordert, dass der politischen Befreiung von 1994 jetzt noch die wirtschaftliche folgen müsse. Als ob man die wirtschaftliche wie die politische Macht an sich reißen könnte, indem man den Gegner zur Aufgabe zwingt. Unter solchen Bedingungen überrascht es nicht, dass während Zumas Regierungszeit sowohl aus- als auch inländische Investitionen einbrachen.

Mitverantwortlich für die ausgebliebene Umwandlung der südafrikanischen Wirtschaft ist allerdings die etablierte Geschäftswelt. Sie wird noch immer von Clubs bleicher Männer beherrscht, denen es in erster Linie um die Sicherung ihrer Besitzstände geht. Jeder Mensch ist in seinem Berufsleben darauf angewiesen, dass ihm irgendwann mal eine Chance eingeräumt wird, sagen Kenner der Materie. Auf diese Chance müssen Schwarze wesentlich länger warten, falls sie überhaupt mal eine bekommen. Dass sich in Südafrika etwas grundsätzlich verändern muss, scheinen weder die burischen Farmer noch die englischen Vorstandsvorsitzenden wirklich begriffen zu haben. Sonst würden sie von sich aus Strategien entwickeln, um dem noch immer gegenwärtigen Unrecht aus der Vergangenheit zu begegnen. Die meisten Bleichgesichter nehmen nach wie vor nicht wahr, dass ihr Wohlstand auf Kosten der schwarzen Bevölkerung erwirtschaftet wurde. Sie gehen weiterhin davon aus, dass sie einfach besser als ihre dunkelhäutigen Landsleute sind – auch wenn sie das nie offen sagen würden. Es ist der Grundstein des weißen Überlegenheitswahns, das Fundament des Hunderte von Jahren alten Rassismus.

Moeletsi Mbeki rechnet schon seit langem mit einem Aufstand der abgehängten »zweiten Nation« nach dem Vorbild des Arabischen Frühlings – allerdings blieb die Revolte zumindest bislang aus. Sie wird wohl auch in Zukunft nicht zustande kommen, denn Mbekis Parallele zur arabischen Welt ist irreführend. Dort hat gerade nicht das Lumpenproletariat, sondern der Mittelstand aufbegehrt. Die bettelarmen Afrikaner sind in der Regel viel zu sehr mit der Sicherung ihres Überlebens beschäftigt, um einen Aufstand organisieren zu können. Oft vermögen sie auch die Umstände, die zu ihrem beklagenswerten Schicksal führen, aus Mangel an Bildung und Information nicht nachzuvollziehen – weshalb Zuma ausgerechnet mit der Unterstützung der Landbevölkerung und Slumbewohner rechnen kann, obwohl die Umtriebe des raffgierigen Präsidenten gerade ihnen den größten Schaden zufügen. Dagegen ist es eher der Mittelstand und die Studentenschaft, die gegen Zumas Machtmissbrauch aufbegehren.

Glenfiddich im Township-Staub

Wenn BEE-Prinz Kenny Kunene mit seinem weißen Porsche Panamera zum Nachtclub in die Johannesburger Schwarzensiedlung Alexandra rollt, wird er dort keineswegs mit Steinen beworfen. Stattdessen jubeln ihm die Slumbewohner zu und bitten um Autogramme. »Ich bin deren Held«, erklärt der doppelte Rolexträger stolz. »Ich lebe ihren Traum und mache ihnen Hoffnung, dass auch sie es eines Tages schaffen werden.« Auch schwarze Südafrikaner seien nun mal lieber unverschämt reich als solidarisch und arm, meint Kenny Kunene lächelnd.

Wen wundert es? Seit Hunderten von Jahren sind schwarze Südafrikaner aus nächster Nähe mit für sie unerreichbarem Wohlstand konfrontiert. Zunächst als Sklaven, später als Gärtner oder Dienstmädchen sahen und sehen sie mit eigenen Augen, wie ein vom Reichtum versüßtes Leben aussieht – nicht wie die DDR-Bürger, die auf Erzählungen und Fernsehbilder angewiesen waren, um den westlichen Luxus kennenzulernen. Kunenes bleiche Landsleute suchten aus ihrer wirtschaftlichen Potenz auch nie einen Hehl zu machen. Schon in den 1970er und 1980er Jahren wies die weiße Hautevolee am Südende Afrikas die höchste Rolls-Royce-Dichte der Welt auf. Seinen Besitz zur Schau zu stellen, war in der calvinistisch geprägten Kolonie keineswegs verwerflich: Wer Gott wohlgefällig ist, hatten die holländischen und hugenottischen Siedler von ihrem Reformator Johannes Calvin gelernt, wird mit irdischem Wohlstand belohnt und darf das auch zeigen. Die Verehrung des Reichtums führt in Südafrika so tief wie die Goldminen des Landes. Kein Wunder also, dass jetzt auch die *Black Diamonds*, die neureichen schwarzen Südafrikaner, dem Materialismus und der Konsumfreude frönen. Und wenn man die Mittel dafür nicht hat, dann leiht man sie sich. Die Südafrikaner gelten als eines der höchstverschuldeten Völker dieser Welt: Durchschnittlich steht jeder Einzelne von ihnen mit knapp 50 000 Rand, einem jährlichen Mindestlohn, in der Kreide.

Vorübergehend machte in den Slums auch ein bemerkenswertes Phänomen von sich reden. Gruppen chic gekleideter Jugendlicher verabredeten sich fürs Wochenende zu Wettkämpfen auf einem zentralen Township-Platz, wo sie die Stereoanlagen ihrer Autos aufdrehten und zum Kwaito, einer südafrikanischen Variante der House-Musik, tanzten. Peu à peu zogen sie ihre Gucci-Hosen und Armani-Hemden aus und rissen sie in Fetzen, anschließend zertraten sie ihre Dolce-Gabbana-Sonnenbrillen im Staub. Schließlich schütteten sie noch Flaschen voller Black-Label-Whisky auf die schmutzige Straße und zündeten unter dem lauten Gejohle der Zuschauer Geldscheine an. Wer den größten Applaus bekam, hatte gewonnen. Die *izikothanes*, wie man die verrückten Dandys nach dem Zulu-Wort für »lecken« nannte (weil sie sich beim vielen Geldzählen die Finger befeuchten mussten), machten sich einen Spaß daraus, die unter den äußerst markenbewussten Township-Bewohnern begehrtesten Luxusgüter zu vernichten – auch wenn sie das Geld für ihre Exzesse entweder leihen oder stehlen mussten. Ethnologen fragten sich, ob das Phänomen die Auswüchse des Materialismus illustriere oder vielmehr eine beißende Kritik desselben darstelle. Bevor sie zu einem Ergebnis kamen, war das Phänomen wieder verschwunden.

Blackout – die staatliche Dienstleistungskrise

Anfangs ist der Schreck noch groß. Auf dem Computerschirm zuckt es kurz auf, bevor er in tiefem Schwarz erlischt. Keine Frage: Da muss etwas Entscheidendes durchgebrannt sein. Womöglich die Festplatte, dann ist zumindest die Arbeit der vergangenen Tage hin, alles im Eimer. Panik bricht aus, Schweiß tritt auf die Stirn. Glücklicherweise meldet sich jetzt die Alarmanlage mit einem hektischen Fiepen. Sie beklagt sich darüber, dass sie keinen Strom aus der Steckdose mehr kriegt und auf Batteriebetrieb umstellen muss. Erleichtert lege ich den Griffel hin: Nichts weiter als ein harmloser Stromausfall.

Die Attacken aufs zentrale Nervensystem begannen in der Mitte der ersten Dekade des 21. Jahrhunderts. Damals kamen die Blackouts noch eher selten vor, dafür schlugen sie wie Blitze aus heiterem Himmel ein. Keiner war auf die Stromausfälle vorbereitet, selbst die städtischen Elektrizitätswerke offenbar nicht – jedenfalls konnten oder wollten sie über Art und Dauer des Handikaps keine Auskunft geben. In einem Fall war erst am sechsten Tage wieder Licht – für einen südafrikanischen Haushalt der Mittelklasse eine nicht nur mittlere Katastrophe. Auf einmal geht das elektrische Garagentor nicht mehr auf. Die tonnenschwere Holzjalousie muss mit der Hand hochgewuchtet werden, was für einen verweichlichten Schreibtischtäter mit Rückenproblemen tragisch enden kann. Auch die Kaffeemaschine funktioniert nicht mehr: Als erste Entzugserscheinungen stellen sich üble Laune und Arbeitsunfähigkeit ein. Schließlich hat sich auch der Router abgemeldet. Von der postmodernen Nabelschnur, dem Internet, abgeschnitten macht sich ein lähmendes Gefühl der Vereinsamung breit.

Sechs bis acht Stunden später tritt Eskalationsstufe zwei ein. Jetzt macht auch der Akku des Laptops schlapp, das Handy folgt ihm auf dem Fuß. Im Kühlschrank fängt es zu müffeln an, und die Kinder schreien, weil sie im Fernsehen Bart Simpson verpassen. Zwar hat die Alarmanlage inzwischen zu fiepen aufgehört, doch dafür gewährt sie auch keine Sicherheit mehr – mit leerem Akku ist sie kaum hilfreicher als ein südafrikanischer Polizist. In der zweiten Eskalationsstufe fühlt sich der Johannesburger zunehmend gereizt, verwundbar und allein gelassen.

Schließlich, zwei stromlose Tage später, Eskalationsstufe drei. Jetzt taut auch der Gefrierschrank auf, der kostbare Vorrat an Proteinen beginnt zu gammeln. Weil die Pumpe das Wasser nicht mehr umwälzt, wird das Schwimmbad grün. Um das im Pool entstehende Leben wieder auszurotten, wird später kiloweise Gift nötig sein. Auch sind die Hochspannungsdrähte auf der Umfassungsmauer tot, Einbrecher können sorglos über den Festungsgürtel klettern. Mit Stufe drei ist der Johannesburger nervlich am Ende angelangt: Er sucht Zuflucht bei Freunden, die außerhalb des Katastrophengebiets leben. Der erste Flüchtling des sich anbahnenden südafrikanischen Staatszerfalls.

Schwarze Löcher am Firmament

Das staatliche Elektrizitätswerk Eskom erklärt die Blackouts zunächst mit der finsteren Vergangenheit. Weil sich die Apartheidregierung in den letzten Jahren ihrer Herrschaft nicht mehr um die Erhaltung elektrischer Anlagen gekümmert habe, würden nun Sicherungen, Transformer und Umspannwerke ihren Dienst versagen. Daran mag etwas Wahres dran sein, das ganze Ausmaß der Misere ist so allerdings nicht zu erklären.

Das wird deutlich, als die Blackouts in der zweiten Dekade des 21. Jahrhunderts immer häufiger werden. Schließlich kommt es alle paar Tage zu einem Stromausfall, und zwar in allen Teilen des Landes. Die Volkswirtschaft wird immer stärker in Mitleidenschaft gezogen: Einkaufszentren sind selbst in der Vorweihnachtszeit stundenlang lahmgelegt, in den Gold- und Platinminen kann tagelang nicht gearbeitet werden. Experten rechnen damit, dass die ständigen Blackouts Hunderte von Milliarden Rand oder bis zu zwei Prozent des Wirtschaftswachstums verschlingen. Über Jahre hinweg hat Südafrika zehn Prozent seines Wachstumspotentials verloren. Irgendwann räumen Eskom und die Regierung ein, dass die schwarzen Löcher nicht nur veralteten Anlagen zu verdanken sind. Vielmehr wurde auf den im neuen Südafrika stark gestiegenen Strombedarf nicht angemessen reagiert, obwohl Experten vor dem wachsenden Missverhältnis zwischen Nachfrage und Angebot gewarnt hatten. Zur Verantwortung für das vermeidbare Desaster wird trotzdem niemand gezogen: Ein *comrade* will dem anderen kein Auge aushacken. Stattdessen werden die Südafrikaner zur Geduld aufgerufen. Der Notstand werde noch ein paar Jahre andauern, heißt es jetzt, weil erst einmal neue Kraftwerke, am besten acht Atomkraftwerke aus Russland, errichtet werden müssten. Und das kann Jahre, wenn nicht sogar Jahrzehnte dauern.

Viele Monate nach den ersten Stromausfällen stellt sich auch heraus, dass die Blackouts in Wahrheit gar nicht so überraschend auftreten – in den meisten Fällen werden sie absichtlich herbeigeführt. Eskom nimmt regelmäßig ganze Regionen vom Netz, um einen Totalkollaps des Stromnetzes zu vermeiden. Ein solcher würde das gesamte Land für mindestens zehn Tage lahmlegen – mit verheerenden Folgen für Krankenhäuser, Bergwerke und Industrieanlagen. Allerdings bringt es der Stromversorger aus unbekannten Gründen nicht fertig, Industrie und Bevölkerung rechtzeitig vor dem *load shedding*, der absichtlichen Lastabschaltung, zu warnen. Bei den Robotern der Autoindustrie lösen die plötzlichen Blackouts peinliche Folgen aus. Sie müssen jedes Mal von Spezialisten aus ihrer unsachgemäß herbeigeführten Starre befreit werden. Auch in Privathaushalten geben Geräte reihenweise ihren Geist auf. Sie werden von den Stromstößen zur Strecke gebracht, die oft bei der Wiederherstellung der Versorgung auftreten. Irgendwann gibt Eskom sein *load shedding* schließlich im Voraus bekannt, doch wirklich verlässlich wird die Lastabschaltung nie. Die Südafrikaner stellen sich allerdings auf die Versorgungsengpässe ein und legen sich Batterien, Inverter, Dieselgeneratoren und Solaranlagen zu. Zumindest bessergestellte Kapbewohner können auf diese Weise den Folgen der Blackouts weitgehend entkommen. Sie machen sich möglichst von den unzuverlässigen Segnungen der öffentlichen Hand autark. Auf der Strecke bleibt die Wertschätzung des Staates seitens seiner Bürger: Der Regenbogen verblasst.

Räuberei bei Tageslicht

Eines Morgens ist es wieder soweit. Es zuckt auf dem Computerschirm und dann wird alles schwarz. Kein Grund zur Sorge, denkt der erfahrene Johannesburger, doch ein Blick zum Nachbarn zeigt, dass dessen Licht noch brennt. Eine kurze Telefonumfrage lässt den Verdacht zur Gewissheit werden: Dieses Mal hat es nur uns erwischt. Am Stromkasten vor unserem Haus stellt sich heraus, dass wir gewaltsam von dem Segen getrennt wurden, der im Englischen nicht grundlos *power*, also Macht, heißt. Die Stadtwerke haben unser Hauptstromkabel abgezwackt. Der Hintergrund: Irgendwann hatten wir eine absurd hohe Stromrechnung von mehr als 3000 Euro zugesandt bekommen. Die sollen angefallen sein, nachdem die Stadtwerke moderne, aus der Ferne ablesbare Zähler installiert hatten. Der von der Behörde fernabgelesene Zählerstand hatte mit den Ziffern auf unserem Gerät allerdings nicht das Geringste zu tun. Ein, wie sich später herausstellte, weitverbreitetes Phänomen, das die Stadtwerke jedoch nicht weiter interessiert.

Unsere Einsprüche gegen die Fantasierechnung verlieren sich im Behördendschungel. Immer horrendere Rechnungen tauchen auf, bis eines Tages der Ernstfall mit der abgeklemmten Leitung eintritt. Im Besucherzentrum der Stadtverwaltung windet sich die Schlange der Beschwerdeführer wie die Gedärme in einer Kuh. Nach stundenlanger Wartezeit wird uns zu verstehen gegeben, dass wir den angeblich ausstehenden Betrag erst einmal bezahlen sollten, falls wir unsere Stromverbindung »zeitnah« wiederhergestellt sehen wollen. Um die Frage, ob die Nachzahlung berechtigt ist oder nicht, könnten wir uns später kümmern. Wir tun, wie uns befohlen wird. Viele Monate und Behördengänge später sitzt die Stadtverwaltung noch immer auf unserem Geld.

Eines Tages bleibt auch das Wasser weg. Als Begründung wird mitgeteilt, dass man wegen der permanenten Stromausfälle nicht genug Wasser in die Reservoirs habe pumpen können – doch in ein, zwei Tagen sei das Problem behoben. Tatsächlich ist das Lebenselixier zwei Tage später wieder da, doch nach drei Wochen kommt erneut nur Luft aus dem Wasserhahn. Dieses Mal sollen Räuber das Stromkabel der Pumpenstation gestohlen haben. Und einige Monate später wird die Dürre für den Notstand verantwortlich gemacht. Fachleute weisen außerdem darauf hin, dass mehr als ein Viertel der über Hunderte von Kilometern aus dem Bergkönigreich Lesotho herbeigeführten Flüssigkeit wegen alter korrodierter Leitungen in und um Johannesburg herum im Boden versickert. In Sachen Abwasser sind die Verhältnisse noch schlimmer: Nur 20 Prozent wird in Kläranlagen gesäubert, vier Milliarden Liter Dreckbrühe fließen täglich unbehandelt in die Flüsse und ins Meer. Es klingt nicht danach, als ob diese Probleme in absehbarer Zeit behoben werden könnten.

Und das trifft nicht nur auf die Stadtwerke zu. Eine Feuerwehrstation in Johannesburg verfügt seit Monaten über kein Telefon mehr, die löchrigen Schläuche ihres letzten noch funktionierenden Löschwagens verlieren ebenso viel Wasser, wie aus dem Motor des Lastwagens Diesel rinnt. In den überfüllten staatlichen Krankenhäusern der Stadt liegen Patienten auf dem Boden, um stunden- oder gar tagelang darauf zu warten, von einem Arzt untersucht zu werden. Postbeamte kippen Lastwagenladungen voller nicht ausgetragener Briefe in eine stillgelegten Mine. Und wer sich wundert, warum im urbanen Johannesburg so viele Geländewagen unterwegs sind, sollte mal einen Blick auf den Straßenbelag werfen. Die Schlaglöcher, die sich in der »afrikanischen Metropole der Weltklasse« (Eigenwerbung) immer tiefer in den Teer fressen, können kleinen Stadtwagen leicht zum Verhängnis werden.

Unterdessen spielen sich im Großraumbüro der Stadtverwaltung und in den Talkshows von Radiosendern erschütternde Szenen ab. Großmütter brechen in Tränen aus, weil sie ihren Tee nicht mehr aufkochen können, junge Firmengründer beklagen ihr unternehmerisches Scheitern, weil sie im Dunkeln und auf dem Trockenen sitzen gelassen wurden. Der Sprecher eines Krankenhauses gibt bekannt, dass alle nicht überlebenswichtigen Operationen wegen der Elektrizitätsknappheit verschoben werden mussten. Vor allem weiße Südafrikaner fluchen über das Chaos, das die ANC-Regierung über ihr schönes Land gebracht habe. Viele wussten ja seit Jahren schon, dass es nicht gut gehen könne, wenn »die Schwarzen« das Land übernehmen. Regierung und Stadtverwaltungen halten dagegen, dass sich die jammernden Weißen mal nicht so anstellen sollten. Sie würden jetzt höchstens gelegentlich die Unannehmlichkeiten erleben, die ihre dunkelhäutigeren Mitbürger in der Vergangenheit ununterbrochen zu erdulden hatten. Ein berechtigter Einwand, der allerdings unberücksichtigt lässt, dass im neuen Südafrika die Habenichtse eigentlich auf den Stand der Privilegierten gehoben werden sollten – und nicht umgekehrt die Privilegierten auf das Niveau der Habenichtse herabgezogen. Zumindest war es das, was die neue Regierung ihren Wählern versprach. »A better life for all«, heißt der Slogan bei jeder neuen Wahl: ein besseres Leben für alle.

Auch sind es keineswegs nur die verwöhnten Bleichgesichter, die sich über den Kollaps der öffentlichen Dienste beschweren. Die Zahl der *service delivery protests*, der Proteste wegen ausbleibender staatlicher Dienstleistungen, hat inzwischen astronomische Ausmaße angenommen. 2014 zählte die Polizei nicht weniger als 14 700 solcher oft gewalttätig verlaufenden Aufstände in einem einzigen Jahr – ein kaum zu schlagender Weltrekord. Meist gehen die Township-Bewohner wegen ausbleibender Elektrizität, trockener Wasserleitungen oder Korruption bei der Zuteilung staatlich finanzierter Häuschen auf die Barrikaden. Finanzen und Organisation der meisten Kommunen im Land versinken im

Chaos. Der Rechnungshof stellte fest, dass 2015 sämtliche Kommunalverwaltungen der Nordwest-Provinz praktisch bankrott waren, selbst landesweit wird nur eine Minderheit der Gemeinden von den Buchprüfern entlastet. Verschlimmert wird die Lage noch dadurch, dass viele Township-Bewohner schon seit Jahrzehnten ihre Strom- und Wasserrechnungen nicht zahlen. Einst hielten sie ihr Geld aus Protest gegen den Apartheidstaat zurück, heute begründen sie ihren Boykott mit der Armut.

Kloake im Kirschenparadies

Ficksburg, dessen Name in keiner der elf offiziellen südafrikanischen Sprachen so anzüglich wie im Deutschen klingt, liegt idyllisch am Fuß der bizarren *Drakensberge*, der Drachenberge, in der Freistaat-Provinz. Einmal im Jahr findet in dem 44 000 Einwohner zählenden Städtchen das legendäre Kirschenfest statt, das einst Tausende (zugegeben: vor allem weiße) Südafrikaner anzog – doch inzwischen ist die Kommune für ein wesentlich weniger freudiges Ereignis bekannt. Weil in den Staubstraßen von Ficksburgs Township Meqheleng offen die Kloake floss und viele seiner Bewohner Tag für Tag mehrere Kilometer weit zu gehen hatten, um an frisches Wasser zu gelangen, gingen die Meqhelenger im April 2011 auf die Straße, um gegen die Unfähigkeit und den Filz in ihrer Stadtverwaltung zu protestieren. Der Demonstration schlossen sich auch weiße Ficksburger an, die über den Niedergang des einst für sie reservierten Teils der Stadt ebenfalls erzürnt waren: Der Tennisplatz zerbröselte, auf dem Rugby-Feld wuchs kein Grashalm mehr, die Schlaglöcher in den Straßen der Stadt vergrößerten sich zu Badewannen. Beim Protestmarsch flogen Steine, die Polizei setzte Wasserwerfer ein. Ein dunkelhäutiger Mann namens Andries Tatane riss sich das Hemd vom Leib und schrie die Polizisten an, sie sollten ihre Wasserkanonen lieber auf ihn richten, statt Kinder und alte Menschen zu gefährden. Das ließen sich die Ordnungshüter nicht zweimal sagen. Sie schlugen mit Knüppeln auf den 33-jährigen Mathematiklehrer ein und schossen schließlich aus nächster Nähe ihre Gummigeschosse auf ihn ab. Andries Tatane brach vor laufenden Kameras zusammen und starb. »Ich versuche noch immer, mit diesem Horror fertigzuwerden«, sagt sein Freund Molefi Nonyane und weint.

Beim anschließenden Gerichtsverfahren werden die Polizisten vom Vorwurf des Totschlags freigesprochen. Auch Mbothoma Maduna, der Bürgermeister der Stadt, muss mit keinen strafrechtlichen Konsequenzen für sein Versagen rechnen. »Die Leute sagen, in Ficksburg gäbe es kein Wasser«, schäkert das ANC-Mitglied nach Tatanes Tod mit einem Journalisten, bevor er seinen mit Mineralwasser gefüllten Kühlschrank öffnet: »Und was ist das hier?« Die Kaltschnäuzigkeit, mit der sich Politiker und Staatsbeamte über jegliche Kritik erhaben wähnen, ist atemberaubend. *Accountability* – das Konzept, dass man als öffentlicher Bediensteter zur Verantwortung gezogen werden kann – scheint in Südafrika entweder noch nie etabliert worden oder irgendwann verloren gegangen zu sein.

Paul Hoffman, Jurist und Gründer des South African Institutes for Accountability, zählt eine Handvoll von Gründen für den Mangel an Verantwortlichkeit auf. Etwa, dass sich die *comrades* leninistischer Tradition entsprechend eher gegenüber der Partei als der Bevölkerung in die Pflicht genommen fühlten, auch wenn die neue Verfassung etwas ganz anderes verlangt. Außerdem sei schon Nelson Mandela während seiner Präsidentschaft mit leistungsschwachen oder zum Eigennutz neigenden *comrades* viel zu nachsichtig umgegangen, fährt Hoffman fort. Er habe mit den im Regieren noch ungeübten Befreiungskämpfern wohl nicht zu harsch umgehen wollen. Auf diese Weise konnte sich der Bazillus der Korruption im öffentlichen Dienst einnisten, der heute den Staat zur Strecke zu bringen droht. Grundsätzlich habe der ANC den undemokratischen und ungerechten Apartheidstaat eher reproduziert als ersetzt, meint Hoffman. Genau wie Jahrzehnte zuvor bei der Entkolonialisierung anderer afrikanischer Staaten, als die neuen schwarzen Eliten die alten weißen Kolonialherren viel zu oft nachahmten, statt sie als abschreckende Beispiele hinter sich zu lassen.

Der Verfall des öffentlichen Dienstes bahnte sich schon kurz nach der Wende an, als zahllose *comrades* völlig unvorbereitet in verantwortliche Positionen gehoben wurden. Die Verwaltungen der Kommunen, Provinzen und des Zentralstaats mussten schnellstens mit Vertretern der neuen Regierungspartei gefüllt werden, die zwar im Bombenlegen, im Zerlegen einer AK-47 oder in der Vorbereitung eines Hinterhalts ausgebildet worden waren, keinesfalls aber über ein Diplom der Verwaltungswissenschaften oder des Wasserwirtschaftswesens verfügten. »Liberation first, education later«, lautete ein Kampfruf der jungen *comrades* in den 1980er Jahren: Erst einmal solle das Land befreit werden, dann könne an die Ausbildung gedacht werden. Den Apartheidherrschern kam der Slogan damals gerade recht. Sie hatten ohnehin kein Interesse daran, sich eine Konkurrenz auf dem Arbeitsmarkt heranzubilden. Der akute Mangel an qualifizierten Arbeitskräften ist heute eines der größten Handikaps des neuen Südafrika.

Verschärft wurde das Problem noch dadurch, dass um die Wende herum Zigtausende gut qualifizierter Weißer aus Angst vor der »schwarzen Regierung« das Land verließen. Gleichzeitig wechselten viele weiße Fachleute aus den Staatsbetrieben in die Privatwirtschaft. Sie wussten, dass sie als Bleichgesichter im Stromkonzern Eskom, beim Finanzamt oder der Eisenbahn keine Perspektive mehr hatten. Der ANC ersetzte die frei gewordenen Arbeitsplätze mit seinen nur schlecht oder gar nicht ausgebildeten Kadern, woraufhin die Qualitätsstandards in den Keller sackten. Der Ökonom Dawie Roodt ist der Überzeugung, dass die Misere des öffentlichen Dienstes mit einer einzigen Maßnahme behoben werden könnte: Indem sämtliche Staatsangestellten zur Kündigung gezwungen würden, um die Jobs dann allein nach Qualifikationskriterien neu zu vergeben. Das eigentliche Dilemma des Landes löst der Vorschlag des weißen Wirtschaftsexperten

allerdings nicht. Er hätte zur Folge, dass wieder nur besser ausgebildete Bleichgesichter eingestellt würden, während die Transformation des Apartheidstaates in ein mehrheitlich von Schwarzen gemanagtes Gemeinwesen weiter auf sich warten ließe.
Stattdessen kommt es darauf an, möglichst vielen Schwarzen in
möglichst kurzem Zeitraum möglichst viel Wissen und Erfahrung zukommen zu lassen. Ein Ziel, das nach einer mehr oder
weniger langen Durststrecke zweifellos auch erreicht werden
könnte – wenn nur das Ausbildungswesen nicht in Trümmern
läge (siehe Kapitel »Der Topf am Ende des Regenbogens – eine
Schule, die Hoffnung macht«) und das Berufsethos der Staatsdiener nicht von der Korruption zerfressen wäre. So aber ist in der
Tat nicht ausgeschlossen, dass der afrikanische Staat am Kap der
Guten Hoffnung irgendwann wie sein Nachbar Simbabwe scheitern wird. »Wir sind an einem entscheidenden Punkt in unserer
Geschichte angelangt«, meint der Zukunftsforscher Clem Sunter.
»Wir können in der bodenlosen Anarchie eines gescheiterten
Staates enden. Oder wir ändern die Spielregeln und bauen Süd-
afrika zu einer wirklichen wirtschaftlichen Demokratie um.«

Der Buschmann und andere Schrecken

Die Sonne verschwindet goldgelb wie ein gigantischer Krüger-
rand hinter den Matchboxhäuschen von Soweto. »Das ist der
schönste Moment am Tag«, sagt Mike Harris, der schon 14 Stunden lang auf den Beinen ist. Seit heute Morgen um vier Uhr dreht
der 63-jährige Elektroingenieur am Knotenpunkt der Eisenbahn
zwischen Soweto und Johannesburg seine Runden. Harris muss
dafür sorgen, dass die Pendlerzüge im Falle eines Stromausfalls
nicht zu lange stehen bleiben. Andernfalls könnten zornige Fahr-
gäste wieder einmal kurzerhand die Waggons anzünden. Stromausfälle kommen hier alle naselang vor, weil Diebe ständig die
für den Zugbetrieb nötigen Kabel klauen. Für den dicken Kupfer-
draht bekommen die Räuber umgerechnet fünf Euro pro Meter,
der Altmetallhändler verkauft den Draht für 50 Euro an Chine-

sen weiter. Dagegen muss die Bahngesellschaft Transnet 240 Euro pro Meter berappen, um die gestohlene Leitung zu ersetzen. Oft machten korrupte Bahnbeamte bei den Neueinkäufen mit *kick backs* ihren Reibach, glaubt Mike Harris zu wissen: Sie hätten deshalb gar kein Interesse daran, dem Aderlass wirklich zu Leibe zu rücken. »Ein Gleichnis für unser ganzes Land«, fügt der Ingenieur hinzu, »Südafrika zerbröselt.«

Als Nelson Mandela an die Macht kam, war auch Mike Harris erleichtert. »Die Wahlen 1994 waren für alle eine Befreiung«, sagt der blonde, 1,90 Meter große Hüne. Seine Begeisterung für den Regenbogenstaat hielt allerdings nicht lange vor. Der Bahnangestellte kaufte sich ein Haus in Mindalore, einem verschlafenen Stadtteil am Westrand von Johannesburg, wo sich Fuchs und Hase gute Nacht sagten. Doch bald war es mit der Ruhe vorbei: Harris und seine österreichische Frau wurden des Nachts immer häufiger von ungebetenen Besuchern aufgeschreckt, die es auf ihr Eigentum abgesehen hatten. Als sie es im Verlauf einer einzigen Nacht einmal mit nicht weniger als acht Einbrechern zu tun bekamen, platzte dem Ingenieur der Kragen. »Ich sägte sämtliche Büsche und Bäume auf meinem Grundstück ab, sicherte das Anwesen mit einem Palisadenzaun und schaffte mir eine Schrotflinte und mehrere Hunde an.«

Anschließend machte sich der ehemalige Soldat an die Aufklärung. In einem Tarnanzug, der ihn zumindest in fahlem Licht wie einen Busch erscheinen lässt, setzte er sich Nacht für Nacht neben das Eisentor zu seinem Grundstück, um herauszufinden, zu welcher Zeit und aus welcher Richtung die Angreifer kamen und welcher Methoden sie sich bei ihren Streifzügen bedienten. Seine Tarnung war dermaßen perfekt, dass ihm einer der Diebe eines Nachts direkt auf die Schuhe pinkelte. Harris sprang auf und hielt dem Eindringling seine Schrotflinte unters Kinn: Der Mann sackte vor Schreck ohnmächtig in sich zusammen.

Als der Beobachter genug über die Angreifer herausgefunden hatte, mobilisierte er den Stadtteil. Er kontaktierte sämtliche Familien Mindalores, schwarze, braune und weiße. Sie hatten alle einschlägige Erfahrungen mit Einbrüchen gemacht. Inzwischen sind fast 500 Familien in der *Neighbourhood Watch*, der Nachbarschaftswacht, organisiert, die rund um die Uhr über Sprechfunk miteinander in Verbindung stehen. Sobald sich ein Unbekannter auf verdächtige Weise in den Straßen des Stadtteils bewegt, wird er von den zivilen Sheriffs angesprochen und nach den Motiven seines Aufenthalts befragt. Ab und zu komme es auch zu Konfrontationen, sagt Harris. Selbst wenn dabei Schusswaffen eingesetzt würden, schnitten die gut ausgebildeten Stadtteilbewohner besser ab. Seit der Gründung der Bürgerinitiative vor zwei Jahren habe sich die Zahl der versuchten Einbrüche von neun in einer Nacht auf fünf pro Monat reduziert, fährt Harris fort. In den kommenden zwei Jahren hofft er, die Vorfälle auf null zu reduzieren.

Bürgerwehren, die dem Versagen der staatlichen Ordnungsmacht begegnen, schießen in ganz Südafrika aus dem Boden. Auch in meinem Stadtteil patrouilliert jede Nacht das Fahrzeug einer Nachbarschaftswache – zusätzlich zu den Streifenwagen der Polizei und den Autos privater Wachunternehmen. Dienstagabends sind Mohammed und Hennie an der Reihe: das furchtlose Gespann aus einem vollbärtigen indischstämmigen Muslim und einem glattrasierten Buren. Mohammed kennt unseren Stadtteil wie seine Westentasche. Er weiß, wo bei einem »missglückten« *carjacking* ein dreifacher Familienvater erschossen wurde, wo sich ein 25-Jähriger mit gebrochenem Herzen erhängt hat und wo ein 75-jähriger emeritierter Deutschprofessor von Einbrechern mit einem Hammer erschlagen wurde. Mit Mohammed und Hennie auf Streife zu gehen, trägt nicht gerade dazu bei, die Laune zu heben, ist als *reality check* jedoch zumindest hin und wieder angebracht.

Tag für Tag werden am Kap der Guten Hoffnung fast 50 Menschen ermordet, Tendenz steigend. Mit 33 Tötungen pro 100 000 Einwohnern im Jahr liegt die Mordrate am Kap der Guten Hoffnung sechsmal höher als im weltweiten Durchschnitt, nach Staaten wie Honduras, Venezuela und Guatemala nimmt die

Regenbogennation Platz zehn in der globalen Hitliste der Tötungsdelikte ein. Täglich werden hier 60-mal so viele Menschen wie in Deutschland umgebracht, wo fast doppelt so viele Einwohner leben. Und dabei handelt es sich bei den mehr als 18 000 Morden im Jahr nur um einen Bruchteil der fast 600 000 Gewaltverbrechen, zu denen ansonsten noch Vergewaltigung, Raub und andere Arten von Körperverletzung zählen. In dieser Kategorie ist außerdem von hohen Dunkelziffern auszugehen, denn viele Kapbewohner melden nicht tödlich endende Verbrechen erst gar nicht der Polizei. Sie gehen – gar nicht zu Unrecht – davon aus, dass ihre Anzeige ohnehin zu nichts führen wird.

Wer behauptet, dass ihn solche Zahlen kaltließen, lügt. Viele Südafrikaner, vor allem Weiße, verlassen zumindest nachts nicht mehr ihr Haus und machen große Bögen um Siedlungsgebiete, die als besonders gefährlich gelten. Unter den Gesprächsstoffen bei Dinnerpartys nimmt das Thema Sicherheit meist den ersten Platz ein, höchstens noch getoppt von der Frage, in welcher Privatschule die Kinder am besten aufgehoben sind. In unserem Stadtteil rief die Polizei dazu auf, die Mülltonnen nach dem Leeren so schnell wie möglich wieder aufs Grundstück zurückzubringen, weil Ganoven die schwarzen Plastikcontainer auf vielfältige Weise für ihre Zwecke nutzen könnten. Als Trittbrett, um über die Mauer zu steigen, als Transportmittel, um Diebesgut wegzuschaffen, oder als Versteck, in das sich die Räuber notfalls zurückziehen können. Selbst ihren Haushaltshilfen, Babysittern und Gärtnern trauen viele Südafrikaner nicht mehr. Denn immer wieder wird von sogenannten *inside jobs* berichtet – Einbrüche, bei denen die Angestellten den Gangstern entscheidende Tipps zukommen ließen. Auch auf die Polizei und die privaten Sicherheitsgesellschaften kann man sich nicht verlassen: Sie tauchen meist zu spät auf und sind gelegentlich sogar selbst in die Straftaten verwickelt. Schließlich treibt keine Werbekampagne mehr neue Kunden in die Arme einer Wachgesellschaft als eine Einbruchserie in der Nachbarschaft.

Niemand, der mehr als die großen Ferien am Kap verbringt, entkommt der allgemeinen Paranoia. Die aus eigenen Erfahrungen und den Erzählungen anderer genährte Angst begleitet einen wie Hundekot am Schuh. Weil die Angst jedoch ein tonisches, seine Intensität allmählich verlierendes Gefühl ist, wähnt man sich immer wieder mal in Sicherheit – nur, um von einem neuen Zwischenfall oder dem jüngsten Bericht des Nachbarn umso kälter erwischt zu werden. Auch statistisch gesehen scheint es nur eine Frage der Zeit zu sein, bis das größte anzunehmende Unglück – der Verlust eines Familienmitglieds, eines Freundes oder des eigenen Lebens – eintritt.

Weiße Täter, schwarze Opfer

Für manches Bleichgesicht stellt sich die mörderische Wirklichkeit als Krieg von Schwarz gegen Weiß dar: weiß die Opfer, schwarz die Verbrecher. Selbst liberale Weiße sehen die Gefahr eher in einer auf der Straße herumlungernden dunklen Gestalt als in einem weißen Gangsterboss in Anzug und Krawatte. Oberflächlich betrachtet mag das Gefühl sogar berechtigt sein. Der Geschichte des Landes und den Mehrheitsverhältnissen der Bevölkerung entsprechend, handelt es sich meist um schwarze Täter, die erschreckten Weißen mit vorgehaltener Pistole das schmucke Fahrzeug wegnehmen oder des Nachts in deren Villa auftauchen. Bei den Chefs der organisierten kriminellen Banden, die die *hijackings* in Auftrag geben oder das Diebesgut später verhehlen, handelt es sich jedoch nicht selten um Weiße. Einer der prominentesten Dunkelmänner am Kap ist der Tscheche Radovan Krejčíř, der bis zu seiner Verhaftung in einer opulenten Johannesburger Villa residierte und außer für Erpressung, Korruption und Betrug auch für den Tod zahlreicher Menschen verantwortlich sein soll.

Nicht weniger verbreitet ist unter Weißen die Tatsache, dass es sich bei den Opfern der Verbrechen meist um Bleichgesichter handele. Die burische Pressure-Group AfriForum macht regel-

mäßig auf die – zweifellos schreckliche – Mordserie unter weißen Farmern aufmerksam (mehr als 4000 Getötete seit 1994) und
spricht in diesem Zusammenhang von »Genozid«, lässt aber ge-
flissentlich die Hunderttausenden im selben Zeitraum ermordeten schwarzen Opfer außer Acht. Und wenn sich ein Weißer über
die hohe Verbrechensrate in seinem Stadtteil beschwert, vergisst
er meistens zu erwähnen, dass die Kriminalität in den schwarzen
Townships noch viel erbarmungsloser wütet. Es ist kein Krieg
von Schwarz gegen Weiß, der am Kap der Guten Hoffnung tobt.
Eher der Kollaps sämtlicher sozialer Imperative, der das Gemeinwesen bedroht.

Kein ernst zu nehmender Kriminologe bestreitet, dass die
Hauptursache der atemberaubenden Verbrechensrate das gewaltige Wohlstandsgefälle ist. Meine erste Lektion in Sachen südafrikanischer Kriminalitätsforschung lernte ich, als Diebe über die
Mauer meines Hauses stiegen, um Kleidungsstücke von der Wä-
scheleine zu stehlen. Für ein paar Hemden und Hosen riskierten
sie ihr Leben. Immer wieder werden Eindringlinge in flagranti
erschossen, ohne dass der Schütze mit Konsequenzen rechnen
muss – schließlich kann er sich auf sein Notwehrrecht berufen.
Regelmäßig kommt es auch vor, dass jemand niedergestochen
wird, nur weil der Angreifer in den Besitz des Handys oder einer
Armbanduhr gelangen will. »Life is cheap here«, pflegen die Südafrikaner dann zu sagen. In einem solchen Fall ist ein Menschen-
leben nicht einmal 100 Euro wert.

Das Verbrechen als nonkonformistische Methode der Um-
verteilung zu rechtfertigen, wäre natürlich vermessen. Längst
hat die Gesetzlosigkeit wie ein Schimmelpilz die gesamte Gesellschaft überzogen. Arme bestehlen in zunehmendem Maß
auch Arme (nicht zuletzt, weil sich die Reichen immer besser
zu schützen wissen), während organisierte Verbrecher, korrupte
Politiker und Wirtschaftskriminelle ihrer Gier nach immer größerem Reichtum freien Lauf lassen. Schon zwei Polizeichefs
mussten seit der Wende ihren Sessel räumen, nachdem sie bei

Schiebereien oder bei der Zusammenarbeit mit Gangsterbossen erwischt worden waren. Einer von ihnen, Jackie Selebi, endete sogar im Gefängnis.

In einem Staat, in dem selbst das höchste Amt von einem der Korruption und des Amtsmissbrauchs bezichtigten Präsidenten ausgeübt wird, scheint das Unrechtsbewusstsein auf der Strecke geblieben zu sein. Dabei stellt sich allerdings die Frage, von welchem Unrechtsbewusstsein in einem Land die Rede ist, in dem das Unrecht über Jahrhunderte hinweg offizielle Regierungspolitik war. Nach mehr als 300 Jahren brutalster Unterdrückung und 40 Jahren Apartheid klingt es mehr als ein wenig heuchlerisch, wenn Südafrikas Bleichgesichter nun plötzlich die Moralapostel spielen, während sie noch immer in vollen Zügen den Wohlstand genießen, den sie dem Unrecht verdanken, zu Menschen erster Klasse erklärt worden zu sein. Nach Nelson Mandelas Versöhnungskurs dachten viele hellhäutige Kapbewohner, mit ihrem privilegierten Leben unverändert fortfahren zu könnten – ein Missverständnis, das ihre schwarzen Landsleute auf die Palme oder des Nachts in weiße Villen treibt.

Mit einem ähnlichen Legitimitätsproblem wie die weiße Minderheit sieht sich auch die Polizei konfrontiert. Einst hatte die Apartheidregierung ihre Ordnungsmacht damit beauftragt, selbst unter Anwendung tödlicher Gewalt für die Aufrechterhaltung der Rassentrennung zu sorgen. Daher galten die Sicherheitsbeamten unter Schwarzen als Agenten des Unrechts – Anordnungen der Polizei zu missachten, zählte in den Townships deshalb als Tugend. Selbst Gangster konnten dort mit unverhohlener Verehrung rechnen, solange sie ihre kriminelle Energie gegen die Staatsmacht oder privilegierte Weiße richteten. Nach der Wende wurde diese Einstellung nicht von einem auf den anderen Tag über den Haufen geworfen. Höchstens zögerlich zeigte sich die schwarze Bevölkerungsmehrheit zur Zusammenarbeit mit der neuen Ordnungsmacht bereit, während deren Glaubwürdigkeit angesichts ihrer Unzuverlässigkeit und der weitverbreiteten

Korruption auch unter Weißen immer tiefer untergraben wurde. Mangelndes Vertrauen in die staatlichen Strafverfolger wird als Grund für oft scheiternde Gerichtsverfahren und erschreckend geringe Verurteilungsraten genannt, und Staatsanwälte haben oft Mühe, Zeugen für ihre Prozesse zu finden. Schlimmer noch: Statt zur Polizei zu gehen, nehmen Township-Bewohner das Recht nicht selten in die eigene Hand. Auch sie haben sich längst in Bürgerwehren organisiert, die mit den von ihnen erwischten Tätern oder Verdächtigen gnadenlos verfahren. Oft werden vermeintliche Diebe oder andere Kleinkriminelle zu Tode geprügelt oder bei lebendigem Leib verbrannt – die Gewaltbereitschaft ist auf beiden Seiten erschreckend hoch (siehe Kapitel »Diepsloot, der Kamin zur Hölle – vom Leben und Sterben im Slum«).

Rechtsverzichtserklärung

Regelmäßig bekomme ich Anfragen von Lesern oder Kollegen, die von ihrem Korrespondenten wissen wollen, ob sie sich zum Urlaub in Afrikas wilden Süden wagen können. Ich mag diese Frage nicht, weil ich sie gerne positiv beantworten würde, mich aber ungern regresspflichtig mache. Schließlich würde ich für den Rest meines Lebens noch schlechter schlafen, wenn jemand zu Schaden käme, dem ich zuvor seine Bedenken vor einem Aufenthalt am Kap der Guten Hoffnung ausgeredet habe. Grundsätzlich rate ich jedoch keinem von einer Reise an den Südzipfel Afrikas ab – schon allein deswegen, weil Touristen hier nur sehr selten Opfer von Verbrechen werden. Sieht man mal von einer geklauten Sonnenbrille oder, wenn es schlimm kommt, einem entwendeten, aber hoffentlich ausreichend versicherten Mietwagen ab.

Bei einer genaueren Analyse der Gewaltverbrechen stellt sich außerdem heraus, dass diese in den meisten Fällen unter Menschen, die sich gegenseitig kennen, ausgeübt werden. Eifersüchtige Männer, die ihre Freundinnen umbringen, betrunkene Kneipenbrüder, die sich im Streit die Flaschen um die Ohren hauen, oder gescheiterte Farmer, die mit ihrer Flinte die gesamte Familie ausradieren, bevor sie sich schließlich selbst die Kugel geben – ein verbreitetes Phänomen vor allem unter patriarchalisch sozialisierten Buren. Auch kommen Gewaltverbrechen in der Regel nicht auf ausgetretenen Touristenpfaden vor – wie der Garden Route zwischen Port Elizabeth und Kapstadt oder im Krügerpark, wo unvorsichtige Besucher höchstens von einem wild gewordenen Nilpferd platt getreten werden. Die Hotspots sind vielmehr hoffnungslose Großstadtslums wie Diepsloot bei Johannesburg oder Mitchells Plain bei Kapstadt. Dort haben Touristen ohnehin nichts verloren.

Wer die von Reiseveranstaltern oder der Deutschen Botschaft in Pretoria verbreiteten Tipps beachtet, wird im schönsten Land der Welt den Urlaub seines Lebens verbringen, wird wilde Löwen sehen, die herrlichsten Landschaften bestaunen und mit den nettesten Menschen plaudern. Wer nicht mit einer offen zur Schau gestellten Kamera durch die Gegend läuft, Fenster und Türen seines Wagens geschlossen hält und Ortskundige nach der Sicherheitslage befragt, bevor er sich auf die Socken macht, muss weder um sein Leben noch um seine Besitztümer fürchten. Eine mindestens ebenso große Gefahr geht ohnehin vom Straßenverkehr aus: Jährlich kommen bei Verkehrsunfällen fast genauso viele Menschen wie durch Gewaltverbrechen ums Leben. Auch hier gilt jedoch, dass mittellose schwarze Südafrikaner wesentlich schlimmer betroffen sind als begüterte Mietwagenfahrer. Denn bei den meisten Verkehrstoten handelt es sich um Fußgänger, die nachts am Straßenrand überfahren werden, oder um Insassen der legendären Minibusse, deren Verkehrstauglichkeit deutschen TÜV-Prüfern die Haare zu Berge stehen ließe.

Was Sie, liebe Leserin und lieber Leser, bitte unterlassen sollten: Mir nach ihrer einzigartigen Südafrikareise einen geharnischten Brief zu schreiben, in dem Sie mich für meine angeblich viel zu negative Darstellung des Urlaubsparadieses zur Rechenschaft ziehen. Denn Sie werden das Kap der Guten Hoffnung von seiner strahlenden Sonnenseite kennenlernen und über

atemberaubende Strände, grenzenlose Halbwüsten sowie goldgelb schimmernde Savannen fliegen, während Sie um die Slums
und Schlachtfelder der Bevölkerungsproteste vernünftigerweise
einen weiten Bogen machen. Sie werden mit Südafrika wie ein
Zugvogel mit einem Kirschbaum in Berührung kommen, können mir aber glauben, dass es außer Kirschbäumen hier auch
manche Schattenmorellen gibt. Und weil Sie von diesem Buch
keine Reisebroschüre, sondern ein Porträt des wahren Südafrikas
erwarten, werde ich Ihnen nun auch die finstersten Abgründe des
Landes zumuten. Bevor ich danach auf die noch immer gültigen
Verheißungen der Regenbogennation zu sprechen komme und
warum das Kap noch immer zu Recht die Apposition »der Guten
Hoffnung« trägt.

Diepsloot, der Kamin zur Hölle –
vom Leben und Sterben im Slum

Als Journalist auf jemanden wie Golden Mtika zu stoßen ist wie
als Goldgräber über ein Nugget zu stolpern. Auf sogenannte Fixer ist man als Auslandskorrespondent ständig angewiesen: Menschen, die ein Land oder eine Stadt wie ihre eigene Westentasche
kennen, die ortsüblichen Sprachen sprechen und die Telefon-
nummern der wichtigsten Akteure in ihrem Handy gespeichert
haben. In der Regel sind solche Fixer nette Kerle, oft einheimische Journalisten, die etwas vom Metier verstehen. Gelegentlich
sind sie auch Luftikusse, die mit geringstem Aufwand den schnellen Dollar machen wollen. Nur selten hat man das Glück, an einen wie Golden Mtika zu geraten.

Der 41-jährige Journalist lebt schon seit 14 Jahren in Diepsloot,
einem berüchtigten Slum am nördlichen Stadtrand von Johannesburg. Goldens malawischer Vater und seine südafrikanische
Mutter kamen einst auf der Suche nach Arbeit in das Armutsvier-
tel, wie fast alle seine Bewohner. Diepsloot ist so alt wie das neue

Südafrika. Nach Nelson Mandelas Regierungsübernahme kamen Zigtausende von schwarzen Gelegenheitsarbeitern aus allen Teilen des Landes ins wirtschaftliche Zentrum Südafrikas, um dort nach Jobs zu fahnden – ein Zustrom, den die weiße Apartheidregierung zuvor durch strikte Zuzugsregelungen unterbunden hatte.

Irgendwo auf dem freien Feld im Norden der Metropole stellten die Migranten ihre Hütten auf, bis die Landschaft von all den Minislums bald wie vom Aussatz befallen aussah. Um der wilden Besiedelung Herr zu werden, kauften Johannesburgs Stadtväter die neben einer riesigen Kläranlage gelegene Farm Diepsloot auf. Hier sollte ein neuer Stadtteil mit ordentlichen Steinhäusern, Einkaufszentrum, Schulen, Kliniken und einer Polizeistation entstehen. Fast 25 Jahre später leben in Diepsloot tatsächlich mehr als 300 000 Menschen – wie viele es genau sind, weiß keiner. Die meisten von ihnen hausen allerdings noch immer in Wellblechhütten ohne Strom und Wasser, vor den Hütten huschen Ratten vorbei, und durch die ungeteerten Gassen fließt die Kloake. Geht einer der gefürchteten Johannesburger Wolkenbrüche nieder, verwandelt sich das von Abfallbergen gesäumte Bächlein des Slums in einen reißenden Strom, der zwei Tage vor meiner Ankunft drei Mädchen mit sich riss. Der Leichnam der sechsjährigen Angel Sibanda wurde erst Tage später im mehrere Kilometer entfernten Jukskei-Fluss gefunden.

Golden nimmt mich für einige Tage in seinem Haus auf. Da der Journalist gelegentlich auch für internationale Fernsehsender tätig ist, kann er sich ein stabiles Backsteinhäuschen leisten, mit Bad und Toilette. Ich nehme das zweite Schlafzimmer in Beschlag. Goldens drei Kinder müssen deswegen in der Küche auf dem Boden schlafen. Dafür können sie endlich mal eingehend studieren, ob sich die Haut eines Bleichgesichts genauso anfühlt wie ihre. Weiße verirren sich nur selten nach Diepsloot. Aus Sicherheitsgründen lässt mich Golden in den kommenden Tagen nicht aus den Augen.

Im Namen des Volkes

Am ersten Morgen rüttelt mich mein Gastgeber bereits um sechs Uhr rüde wach. »Beeil dich!«, ruft Golden. »Wir haben einen Mord in Sektion 1.« Fünf Minuten später befinden wir uns in seinem klapprigen Kleinwagen auf dem Weg in den berüchtigsten Teil des Slums, einem chaotischen Gewirr dicht zusammengedrängter Wellblechhütten, vor denen stinkende Klohäuschen stehen. Irgendwann wird der holperige Weg selbst für Goldens motorisierten Hüpfer zu eng. Die letzten 100 Meter gehen wir zu Fuß. Wortlos weisen uns die Anwohner die Richtung zu einer kaum vier Quadratmeter großen Hütte, auf deren Tür die Nummer R 1119 gepinselt steht. Unter der Tür hat sich ein rotes Rinnsal den Weg ins Freie gebahnt.

Um in die Hütte zu kommen, müssen die Polizisten erst einmal die Tür abmontieren, weil drinnen ein toter Mann auf dem Boden liegt. Sein dürrer Körper weist lediglich eine kleine Stichwunde unter dem rechten Schlüsselbein auf. »Verblutet«, sagt Konstabler Segoa, der ungern ein Wort zu viel verliert. Um den Leichnam herum hat sich bereits eine gut 50-köpfige Menschenmenge versammelt: Schaulustige, darunter auch Kinder, die hier ganz offensichtlich nicht den ersten Leichnam sehen. Ich versuche mich an meine erste Begegnung mit einem Toten zu erinnern: Ich muss 23 Jahre alt gewesen sein, als mein Vermieter friedlich im Bett einem Herzinfarkt erlag.

Mit Hilfe der Nachbarn sind Herald Moyos letzte Minuten schnell rekonstruiert. Der 30-jährige Simbabwer hat seine Hütte kurz nach fünf Uhr verlassen, um zur Arbeit zu gehen. Auf dem Weg durch den Slum wurde er von zwei Landsleuten attackiert, die es offensichtlich auf sein Geld und das Handy abgesehen hatten. Herald wehrte sich und bekam daraufhin den Messerstich verpasst. Trotzdem gelang ihm – mit seinem Handy und mehreren 100-Rand-Scheinen in der Tasche – noch die Flucht nach Hause. Dort brach er vor dem Bett zusammen.

Damit ist die Geschichte allerdings noch nicht zu Ende. Anwohner bekamen einen der beiden Räuber zu fassen und begannen ihn so zu traktieren, wie Diepsloots Bevölkerung inzwischen Verbrecher zu behandeln pflegt. Sie schlagen sie halb tot, zünden sie dann an oder steinigen sie. Hätte die Polizei nicht eingegriffen, läge Moyos Mörder jetzt als Opfer des Volkszorns neben seinem Landsmann im Leichenwagen. So aber kauert er auf der vergitterten Ladefläche von Konstabler Segoas Streifenwagen und stöhnt. Sein linkes Auge ist zugeschwollen, sein Schädel blutverschmiert. Als ihn die Polizisten aus dem Wagen ziehen, müssen sie ihn festhalten, weil seine Beine ihn nicht tragen können. »Ihr seid etwas zu spät gekommen«, sagt Segoa lächelnd »sonst hättet ihr auch gleich noch die Diepslooter *mob justice* beim Vollzug erlebt.«

Für seine spontanen Volksgerichtshöfe ist der Slum im ganzen Land berüchtigt. Auf jedes Verbrechen soll umgehend die Vergeltung folgen. »Anders«, sagt der Sprecher der Bürgervereinigung Sanco, Thomas Semola, »werden wir der Kriminalität hier niemals Herr.« Die Polizei gehe mit den Verbrechern viel zu schonend um, meint der Sanco-Sprecher. Oft seien die auf Kaution freigelassenen Täter bereits am Abend wieder in der Township unterwegs. Dass in einer Nacht zum Samstag lediglich ein einziger Mensch umgebracht wurde, sei eine Seltenheit, meint Golden. Er habe freitagnachts schon bis zu sieben Leichen gezählt, Verbrechensopfer und Opfer des Volkszorns zusammengerechnet. Meist falle die Rache viel grausamer als das Originaldelikt aus, fügt mein Begleiter hinzu. Schließlich soll die Volksjustiz der Abschreckung dienen.

Bereitwillig zeigt mir Golden unzählige, auf seinem iPad gespeicherte Fotos und Videoclips – auf diese Weise kann der traumatisierte Reporter sein Grauen wenigstens mit jemandem teilen. Die Bilder zeigen tote Körper in allen Variationen: alte und junge, männliche und weibliche, verbrannt, zerstückelt, blutüberströmt. In einem Videoclip rennt eine brennende Gestalt schreiend über die Straße, um kurz danach auf einem Abfallhaufen zusammenzubrechen. In einer anderen Szene schlagen junge Männer mit

Latten und Stöcken auf einen Menschen ein, bis dieser leblos liegen bleibt. Schließlich sind auf einem Foto zwei nebeneinanderstehende Klohäuschen zu sehen, über deren verschmutzten Toilettensitzen die verrenkten Körper zweier Mädchen liegen.

Die beiden Fünfjährigen waren von einem 30-jährigen Mann namens Ntokozo Hadebe entführt, vergewaltigt, erwürgt und verstümmelt worden. Was von seinen Opfern übrig blieb, warf der Mörder in die Klokabinen. Die Besitzerin eines Kiosks – sie verkaufte Hadebe die beiden Lutscher, mit denen er die Mädchen zum Mitkommen verführte – will an die Gewalttat nicht erinnert werden. »Lasst mich bitte in Ruhe!«, fleht sie uns an. »Wir leben auf einem Schlachthof«, erklärt Golden an ihrer Stelle.

Diepsloot ist Afrikaans und heißt auf Deutsch »der tiefe Schlot«. Der Kamin scheint direkt aus der Hölle zu kommen: In dem täglich wachsenden Slum zeigt sich das neue Südafrika von seiner dunkelsten Seite. »So wie die Franzosen für ihre Romantik und die Engländer für ihre Hochnäsigkeit bekannt sind, werden wir Südafrikaner von der Gewalt bestimmt«, schreibt die Kolumnistin Ranjeni Munusamy. »Wir kommen von der Gewalt und kehren immer wieder zu ihr zurück.«

Für die von Generation zu Generation weitergegebene Gewaltbereitschaft sind nicht zuletzt die europäischen Siedler verantwortlich. Sie versklavten die am Kap heimische Bevölkerung, die sie Hottentotten nannten, machten Jagd auf »Buschmänner«, die sie wie Kaninchen niederstreckten, und führten unzählige Grenzkriege gegen das östlich ihres Brückenkopfes lebende Volk der Xhosa. Später gerieten sie sich auch ein ums andere Mal mit den weiter im Landesinneren lebenden Völkern in die Haare. Vor allem ihre Waffengänge gegen die Zulus waren an Grausamkeit und Hinterlist kaum zu überbieten. Schließlich bekämpften sich die Kolonialisten auch noch selbst: Im Burenkrieg richteten die Briten die ersten Konzentrationslager ein, die ein halbes Jahrhundert später in einem anderen Teil der Welt noch viel furchtbarere Ausmaße annehmen sollten.

Nach ihrem Burgfrieden wandten sich die weißen Siedler wieder ihrem eigentlichen Feind, den schwarzen Eingeborenen, zu. Sie wurden ihrer Ländereien enteignet, zur Arbeit in die Minen gezwungen und schließlich in ihrer eigenen Heimat zu Untermenschen erklärt. Selbstverständlich musste in diesem Klima auch die Befreiung mit Gewalt betrieben werden: Diese wurde vom staatlichen Sicherheitsapparat mit noch brutalerer Gewalt unterdrückt. Weiße Polizisten schlugen mit ihren *sjamboks* genannten Nilpferdpeitschen auf schwarze Demonstranten ein. Und ihre Kollegen von der politischen Abteilung verbrannten ihre Folteropfer bei Grillpartys im Lagerfeuer. Auf der anderen Seite pflegten die *comrades* des ANC angeblichen Verrätern mit Benzin getränkte Autoreifen um Hals und Arme zu legen und anzuzünden. Während das Gesicht des Opfers von den Flammen verbrannt wird, verursacht das auf den Körper tropfende heiße Gummi schmerzhafteste Wunden. Noch heute wird diese abscheuliche Hinrichtungsmethode von der Volksjustiz in den Townships praktiziert.

Hören weiße Südafrikaner von solchen Vorfällen, rümpfen sie die Nase, stoßen einen Seufzer des Entsetzens aus und murmeln etwas von *savages*, von Wilden. Sie denken an Joseph Conrads Roman *Herz der Finsternis* und sehen sich mit der »schwarzen Gefahr«, dem dunklen afrikanischen Urwald, konfrontiert. Noch immer sind viele weiße Südafrikaner davon überzeugt, dass die europäischen Siedler damals die »Zivilisation« ans Kap der Guten Hoffnung brachten – auch wenn diese Zivilisation für die Einheimischen nur Bleikugeln, Sklavenarbeit, Enteignung und Entwürdigung bedeutete. Vor allem als Deutscher sollte man sich nicht zu leidenschaftlich darüber echauffieren, dass Exzesse wie der Reifenmord heute überhaupt noch denkbar sind. Vor sieben Jahrzehnten brachte unser Volk mit einer noch viel verheerenderen Orgie der Gewalt die ganze Welt in Aufruhr.

Auch wenn die Abkömmlinge der Europäer die politische Macht am Kap inzwischen verloren haben: Ihre Gewaltbereitschaft kommt noch immer bei vielen Gelegenheiten zum Vorschein. Vor allem die bulligen Buren, deren Rugby-Team in den vergangenen zwei Jahrzehnten wiederholt Weltmeister wurde, machen im Straßenverkehr regelmäßig durch gewalttätige Zornesausbrüche, *road rage* genannt, auf sich aufmerksam. Wie ein gewisser Jacques van Tonder, der nach Überfahren eines Stoppschildes von einem anderen Verkehrsteilnehmer namens Janse van Rensburg angehalten, angebrüllt und ins Gesicht geschlagen wurde. Vor den Augen seiner Kinder zog van Tonder daraufhin seine Pistole aus dem Halfter und schoss van Rensburg aus nächster Nähe mehrmals ins Gesicht. Der Mann fiel tot zu Boden. Unter weißen Farmern ist es außerdem üblich, dass sich ein im Leben gescheiterter Vater nicht nur selbst die Kugel gibt, sondern gleich noch die Ehefrau und seine Kinder mit in den Tod nimmt. Neben dem rassistischen wird auch der patriarchalische Überlegenheitswahn den Menschen im Umfeld der vermeintlichen Herrenmenschen zum Verhängnis.

Für Nomfundo Mogapi, Direktorin des Johannesburger Zentrums für das Studium von Gewalt und Versöhnung (CSVR), waren es nicht einmal so sehr Kriege, die am Kap der Guten Hoffnung den größten Schaden anrichteten, sondern der Drang europäischer Siedler, ihre einheimischen Gegenüber zu Untermenschen zu degradieren. Jahrhundertelang wurden Afrikaner mit abstrusen pseudowissenschaftlichen Begründungen zu weniger entwickelten *Homines sapientes* erklärt. Noch heute werden schwarze Südafrikaner in den sozialen Netzwerken immer wieder als Affen bezeichnet, während weiße Arbeitgeber ihre schwarzen Angestellten gern als *boy* ansprechen – selbst wenn diese gestandene Familienväter sind und mehr Jahre auf dem Buckel haben als ihr Boss. Die ständige Entwürdigung wirke sich auf die Psyche schwarzer Südafrikaner katastrophal aus, ist Psychologin Mogapi überzeugt, und sei einer der fundamentalsten Gründe für die Brutalisierung des afrikanischen Alltags. Wer ständig als Rohling behandelt wird, verhält sich irgendwann auch so.

Wie in den Zeiten der Nilpferdpeitsche

Schwarze Südafrikaner wissen natürlich um die Furcht der Weißen vor ihrer vermeintlichen Bestialität. Nach den Beobachtungen des britischen Historikers R. W. Johnson schlüpfen Zulus gerne in die Rolle von Komikern, um den Weißen ihre Furcht zu nehmen und sie zum Lachen zu bringen. Denn die Angst der bleichen Herrenmenschen konnte für Schwarze lebensgefährliche Folgen haben. Ein weißer Täter, der einen Afrikaner tötete, musste während der Apartheidzeit meist nicht einmal mit strafrechtlichen Folgen rechnen. Er berief sich einfach auf sein Notwehrrecht. Noch heute wird ein bleicher Besucher etwa in Diepsloot betont freundlich aufgenommen: Der ungewöhnliche Fremde soll sich sicher fühlen. Einen Weißen wegen ein paar Hundert Rand oder seinem Handy abzustechen, kommt ohnehin nicht in Frage, das würde viel zu viel Staub aufwirbeln.

Allerdings beschränkt sich weder die weiße Furcht noch die schwarze Gewalt auf den Umkreis des Armenviertels. Angst machen auch die streikenden schwarzen Arbeiter, die im Johannesburger Stadtzentrum den Inhalt der Mülltonnen auf die Straße werfen, bedrohliche *Toyi-toyi*-Tänze aufführen und Streikbrecher erschlagen. Oder die nahe einer Nationalstraße lebenden Township-Bewohner, die ihrer Wut über ausbleibende öffentliche Dienstleistungen mit brennenden Reifen und Steinwürfen auf vorbeifahrende Autos Ausdruck verleihen. Der Staat habe seine Bürger gelehrt, dass man Probleme nur mit Gewalt lösen könne, meint der Oberbefehlshaber der Economic Freedom Fighters, Julius Malema. Und zwar heute noch genauso wie damals in der Apartheid.

Tatsächlich macht die Staatsmacht weiterhin durch Brutalität, Folterungen und sogar Massaker von sich reden – als ob sich seit den Zeiten der Nilpferdpeitsche nichts verändert hätte. In Marikana erschießt die Polizei Dutzende von Demonstranten, nicht anders als ein halbes Jahrhundert zuvor in Sharpeville. In der Township Daveyton, östlich von Johannesburg, ketten Ordnungshüter einen mosambikanischen Taxifahrer mit Handschellen an ihr Fahrzeug und schleifen ihn durch die Straßen. Der 27-jährige Mido Macia stirbt wenige Stunden später in einer Polizeizelle, ohne einen Arzt gesehen zu haben. Immer wieder kommen Berichte oder gar Videoaufnahmen von schweren Menschenrechtsverletzungen des South African Police Services (SAPS) an die Öffentlichkeit: Staatsbeamte, die Demonstranten blutig schlagen, mit Folter von Verhafteten Geständnisse erpressen oder bereits hilflos am Boden liegende Verbrecher hinrichten. Anschließend wird in den Medien tagelang darüber debattiert, ob den Ordnungshütern solche Entgleisungen nicht verziehen werden müssten. Schließlich werden sie auch selbst immer wieder Opfer der Gewalt. Jährlich sterben am Kap der Guten Hoffnung bis zu 100 Polizisten im Dienst – ein mörderischer Teufelskreis.

»Muti«-Morde und Hochgeschwindigkeitszüge

Thabo Mcubuse lebt mit acht Mitgliedern seiner Familie in einer vergleichsweise komfortablen Hütte in Diepsloots Sektion 13. Statt aus Wellblech bestehen die Außenwände seines Häuschens aus Zementplatten, außerdem verfügt der 71-jährige Rentner über einen kleinen Vorhof und eine – allerdings wasserlose – Küche. Seinen relativen Wohlstand verdankt der pensionierte Busfahrer einem Ereignis, an das er sich nur unter Tränen erinnert. Als er mit seiner Familie vor einem Jahr noch in Sektion 1 lebte, wurde seine fünfjährige Enkelin entführt und ermordet. Der ANC-Stadtrat stellte der traumatisierten Familie daraufhin einen geräumigeren Hüttenplatz in einer neuen Sektion des Slums mitsamt den Betonplatten zur Verfügung. Als Mcubuse damals im Leichenhaus seine Enkelin identifizieren sollte, zeigten die Pathologen dem alten Mann nur den Kopf des Mädchens. Der Rest ihres Körpers war dermaßen verstümmelt, dass die Ärzte dessen Anblick niemandem, vor allem nicht ihrem Großvater, zumuten wollten.

»*Muti*-Morde« – die Verstümmelung von Menschen, um aus ihren Körperteilen Wundermittel für *witch doctors* genannte Zauberer zu machen – sind in Südafrika keine Seltenheit. Immer wieder findet die Polizei Leichen in Feldern, Sümpfen oder Büschen, von denen nur der Rumpf übrig geblieben ist. Die Mörder haben vor allem Kinder im Visier, deren Organe und Gliedmaßen ihrer »Reinheit« wegen als besonders wirksames Zaubermittel, hierzulande *muti* genannt, gelten. Wer solche Denkwelten nur im kongolesischen Urwald oder im westafrikanischen Voudou-Land Benin erwartet hätte, sieht sich in Diepsloot eines Besseren belehrt. Nur wenige Kilometer von der Hochgeschwindigkeitsstrecke des Gautrains und dem Millionärsviertel Dainfern entfernt existieren Parallelwelten, von denen nicht viele weiße Südafrikaner, geschweige denn Touristen, eine Ahnung haben.

Auch für Golden Mtika sind Geister und Hexenmeister real. Schließlich sei sein eigener Vater einem tödlichen Zauber erlegen. Wie anders könne erklärt werden, dass der rüstige 72-Jährige an einem einfachen Insektenbiss starb? Als weiterer Beweis für die Existenz der finsteren Mächte zeigt mir Golden noch das in seinem Handy gespeicherte Foto einer Schlange, in deren gewundenes Oberteil der unscharf verblassende Kopf eines Menschen hineinretuschiert wurde. Dabei handele es sich um einen malawischen Propheten, der vor den Augen des Fotografen in eine Schlange verwandelt wurde, insistiert der Journalist.

Kaum irgendwo anders stoßen grundverschiedene Weltverständnisse so frontal aufeinander wie am Kap der Guten Hoffnung – hier sehen sich die Enkel Galileo Galileis mit Geistern und Hexenmeistern konfrontiert. Unsere Haushälterin Rosina hat zu Hause einen kleinen Schrein, der dem Geist ihrer Großmutter zum Verweilen dient. Darauf legt sie ab und zu ein paar Leckerbissen für die geliebte *gogo*, ihre Oma. Unser Gärtner nimmt auf seinem Handy keinen Anruf mit unterdrückter Nummer an, sonst könnte nämlich ein böser Zauber über den Äther gesandt werden. Als die streikenden Minenarbeiter in Marikana ahnten, dass es zu einer gefährlichen Konfrontation mit der Polizei kommen würde, suchten sie ihre *sangomas*, die traditionellen Heiler, auf. Diese verabreichten ihnen ein *muti*, ein Mittel, das die Kugeln der Polizisten umleiten oder an ihrem Körper abprallen lassen sollte. Leider ließ die Wirkung des Zaubermittels zu wünschen übrig.

Die Hand eines Menschen, vergraben vor dem Eingang eines neuen Ladens, zieht nach verbreiteter Auffassung Kunden an. Auf Johannesburger Kreuzungen verteilen junge Buben Flugblätter von Wunderheilern, die ihren Kunden die Rückkehr einer verlorenen Liebe, sechs Richtige im Lotto oder einen größeren Penis versprechen. Umgekehrt kann ein böser Geist Unheil über einen Menschen oder eine ganze Gemeinschaft bringen. Für den verheerenden Hagelschlag in einem Dorf wird oft eine Hexe verantwortlich gemacht. Während der unruhigen Übergangzeit Anfang der 1990er Jahre wurden in der Limpopo-Provinz Dutzende angeblicher Hexen bei lebendigem Leib verbrannt. Einigen der Verfolgten gelang die Flucht. Sie leben noch heute versteckt in einem Dorf namens Helena – dem wohl einzigen Hexenasyl der Welt.

Über Jahrhunderte hinweg haben afrikanische Welterklärungskonzepte am Kap der Guten Hoffnung überlebt, an den Rand gedrängt und von der weißen Herrschaft verboten oder zumindest belächelt. Nach dem Ende der weißen Vorherrschaft wagten sich die unterdrückten Gepflogenheiten vorsichtig ans Licht. In Johannesburg handeln unzählige *muti*-Geschäfte offen mit Affenfellen, geheimnisvollen Pülverchen oder Tinkturen, während sich *sangomas* landesweit in einem Berufsverband zusammenschlossen. Präsident Zuma nahm für sich in Anspruch, der Zulu-Tradition entsprechend mit vier Frauen gleichzeitig verheiratet zu sein, und sagte in seinem Vergewaltigungsprozess aus, seine Kultur habe es ihm nicht erlaubt, die nur leicht bekleidete Tochter eines verstorbenen Freundes alleine und unbefriedigt im Gästezimmer schlafen zu lassen. Woanders auf dem Kontinent rechtfertigen Autokraten ihre endlose Machtausübung mit dem Hinweis, Afrikas Uhren tickten eben anders als im Londoner Big

Ben. Und wenn sich ein westlicher Politiker bei seinem Besuch auf dem Kontinent für die Rechte von Homosexuellen einsetzt, wird er von einheimischen Potentaten und Kardinälen des kulturellen Imperialismus bezichtigt.

Tatsächlich ließen die Europäer nie einen Zweifel daran, dass sie ihre Sicht der Welt für die beste und einzig gültige halten. Selbst wenn sie ihre liebe Mühe hatten, Andersgläubigen zu verklickern, dass ihr Gott seinen eigenen Sohn (oder noch schräger: sich selbst zu einem undefinierbaren Drittel) opfern musste, um seine verpfuschte Schöpfung wieder in Ordnung zu bringen. Andere Aspekte der fremden Weltanschauung machten einen nicht minder merkwürdigen Eindruck. Die sämtlicher beseelten Materie beraubte Welt und ihre bloße Erklärung durch nackte naturwissenschaftliche Formeln lassen diese verdammt kalt und unverständlich erscheinen. Sofern es sich um Protestanten handelte, räumten die Europäer auch gleich noch mit der angeblich göttlich eingesetzten gesellschaftlichen Rangfolge auf: Für sie sind die Menschen auf sich selbst gestellte Individuen, die sich in verzweifeltem Stolz durchs Dasein kämpfen. Das Produkt ihrer Vereinsamung ist der von ungezügeltem Ehrgeiz und dem Recht des Stärkeren getriebene Kapitalismus. Und selbst die Demokratie verstehen sie noch eigenbrötlerisch – wie in ihrem Slogan »one man, one vote« (ein Mensch, eine Stimme) zum Ausdruck kommt. Viele afrikanische Präsidenten klagen, der westliche Individualismus sei den kollektiv denkenden Afrikanern aufgezwungen worden. Abgesehen davon, dass sie mit diesem Argument oft nur ihren ungezügelten Machthunger rechtfertigen wollen, liegen sie damit gar nicht so falsch.

Nach herkömmlicher afrikanischer Auffassung (Vorsicht: unzulässige Verallgemeinerung!) ist der Mensch untrennbar in seine sozialen Beziehungen eingebettet. Vom Schutz und der Wärme der Gemeinschaft ausgeschlossen, kann ein menschliches Wesen nicht überleben – zweifellos haben die harschen Umwelt- und Klimabedingungen des Kontinents zu dieser Sicht der Dinge beigetragen. Der Kapitalismus vermochte in Afrika allein schon deshalb lange nicht so richtig Fuß zu fassen, weil ein einzelner Mensch hier niemals genug Kapital akkumulieren kann, um es für sich arbeiten zu lassen. Wer als Afrikaner das Glück hat, zu etwas Geld zu gelangen, teilt dieses Glück selbstverständlich mit seinen Brüdern und Schwestern, seinen Nachbarn und Freunden. Im Gegenzug muss er nicht befürchten, dass sein Leben jemals völlig vereinsamt in einem Altersheim enden wird.

Natürlich befinden sich die traditionellen Denkweisen wie überall in der Welt auch am Kap der Guten Hoffnung in der Defensive. Zumindest die wachsende urbane schwarze Mittelschicht richtet sich am Westen aus und betrachtet die Überlieferungen ihrer Großeltern höchstens noch als Folklore. Sie schicken ihre Kinder in englischsprachige Schulen, in denen die Errungenschaften der Aufklärung gepriesen werden, und schauen sich abends US-Serien im Satellitenfernsehen an, in denen der Kampf um den gesellschaftlichen Aufstieg zelebriert wird. Auf der Strecke bleiben das *ubuntu* genannte Verständnis der Welt als Gemeinschaftsraum, das familiäre Solidaritätsprinzip sowie der von Afrikanern so ernst genommene Respekt vor dem Alter. Letzteren lernt man spätestens mit grauen Haaren zu schätzen.

Ein Korrespondent ist auf Schritt und Tritt mit dem Problem konfrontiert: Wie kann er fremde Gepflogenheiten als ungewöhnliche, aber möglicherweise durchaus wertvolle Reaktionen auf die Wirklichkeit würdigen? Die europäische Arroganz, dass am eigenen Wesen die Welt genesen wird, sollte sich angesichts der immer weiter auseinanderklaffenden Schere zwischen Arm und Reich, der drohenden ökologischen Katastrophen sowie der postmodernen Sinnkrise eigentlich erübrigt haben. Unter dem »Ansturm« fremder Weltanschauungen scheint im zeitgenössischen Europa allerdings das genaue Gegenteil, der kulturelle Chauvinismus, wieder fröhliche Urständ zu feiern. Mit ihrer Geschichte hätte die Regenbogennation eigentlich gute Voraussetzungen, der Welt als experimenteller Spielplatz für den toleranten Umgang von Menschen mit grundverschiedenen kulturellen Hintergründen zu dienen. Das gelingt allerdings höchstens in einzelnen Laboratorien wie zwischenmenschlichen Beziehungen und Schulen (siehe Kapitel »Das Downtown-Duett – wenn Hautfarbe keine Rolle mehr spielt« und »Der Topf am Ende des Regenbogens – eine Schule, die Hoffnung macht«).

Einer anderen Weltanschauung mit Respekt zu begegnen, heißt allerdings nicht, sie von Kritik auszunehmen. Mancher Ethnologe oder auch Filmemacher verirrt sich in die Romantisierung des Fremden. Doch nicht jeder »Wilde« ist so edel, wie ihn Leni Riefenstahl zu porträtieren suchte. Viele Aspekte afrikanischer Kulturen wie der Machismo, die oft sträfliche Missachtung der Rechte eines Einzelnen sowie der »Aberglaube« an schwarze Magie sind zumindest renovierungsbedürftig. Bei der Beurteilung kultureller Gepflogenheiten gibt es einen Maßstab, der die Spreu vom Weizen trennt: die 30 Artikel der universellen Menschenrechte, die von allen Mitgliedern der Vereinten Nationen unterzeichnet wurden. Aspekte einer Kultur, die gegen diesen Kanon verstoßen, haben meiner Meinung nach auf dieser Welt nichts mehr zu suchen – was für Kindermörder, Hexenverfolger oder Alleinherrscher genauso gilt wie für Größenwahnsinnige, die sich für die Krone der Schöpfung halten, für Konzernchefs, die auf dem Altar kurzfristigen Profits künftigen Generationen die Lebensgrundlage rauben, oder für Politiker, die vor Menschen anderer Überzeugungen den Kopf und ihre Grenzen schließen.

Hühnchen für die tote Mutter

Welche verhängnisvollen Folgen Gepflogenheiten haben können, die sich nicht neuen und besseren Erkenntnissen anpassen, wird am Beispiel deutlich, wie man in Südafrika Krankheit versteht. Ein körperliches Leiden ist für traditionelle Afrikaner Ausdruck einer Störung im weiteren sozialen Beziehungsgeflecht, zu dem auch die verstorbenen Ahnen zählen – und nicht die Folge des

Angriffs unsichtbar kleiner Schädlinge wie Viren oder Bakterien auf den menschlichen Organismus. Vor allem auf dem Land lebende schwarze Südafrikaner suchen bei einer Erkrankung keinen Arzt – den es in ihrer Umgebung ohnehin nicht gibt –, sondern einen *sangoma* auf. Der leert zur Diagnose erst einmal den Inhalt eines Beutelchens auf den Boden: Die Art und Weise, wie die Steine, Federn und Knöchelchen zu liegen kommen, gibt ihm Aufschluss über die Probleme seines Patienten und dessen Verhältnis zu den verstorbenen Ahnen. Oft wird der Geist einer Mutter oder eines Großvaters, die schlecht behandelt wurden und deshalb nicht zur Ruhe kommen, als Ursache einer Krankheit ausgemacht. Dann reicht in der Regel ein wenig *muti* und ein Opfer etwa in Form eines Hühnchens, um den verstimmten Verwandten wieder zu besänftigen. Erweist sich das Leiden als hartnäckig, sind stärkere Mittel nötig, unter Umständen sogar die Leber eines Kindes.

Vor diesem Hintergrund wird auch klar, weshalb den Bewohnern des Kontinents der Umgang mit Epidemien wie Ebola so schwerfällt. Von westlichen Seuchenbekämpfern verlangte Isolierstationen sind traditionellen Afrikanern zutiefst suspekt, weil sie den Kranken vollends ihre Lebensgrundlage, die Verbindung zur Gemeinschaft, nehmen. Dasselbe gilt für das von der katholischen Kirche im Zusammenhang mit der Aids-Epidemie geforderte Beischlafverbot: Auch das treibt den Erkrankten nur noch tiefer in die Einsamkeit. Um nicht aus der Gesellschaft ausgeschlossen zu werden, mussten Infizierte zumindest in der vom Stigma beherrschten Frühphase der Aids-Pandemie ihren HIV-positiven Status verheimlichen, oder noch schlimmer: Sie ließen sich erst gar nicht testen. Beste Voraussetzungen für eine rapide Verbreitung der Seuche.

Ihrem Weltbild folgend, gewiss aber auch, um Geld zu machen, nahmen viele *sangomas* für sich in Anspruch, mit ihrem *muti* auch Aids heilen zu können. Dabei erfuhren sie zumindest indirekt selbst von höchster Stelle Unterstützung: Die Entscheidung von

Expräsident Thabo Mbeki, keine antiretroviralen Medikamente in die staatliche Gesundheitsversorgung aufzunehmen, hatte – wie bereits erwähnt – katastrophale Folgen. Mehr als 330 000 Südafrikaner starben, die mit den Medikamentencocktails gegen Aids hätten gerettet werden können. Nicht wenige *sangomas* verdienten sich mit dem Leid ihrer Patienten eine goldene Nase: Noch bevor ihre Klienten starben, hatten sie denen den letzten Cent aus der Tasche gezogen. Mancher Medizinmann riet seinen HIV-positiven Patienten sogar, zur Behandlung der Infektion mit einem jungfräulichen Mädchen zu schlafen. Regelmäßig wird am Kap der Guten Hoffnung über die Vergewaltigung fünfjähriger Mädchen oder gar nur wenige Monate alter Babys berichtet.

Umstritten ist, ob der Missbrauch selbst jüngster Kinder nur mit der Aids-Epidemie in Verbindung steht oder auch eine besonders fiese Art männlicher Machtausübung darstellt. Keiner kann bestreiten, dass Südafrika eine der höchsten Vergewaltigungsraten der Welt aufweist. Im Rahmen einer anonymen Umfrage räumte jeder dritte Mann ein, schon einmal eine Frau oder gar ein Mädchen missbraucht zu haben. »Es ist hier wie ein Sport oder Zeitvertreib geworden«, sagt ein Polizist in Diepsloot. »Die Männer haben jeglichen Respekt verloren.« In Sektion 13 begegnen wir einem Ehepaar, dessen elfjährige Tochter von einem ANC-Funktionär vergewaltigt wurde. Der Politiker hatte Linda auf dem Schulweg in sein Haus gelockt. Seitdem weigert sich das Mädchen, jemals wieder zur Schule zu gehen. »Sie lässt überhaupt niemanden mehr an sich heran«, sagt ihre Mutter Miriam. Der ANC-Funktionär wurde von seiner Partei in einen anderen Wahlkreis versetzt. Zu Beginn seines Gerichtsverfahrens kamen auf mysteriöse Weise die Akten abhanden. Der Prozess wurde daraufhin eingestellt.

High auf HIV-Cocktails

Bulelwa Nqabenis knapp vier Quadratmeter großes Zuhause liegt eingequetscht im Hüttenmeer der Diepslooter Sektion 1, zu dem man lediglich über eine schmale, dunkle Gasse, an einer platt getretenen Ratte vorbei, gelangt. Die spindeldürre Frau liegt mitten am Tag auf ihrem Bett: Kraftlos setzt sie sich schließlich auf einen umgedrehten Eimer vor ihrer Tür und erzählt, was sie hierhergebracht hat. Ihr Ehemann hatte sie 17-jährig für einen ortsüblichen Brautpreis von ihren Eltern erworben – sie selbst war damals nicht nach ihrer Meinung gefragt worden. Stattdessen musste sie die Schule abbrechen, weil ihr Gatte der Überzeugung war, dass verheiratete Frauen nicht noch weiter ausgebildet werden müssten. Zumindest sei das in der Tradition der Xhosa so.

Bulelwa pflanzte hinter ihrem Haus in der Ostkap-Provinz etwas Mais an und bekam die ersten zwei Kinder. Ihr Mann arbeitete höchstens unregelmäßig: Dann und wann kam er mit ein paar Rand von einem Gelegenheitsjob nach Hause. Geliebt habe sie ihn nie.

Als Nelson Mandela an die Macht kam und die Zuzugsbeschränkungen aufgehoben wurden, beschlossen die Nqabenis, in die Metropole zu ziehen – dort konnte ihr Mann womöglich Arbeit finden. Stattdessen bekam die Familie noch weitere drei Kinder. Heute füllen fünf aufgereihte kleine Körper des Nachts den Hüttenboden neben dem elterlichen Doppelbett. Irgendwann muss sich Bulelwas Mann auch mit dem Virus angesteckt haben: Beide Eltern sind heute HIV-positiv. Bei ihr scheinen die Medikamente nicht richtig anzuschlagen: Bulelwa fühlt sich dauernd krank und liegt die meiste Zeit im Bett. Möglicherweise verscherbelt sie ihre Pillen aber auch an Rauschgiftsüchtige, die die Aids-Cocktails pulverisiert zu rauchen pflegen, und kauft sich und ihren Kindern von dem Geld etwas zu Essen. Auf ihren Mann kann sie sich dabei nämlich nicht verlassen. Der setzt seinen Teil der Versehrtenrente, die beide als HIV-Infizierte bekommen, gewöhnlich in Alkohol um.

Ihre Hoffnungslosigkeit teilt die Mutter mit Millionen von Südafrikanern. Aus der Armut scheint es kein Entrinnen zu geben: Drei Viertel der Bevölkerung Diepsloots sind nach Schätzungen arbeitslos. Und wer eine Beschäftigung, etwa als Wachmann, ergattern konnte – mit 1,7 Millionen registrierten Wächtern ist die »Sicherheitsindustrie« einer der größten Arbeitgeber am Kap –, steht mit umgerechnet knapp 300 Euro Gehalt im Monat auch nicht viel besser als ein Bettler da. Wer mutig ist und ein bisschen Geld hat, eröffnet eine *shebeen*. So heißen die unzähligen Kneipen, die sich in kleinen Hinterhöfen oder auch mitten in einer Wohnhütte befinden. Die illegalen »Trinklöcher« sind die einzige Zuflucht verzweifelter Slumbewohner, die sich hier vor allem freitags und samstags bis zur Besinnungslosigkeit betrinken. Unterdessen dröhnt aus den *shebeens* bis in die Morgenstunden hinein laute Musik durch den Slum.

CSVR-Direktorin Nomfundo Mogapi meint, dass die Slumbewohner vor allem ihrer zerstörten Würde wegen gewalttätig werden. Doch wie soll ein Mann, der weder saubere noch passende Kleider hat, seine Familie nicht ernähren und seine Freundin nicht ausführen kann, der nachts auf dem Boden schläft und tagsüber untätig vor seiner Hütte hockt, ein einigermaßen intaktes Selbstwertgefühl entwickeln? Früher, zu Zeiten der Apartheid, galten schwarze Südafrikaner alleine ihrer Hautfarbe wegen als Underdogs. Das hat sich geändert: Inzwischen sind sie es ihrer Armut wegen.

Die Onkel-Ahmed-Läden

Man kann in Diepsloot allerdings auch Geld verdienen, wie die kleinen Supermärkte zeigen, die immer zahlreicher aus dem Township-Boden schießen. Die *Spaza*-Shops genannten Tante-Emma-Läden gehören fast ausschließlich äthiopischen oder somalischen Immigranten, die mittlerweile in so gut wie allen Townships des Landes nicht ihre Tante-Emma-, aber ihre Onkel-Ahmed-Läden betreiben. Die Ostafrikaner knüpften sogar eigene

Vertriebsnetze, die es ihnen ermöglichen, ihre Produkte deutlich billiger als die einheimische Konkurrenz anzubieten. Warum es den Südafrikanern nicht gelang, der Herausforderung mit Mitteln des Wettbewerbs zu begegnen, weiß niemand so genau. »Vielleicht ist es eine Frage der Mentalität«, bietet der Journalist Golden Mtika als Erklärung an. Womöglich ist auch wieder einmal die Apartheid schuld. Denn Schwarze wurden vor der Wende 1994, so gut es ging, am Geschäftemachen gehindert. Keiner braucht sich deshalb darüber zu wundern, dass dunkelhäutige Südafrikaner heute stets nur zur Regierung schauen, wenn es darum geht, ihr Schicksal zu verbessern. Auch der unternehmerischen Initiative ist ein wenig Selbstbewusstsein förderlich.

Die Diepslooter genießen die Annehmlichkeit der nahe gelegenen und preiswerten *Spaza*-Shops, fühlen sich aber gleichzeitig in ihrer eigenen Heimat von den Ausländern ausmanövriert. Auch deshalb werden die mit Eisengittern vor den Türen und Stacheldrahtrollen auf den Dächern gesicherten Läden ständig von Dieben umschwärmt. Ausländer zu beklauen, gilt in Diepsloot als Kavaliersdelikt. Während meines Aufenthalts im Slum suchten zwei Einbrecher durchs Wellblechdach eines *Spaza*-Shops zu gelangen, wurden von den somalischen Eigentümern jedoch überrascht. Einem Dieb gelang die Flucht, einen anderen hackten die Ladenbesitzer in Stücke. »Wir haben keine Angst«, sagt Ramsey aus Mogadischu. »Wir sind den Krieg von zu Hause gewohnt.«

Hin und wieder entladen sich die Spannungen in regelrechten Pogromen. Dann bleibt den ostafrikanischen Geschäftsleuten nichts anderes übrig, als den Inhalt ihrer Läden schnellstens auf einen Lastwagen zu packen und sich in Sicherheit zu bringen. Sonst geht es ihnen wie den beiden Brüdern und zwei Cousins des Äthiopiers Abel, die in Diepsloot ermordet wurden – insgesamt haben hier bereits 16 Ostafrikaner den Tod gefunden, weiß Golden. Thomas Semola hat deswegen kein schlechtes Gewissen. Schließlich seien es »die Ausländer« gewesen, die das Verbrechen nach Diepsloot gebracht hätten, sagt der Sanco-Chef in seinem

Büro – einer mit einem wackligen Schreibtisch und drei Plastikstühlen ausgestatteten Wellblechhütte. Semola will den Ostafrikanern einen Burgfrieden vorschlagen: Wenn sie sich bereit erklärten, für einen Mindestlohn südafrikanische Beschäftigte einzustellen, sollen sie in Ruhe gelassen werden.

Dagegen muss sich Maxwell Nedzamba solche Bedingungen nicht gefallen lassen. Der Vorsitzende des hiesigen ANC-Bezirks ist ein erfolgreicher Geschäftsmann und besitzt ein funkelndes Juwel im Slum: eine zweistöckige Taverne mit Terrasse und mehreren Flachbildschirmen, wo besser betuchte Diepslooter ihren Durst zu stillen pflegen. Nedzamba ist das übergewichtige Beispiel dafür, dass man in Diepsloot auch reich werden kann – vorausgesetzt, man gehört der richtigen Partei an. Tut man das nicht, sieht das anders aus: Als Mitglied der oppositionellen Demokratischen Allianz habe er noch keinen einzigen öffentlichen Auftrag ergattern können, ärgert sich der DA-Politiker Thabo Phala. Und etwas anderes als öffentliche Aufträge gibt es in Diepsloot so gut wie nicht.

Heroin oder Rattengift

Wenn Golden durch Diepsloots Gassen geht, wird er von allen respektvoll als *nkosi* angesprochen. So nennen die Zulus ihre Dorfältesten. Taucht der Journalist am Schauplatz des Volkszornes auf, lassen die Anwohner sogar von ihrem Opfer ab, denn Golden ist als Gegner der *mob justice* bekannt. Der Journalist gehört den Mormonen an, die der Überzeugung sind, dass der wie auch immer gerechtfertigte spontane Volkszorn Menschen nicht das Leben kosten darf. Außerdem habe er selbst schon erlebt, dass die Vergeltung die völlig falsche Person getroffen habe. Und schließlich machten sich die Rächer durch ihre bestialische Art der Bestrafung selbst zu Bestien.

Der 24-jährige Solly verdankt Golden sein Leben. Er brach eines Tages in das Auto meines Begleiters ein, wurde erwischt und vom Mob traktiert bis *nkosi* die nach Blut lechzende Meute gerade noch rechtzeitig zurückpfeifen konnte. Dafür ist Solly dem

»Onkel« dermaßen dankbar, dass er uns bereitwillig aus seinem Leben als einer der zahlreichen Rauschgiftsüchtigen im Slum erzählt.

Was in dem Pülverchen drin ist, das er über das Marihuana in seinem Joint streut, weiß allerdings auch er nicht so genau zu sagen. Manche meinen, es sei Heroin, andere behaupten, es handele sich um eine Mischung aus Aids-Medikamenten, Scheuermittel und Rattengift. Umso genauer kann Solly beschreiben, wie das *Nyaope* genannte Pülverchen wirkt: »Es macht mich relaxt und lässt mich von Autos, von Häusern und von Frauen träumen.« Solly braucht den Stoff inzwischen sechsmal am Tag, sonst wird er nervös und ist dann zu allem fähig. In diesem Zustand könne er sogar seine Großmutter umbringen, meint er und lacht schon ziemlich umnebelt. Weil das *Nyaope* für einen Joint 30 Rand kostet, braucht Solly mindestens 180 Rand pro Tag. Da er in seinem Zustand aber unmöglich arbeiten kann, muss er sich das Geld anders beschaffen. Viermal wurde er bereits beim Klauen erwischt und anschließend grün und blau geschlagen. Vergangene Woche zerschmetterte der Mob einem seiner Freunde den Schädel. »Ihm kam das Gehirn aus der Nase und dem Mund heraus«, sagt der inzwischen vollends abgedrehte *Nyaope*-Junkie ein ums andere Mal. Solly weiß, dass auch ihm früher oder später ein ähnliches Schicksal droht. »Ich kann aber nicht aufhören«, winselt er.

Spätestens jetzt ist geistlicher Beistand gefragt. Ich steuere mit Golden die nächste katholische Kirche an. Das Anwesen besteht aus drei Gebäuden und wird an Größe nur noch vom Einkaufszentrum am Rand des Slums oder der erst kürzlich eingeweihten Diepslooter Polizeistation übertroffen. Vor dem Gotteshaus herrschen ungewöhnlich strenge Sicherheitsmaßnahmen: Am Eisentor sitzt eine Wachfrau, die nur bekannte Gesichter durchlässt. Kein Wunder, denn Louis Blondel, der französische Priester der Gemeinde, kam vor zwei Jahren bei einem Raubüberfall ums Leben: Der 70-jährige Missionar wurde von drei Jugendlichen in seinem Schlafzimmer erschossen.

Sein südafrikanischer Nachfolger, Vater Isaac, ist erst seit neun Monaten im Amt und traut sich in Sachen Diepsloot noch kein fundiertes Urteil zu. Sein Bischof habe ihm die Order gegeben, das Gelände der Kirche möglichst nicht zu verlassen. Er wisse deshalb auch über *mob justice* wenig zu sagen. Höchstens, dass es die Umstände seien, die Menschen zu Bestien machten, weil der Mensch ja von Gott perfekt erschaffen worden sei.

Wir suchen weiter und stoßen auf das Tabernacle Worship Centre, eine am Rand des Slums aufgestellte Kathedrale aus Blech. Der rechteckige Kasten fasst mehr als 200 Menschen und ist heute, wie offenbar an jedem Sonntagmorgen, bis auf den letzten Plastikstuhl gefüllt. Zu Beginn der Messe tanzt Pastor James wie ein Lump am Stecken vor dem Podium – ein Schlagzeuger, Perkussionist und Keyborder heizen ihm ein. Nach der charismatischen Predigt folgt der Höhepunkt des Gottesdienstes – die Dämonenaustreibung. Pfarrer James lässt alle Mühseligen und Beladenen, die an Kopfweh, Armut oder Joblosigkeit leiden, nach vorne treten und drückt ihnen die Handfläche gegen die Stirn. Manche beginnen daraufhin am ganzen Leib zu zittern und fallen schließlich schreiend zu Boden. »Komm raus!«, herrscht Pastor James den Dämon an. »Komm raus, Wut! Komm raus, Frustration! Komm raus, schwaches Selbstbewusstsein!«

Der Hobbypfarrer, der werktags als städtischer Angestellter in Johannesburg beschäftigt ist und selbst zehn Jahre lang in Diepsloot lebte, weiß um den gefährlichsten Dämon im Slum: »Dass keiner mehr daran glaubt, dem Schmutz, der Armut und Trostlosigkeit überhaupt entkommen zu können.« Deshalb rate er seinen Gemeindemitgliedern, immer ein paar saubere und gebügelte Kleider parat zu haben. »Nur wenn jemand etwas Besseres in sich selber sieht, kann er an sich arbeiten und dem Dreck entkommen.«

Auf dem Heimweg von der Kirche begegnen wir Matome Ramoretli, der ein kleines Backsteinhaus im Tal neben einem Sumpfgebiet bewohnt. Als er vor 20 Jahren hierher kam, habe

er zuerst einmal am Rand des Sumpfgebiets ein paar Eukalyp-
tus-Bäume gepflanzt, erzählt der 55-Jährige. Heute spenden
die erwachsenen Sprösslinge weiträumig Schatten. Den Sumpf
zwischen den Bäumen ließ Ramoretli mit Ladungen voller Bauschutt von einem nahe gelegenen Villenviertel auffüllen, den die
Lastwagenfahrer nur zu gerne loswurden. Derzeit ist der Ruhe-
ständler, der mit einer Rente von umgerechnet knapp 200 Euro
auskommen muss, damit beschäftigt, den Bauschutt einzuebnen –
hier soll Diepsloots erster Erholungspark entstehen. Unter einem Baum hat er bereits einen Tisch und Stühle aufgestellt, bald
würden hier Geburtstagspartys und Hochzeiten gefeiert. Mit den
Einnahmen aus dem Picknickplatz will der Rentner irgendwann
auch seinen Unterhalt bestreiten: »Ich träume gerne«, sagt Ramoretli lachend. Schon jetzt hat der Parkgründer ein kleines Wunder
vollbracht: Er hat seinen Besuchern den Glauben an den Menschen wiedergegeben.

Vorhersage veränderlich –
Wege und Irrwege aus der Misere

Die Goldwühlmäuse – oder die riskante
Renaissance eines Bodenschatzes

Man kann Ntando Moyos Geschichte auf ganz unterschiedliche Weise erzählen. Als Abenteuerbericht: Wie verwegene Männer Nacht für Nacht in stillgelegte Bergwerksstollen kriechen, um dort unter Lebensgefahr auch noch die letzten Reste an Gold aus dem Boden zu kratzen. Oder als Wirtschaftsreport: Wie sich Tausende von Menschen auf illegale Weise Beschäftigung verschaffen und Hunderte von Millionen Euro erwirtschaften. Oder als Kriminalroman: Wie wagemutige Kumpels nach getaner Schwerstarbeit von bewaffneten Ganoven und einer korrupten Polizei auch noch ausgeraubt werden. Wir sind an einem Aspekt interessiert, der sich durch jedes der drei Genres zieht: Auf welche Ideen Afrikaner kommen, welche Anstrengungen sie auf sich nehmen und welche Risiken sie eingehen, um ihrem scheinbar unausweichlichen Schicksal als arme Schlucker zu entkommen. Oder: Wie falsch das in Europa perpetuierte Klischee vom faulen und fatalistischen Afrikaner ist, der in seiner Armut gefangen tatenlos auf ausländische Hilfe wartet.

Durchs Nadelöhr

Es ist dunkel. Doch die Öffnung am Fuß der Felswand ist deutlich auszumachen – sie ist noch schwärzer als die Nacht. Zunächst müssen wir einen kleinen Tümpel mit knietiefem Wasser durchqueren, dann schlägt uns der warme, modrige Mief einer Höhle entgegen. Die ersten 100 Meter können meine drei Begleiter und ich noch aufrecht gehen, dann seilen wir uns an einem dicken

Stromkabel in einen rund zehn Meter tiefen Schacht ab. Unten erwartet uns ein Nadelöhr, durch das wir über mehrere Biegungen hinweg auf dem Bauch kriechen müssen. Über uns Millionen von Tonnen an Gestein, unter uns die geballte Masse der Erde.

Das Nadelöhr kam durch einen der Felsabbrüche zustande, die sich in den verlassenen Stollen immer wieder ereignen – zahllose illegale Minenarbeiter wurden bei solchen Unglücken bereits zerquetscht. Schließlich weitet sich der Gang wieder zu einem begehbaren Schacht, und nach weiteren 200 Metern erreichen wir eine abschüssige Felskammer, unser Ziel. Rechts an der Wand ist eine rund 30 Zentimeter breite Gesteinsschicht zu erkennen. Sie zeichnet sich durch ihre dunklere Tönung und zahllose eingebackene runde Kiesel aus. Die Schicht gehört zum Main Reef, dem ergiebigsten Goldadergeflecht der Erde, dem Johannesburg sein Dasein verdankt. Das Reef hat der Menschheit in den vergangenen 130 Jahren über 50 000 Tonnen des betörend glänzenden Metalls beschert – fast die Hälfte allen bisher geborgenen Goldes der Welt.

Meine drei Begleiter legen ihre Rucksäcke ab und holen Hammer und Meißel heraus. Ntando Moyo, der mit 27 Jahren älteste und erfahrenste der drei Kumpel, haut eine Gesteinsprobe aus der Kieselschicht, die er anschließend mit einem Felsbrocken zu feinem Mehl pulverisiert. Dann verschwindet er in der Tiefe des Stollens, um nach wenigen Minuten mit etwas Wasser zurückzukehren. Das vermischt er mit dem Gesteinsmehl in einem Blechteller, den er vorsichtig schwenkt, bis an dessen Rand ein paar klitzekleine schimmernde Körnchen auftauchen. »Nicht schlecht«, sagt Ntando und nickt seinen beiden Kollegen zu. Die fangen an, mit Hammer und Meißel einen Brocken nach dem andern aus dem Fels zu hauen. Die Bruchstücke lassen sie in ihren Rucksäcken verschwinden. Sind diese gefüllt (und das wird erst am kommenden Morgen sein), kriechen die drei schwarzen Bergarbeiter aus dem Stollen: Gerade noch rechtzeitig, um den Frühzug nach Soweto zu erwischen. In der legendären, drei Millionen Einwohner zählenden Township von Johannesburg leben die drei *zama zama* – ein Zulu-Begriff, der soviel wie »diejenigen, die es immer wieder versuchen« bedeutet.

Ntando und seine Kumpels – im *zama-zama*-Slang ein Syndikat genannt – stammen aus dem Nachbarland Simbabwe. Ntando ist eigentlich Englischlehrer und hat zu Hause auch schon unterrichtet. Doch weil er in dem ruinierten Staat mit einem Lehrergehalt nicht einmal seine Frau und zwei Kinder über die Runden bringen kann, machte er sich – wie Hunderttausende seiner Landsleute – auf den Weg nach Süden, um in der Goldstadt Johannesburg einen Job zu finden. Er hatte Glück und ergatterte eine Anstellung bei einer Firma, die Glasfaserkabel für Bergwerksunternehmen verlegte. Als diese wenig später pleiteging, war Ntando arbeitslos. Er schloss sich dem immer größer werdenden Heer der illegalen Minenarbeiter an, die in stillgelegten oder auch aktiven Goldbergwerken rund um Johannesburg nach den letzten Resten des noch im Boden verbliebenen Edelmetalls schürfen. Seiner Frau erzählte Ntando von seinem Berufswechsel nichts: Sie würde sich – völlig zu Recht – Sorgen um ihren Ehemann machen. Viele *zama zama* kehren nur im Sarg nach Hause zurück, falls man ihre zerquetschten, verschütteten oder ermordeten Körper überhaupt noch findet.

Man nennt ihn den zweiten Goldrausch Südafrikas: Den illegalen Run auf das Edelmetall, der im umgekehrten Verhältnis zu den sinkenden offiziellen Produktionsmengen steht. Wegen steigender Lohnkosten und der zunehmenden Tiefe, in die etablierte Minenunternehmen vorstoßen müssen, wird die Goldgewinnung immer teurer – dagegen boomt der Schwarzmarkt mit dem wertvollen Element. Südafrikas Goldexport brach von seinem Rekord in den 1970er Jahren (rund 1000 Tonnen im Monat) auf 144 Tonnen im ganzen Jahr 2015 ein. Damals waren fast eine Million Kumpel in den Goldminen beschäftigt, heute sind es gerade noch 120 000. Dafür kriechen unbeachtet von der Öffentlichkeit, nur wenige Kilometer von den Wolkenkratzern im Stadtzentrum von

Johannesburg entfernt, Nacht für Nacht Tausende von illegalen Minenarbeitern in den Bauch von Mutter Erde. Ihre Zahl wird von Experten auf 15 000 geschätzt, sie schürfen auf altertümlichste Weise immerhin acht Tonnen Gold im Jahr. Besonders Vorwitzige haben selbst wenige Meter neben der Stadtautobahn Schachteingänge gegraben, die die Stabilität der Fahrbahn gefährden. Auch dort seilen sich die *zama zama* an gestohlenen Stromkabeln in das Netzwerk der Stollen ab, das sämtliche Minen der Region miteinander verbindet und alles in allem mehr als 16 000 Kilometer lang ist. Manche hämmern bloß für eine Nacht, andere bleiben monatelang unter der Erde.

Die illegalen Kumpel brüsten sich damit, in einer guten Nacht bis zu 30 000 Rand erwirtschaften zu können – dafür hat ein ungelernter Arbeiter in Südafrika ein ganzes Jahr lang zu schuften. Nach Schätzungen der Minenkammer zweigen die *zama zama* dem offiziellen Goldbergbau jährlich rund 400 Millionen Euro ab. Die Bergwerkskonzerne scheinen gegen die Invasion der Maulwürfe machtlos zu sein. Diese finden immer neue Schleichwege, um nicht nur in bereits stillgelegte, sondern auch in noch betriebene Stollen zu gelangen – selbst wenn diese bis zu 4000 Meter tief unter der Oberfläche liegen. Würde der illegale Erwerb unterbunden, könnte es zu einer weiteren gefährlichen Eskalation der Gewalt kommen, warnen Experten. Den 15 000 *zama zama* bliebe dann nichts anderes übrig, als sich auf kriminelle Weise über Wasser zu halten. Die Polizei hat die Strafverfolgung längst aufgegeben und hält sich stattdessen an den Schmiergeldern schadlos, die sie den illegalen Minenarbeitern abzupressen pflegt. Außer korrupten Polizeibeamten, einstürzenden Stollen, Gasexplosionen und Quecksilbervergiftungen haben die illegalen Bergarbeiter schließlich auch noch ihresgleichen zu fürchten. Immer häufiger werden sie in den Stollen von räuberischen Kollegen überfallen. »Wir sind die Ratten von Johannesburg«, sagt Ntando Moyo. Und wie ihre Namensgeber aus dem Reich der Nagetiere sind sie außerordentlich resistent.

Buddeln in der Schattenwirtschaft

Die *zama zama* zählen ökonomisch zum sogenannten informellen Sektor, der in Südafrika – wie in anderen afrikanischen Nationen – einen wachsenden Teil der Volkswirtschaft ausmacht. Zu dieser Schattenwirtschaft gehören auch die unzähligen Straßenhändler, die auf den Bürgersteigen ihre Bananen, Zwiebeln und Zigaretten verkaufen, die Maler, Maurer und Klempner, die vor Baumärkten ihre Dienste anbieten, oder die allgegenwärtigen Parkplatzwärter, die ihren Lebensunterhalt mit dem Ein- und Auswinken von Autofahrern verdienen. Sie alle zahlen keine Steuern, unterliegen keinen staatlichen Regulierungen und kommen in offiziellen Statistiken – etwa des Bruttoinlandprodukts – höchstens als Schätzung vor. In den afrikanischen Staaten südlich der Sahara wird ihr Anteil am gesamten Wirtschaftsvolumen auf über 40 Prozent veranschlagt, 80 Prozent der Beschäftigten arbeiten in der Schattenwirtschaft. In manchen afrikanischen Staaten wie in Somalia oder Simbabwe gibt es fast nur noch den informellen Sektor, weil die offizielle Ökonomie aus Kriegs- oder Korruptionsgründen in diesen gescheiterten Staaten, den *failed states*, längst zusammengebrochen ist. So weit ist es am Kap der Guten Hoffnung noch nicht gekommen. Aber Anzeichen für die schleichende Erosion des regulären Wirtschaftens sind an vielen Stellen schon zu erkennen. Immer größere Bereiche der Ökonomie rutschen wie beim Bergbau in die Schattenwirtschaft ab.

Einer Studie der Citibank aus dem Jahr 2010 zufolge ist Südafrika der – vom Erdöl abgesehen – rohstoffreichste Staat der Welt. In seinem Boden sollen sich Schätze im Wert von 2,5 Billionen Dollar befinden, weit mehr als in den zweitplatzierten Ländern Russland und Australien (jeweils rund 1,6 Billionen Dollar). Alles, was Südafrika ist, hat es seinen Mineralien, vor allem dem Gold, zu verdanken. Ohne dieses Edelmetall wäre das Kap der Guten Hoffnung heute nichts weiter als eine verschlafene Naturschönheit wie das Nachbarland Namibia oder ein bettelarmer Bauernstaat wie die chronische Hungernation Malawi.

Trotzdem scheinen die Südafrikaner auf ihre Schätze nicht gerade stolz zu sein. In dem heruntergekommenen Industriegebiet entlang der Johannesburger Main Reef Road, wo der australische Zimmermann George Harrison im Juli 1886 über ein paar glitzernde Steine gestolpert war und wenige Monate später die ersten Stollen in den Fels getrieben wurden, befindet sich zwar ein kleines umzäuntes Areal, das eine bronzene Tafel als George-Harrison-Park ausweist. Ein wesentlich größeres Schild informiert jedoch: »Dieser Park ist bis auf Weiteres geschlossen. Zutritt strengstens verboten.« Ein gutes Dutzend *zama zama* stört das Verbot nicht weiter. Erschöpft liegen sie in der Mittagshitze unter den wenigen Bäumen des Parks, neben sich ihre Beutesäcke. Eine alte eiserne Maschine zum Steinebrechen, die einer Gedenktafel zufolge am Parkeingang als Ausstellungsstück auf einem Sockel thronte, haben Altmetalldiebe entwendet. Und der Rest des Geländes von der Größe eines halben Fußballfeldes ist von weggeworfenen Utensilien der *zama zama* übersät: Alte Schuhe, zerfetzte Hosen sowie Hunderte von leeren Batterien aus Grubenlampen. Hier und dort auch ein Häufchen menschlicher Exkremente.

Am abschüssigen Südrand des Parks sind zwei mannshohe Löcher auszumachen, aus denen hin und wieder ein müder *zama zama* mit zusammengekniffenen Augen auftaucht. Es handelt sich um Stollen Nummer 5 und 6, zwei der ältesten Bergwerksschächte Südafrikas, die vor 130 Jahren in den Fels gehauen wurden. Die Stollen 1 bis 4 befanden sich wenige Hundert Meter östlich des kleinen Parks, wo inzwischen nur noch eine riesige Grube gähnt. Hier haben Bagger der Firma Central Rand Gold den Boden bis zu einer Tiefe von 50 Metern abgetragen, um der Erde auch noch die letzten Spuren an Gold entziehen zu können. Zu den Direktoren der Firma gehört der uns bereits bekannte Sushi-König Kenny Kunene, der sich hier seinen nächsten Porsche sichert. Bald wird wohl auch vom George-Harrison-Park nichts übrig sein. Warum sollten Kunenes Bagger vor der Geschichte halt machen? In anderen Ländern der Welt wäre der einzigartige historische Ort längst in einen Themenpark mit viel Scheingold und Entertainment verwandelt worden, um aller Welt den Gründungsmythos der beispiellosen Stadt zu präsentieren: Johannesburg ist die einzige Metropole der Welt, die statt am Meer oder an einem Wasserlauf an einer Goldader errichtet wurde. Den Johannesburgern scheint ihre Geschichte allerdings nicht wichtig genug oder sogar peinlich zu sein.

Gründe dafür gibt es genug. Während der Bergbau einer kleinen Minderheit gigantische Einkünfte bescherte, brachte er für die große Mehrheit der Bevölkerung nur Elend mit sich. Tausende von Kumpeln, die ihre Heimat verlassen mussten, um für einen Hungerlohn unter Tage zu malochen, wurden im Verlauf der Jahrzehnte von Gesteinsmassen zerquetscht; andere starben noch lange nach ihrem Einsatz an Staublunge oder Tuberkulose, ohne vom Zusammenhang zwischen der tödlichen Krankheit und ihrer Arbeit eine Ahnung zu haben. Nur unter größten Widerständen und nach aufwendigen Gerichtsprozessen zeigen sich die Minenkonzerne allmählich bereit, für die Folgen der gesundheitsgefährdenden Arbeitsbedingungen aufzukommen. Noch immer wohnen Zigtausende Kumpel unter erbärmlichen Bedingungen in Bretterhütten oder Hostels genannten Wohnheimen, zu denen Militärkasernen im Vergleich wie luxuriöse Hotelzimmer erscheinen. Und wenn sie für eine Erhöhung ihres dürftigen Lohns streiken, müssen sie damit rechnen, von der Polizei wie in Marikana niederkartätscht zu werden (siehe Kapitel »Der Zweinationenstaat – eine Ökonomie zwischen superreich und bettelarm«).

Südafrikas Minenindustrie sei ein Spiegel der Gesellschaft, sagt Ben Magara, Geschäftsführer des britischen Lonmin-Konzerns, der die Platinmine in Marikana betreibt. Was auch immer unter der Apartheid falsch gemacht worden sei, habe in der Minenindustrie seinen verheerendsten Niederschlag gefunden, meint der erste schwarze Chef des über 100-jährigen Unternehmens. Auch die Mängel des neuen Südafrikas hätten in den Bergwerken ihre deutlichsten Spuren hinterlassen. Nach der Versöhnungspolitik Nelson Mandelas und seiner Absage an die Verstaatlichung der Schlüsselindustrie dachten die Konzernchefs, einfach wie bisher weitermachen zu können. Die miesen Arbeitsbedingungen in der Bergwerken wurden, wenn überhaupt, nur unzureichend verbessert. Auch richteten die umstrittenen Programme zur wirtschaftlichen Ermächtigung von Schwarzen (BEE) mehr Schaden als Nutzen an: Sie öffneten der Korruption und Vetternwirtschaft die Tür. Gemeinsam mit einem Enkel Nelson Mandelas trieb ein Vetter Jacob Zumas etwa die Goldmine Aurora im Osten Johannesburgs in den Ruin. Sie schlachteten die Anlagen aus und ließen Hunderte von Minenarbeitern unbezahlt sitzen. Angesichts der von immer höheren Löhnen und immer tieferen Schächten verursachten Steigerung der Produktionskosten könnten sich die etablierten Bergwerkskonzerne die nötigen Sozialprogramme gar nicht mehr leisten, klagt Lonmin-Chef Magara. In jüngster Zeit stand das britische Traditionsunternehmen bereits mehrmals kurz vor dem Bankrott.

Goldkondome und Erdnussbutterbrote

Bergarbeiter, die von den unter Druck geratenen Minenunternehmen zu Tausenden »freigesetzt« werden, arbeiten oft freiberuflich weiter. Sie dringen heimlich in dieselben Bergwerke ein, in denen sie bislang beschäftigt waren, um sich als *Zama Zama* durchzuschlagen. Neben den kleinen Maulwürfen, die wie Ntando Moyo Nacht für Nacht in stillgelegte Schächte kriechen, finden immer mehr professionelle Kumpel ihren Weg in noch tätige Stollen, weiß Boats Botes, Sicherheitschef des von Chinesen geführten Minenkonzerns Gold One. Als seine Firma vor wenigen Jahren im Westen von Johannesburg vier Schächte erwarb, sollen sich darin mehrere Tausend illegale Minenarbeiter getummelt haben.

Um des Problems Herr zu werden, ging Botes generalstabsmäßig vor. Er infiltrierte erst einmal die illegalen Kumpel mit seinen eigenen Leuten, um deren Arbeitsweise auszuspionieren. Was er herausfand, verschlug selbst dem seit 30 Jahren tätigen Sicherheitsprofi die Sprache. Die *zama zama* werden in der Regel von legalen Kumpeln heimlich in die Schächte geschleust – für umgerechnet 500 Euro, mehr als die Hälfte des Monatsgehalts eines einfachen Bergarbeiters. Danach bleiben die illegalen Kumpel Monate lang in der Tiefe und werden währenddessen von ihren offiziell beschäftigten Kollegen mit Sprengstoff, Ersatzbatterien für die Grubenlampen und teurem Essen versorgt. Ein Weißbrot, das im Laden zwölf Rand kostet, bringt in der Tiefe 80 Rand ein, ein Glas Erdnussbutter (25 Rand) kostet im Stollen 150 Rand, eine Flasche Brandy (120 Rand) wechselt unter Tage für schlappe 1500 Rand den Besitzer. Das illegale Netzwerk ist dermaßen gut organisiert, dass sogar Zulieferer unterwandert werden: In einem Fass, das seinen Weg als Motorenöl in den Stollen fand, entdeckten Botes' Leute einst Hunderte von Sardinen-Dosen.

Als Nächstes forschten die Sicherheitsleute die genaue Arbeitsweise der *zama zama* aus. Kaum einer von ihnen hämmert wie Ntando & Co in mittelalterlicher Manier mit einem Meißel vor sich hin. Sie setzen vielmehr Sprengstoff ein, um auf wesentlich bessere Erträge zu kommen. Die Raffiniertesten unter ihnen machen sich die eingespielten Abläufe der Minenunternehmen zunutze. Ein Hauer-Trupp pflegt am Ende seiner Schicht die Sprengladungen zu zünden, während die nächste Schicht erst vier Stunden später in den Stollen kommt, um – nachdem sich der Staub gelegt hat – die Gesteinsbrocken wegzuräumen. Inzwischen dringen die *zama zama* bereits zwei Stunden nach der Sprengung mit vor den Mund gebundenen feuchten Tüchern in die Stollenspitzen vor, um sich dort die feinsten Stücke aus dem Geröll zu suchen. Eine nicht gerade gesunde, aber einträgliche Strategie.

Die Brocken bringen die professionellen Goldräuber nicht – wie die einfachen *zama zama* – an die Oberfläche, sondern verarbeiten sie schon unter Tage, indem sie die Felsstücke zunächst zu Gesteinsmehl zermahlen. Dann scheiden sie das Gold mit Quecksilber aus und verbrennen das giftige Quecksilber mit einer Lötlampe. Die verbleibenden kleinen Mengen an überraschend reinem Gold können wesentlich leichter als Gesteinsbrocken aus den Stollen geschmuggelt werden, fand Botes heraus: etwa in ein Kondom verpackt in der Vagina einer offiziellen Minenarbeiterin. Nach Schätzungen des Sicherheitschefs holen die *zama zama* Monat für Monat Gold im Wert von 7,5 Millionen Rand aus den vier Schächten von Gold One. Rechne man auch die indirekten Kosten hinzu – wie die Ausgaben für die Sicherheit, die Reparatur der von den *zama zama* beschädigten Einrichtungen sowie die dem Staat vorenthaltenen Steuern –, betrage der von ihnen angerichtete Schaden monatlich weit über eine Million Euro.

Als Botes' Mannen den illegalen Kumpeln schließlich zu Leibe rückten, spitzte sich die Lage unter Tage zu. Die *zama zama* suchten ihre Pfründe mit Gewalt zu verteidigen, es kam zu Schießereien. Die Goldräuber hätten sogar selbstgebastelte Bomben als Sprengfallen positioniert, berichtet der Sicherheitsmann. Glücklicherweise sei keiner seiner Leute zu Schaden gekommen. Allerdings habe einer der unrechtmäßigen Hauer eine Hand verloren, als eine Bombe mit zu kurzer Zündschnur zwischen seinen Fingern explodierte. Innerhalb von fünf Jahren seien Hunderte von illegalen Bergarbeitern festgenommen worden, fügt Botes nicht ohne Stolz hinzu. Jetzt seien seine Schächte so gut wie *zama-zama*-frei.» Wenn er glaubt, dass er das Problem in den Griff bekommen hat, dann täuscht er sich aber«, lacht David Davis, Goldexperte bei einer *Hawks* genannten Spezialeinheit der Polizei: Die Illegalen fänden immer neue Wege, um zu ihren Arbeitsplätzen zu gelangen. Erreicht habe Botes höchstens, dass der Preis für einen in den Schacht geschmuggelten *zama zama* drastisch in die Höhe schoss, sagt der Polizist. Inzwischen würden dafür 40 000 statt 4000 Rand verlangt.

Hinzu kommt, dass die Tätigkeit der illegalen Kumpel immer gefährlicher wird. Vor allem in der Umgebung der weniger professionellen *zama zama* hat sich längst herumgesprochen, dass die hemdsärmeligen Maulwürfe, wenn sie aus ihren Gängen steigen, finanziell attraktiv und höchst verwundbar sind. Warum sollte man sich stundenlanger Schwerstarbeit unter Tage aussetzen, wenn man den wehrlosen Schürfern ihre Gesteinsbrocken mit vorgehaltener Pistole am Stollenausgang abnehmen kann? Auf diese Weise wurden Ntando Moyo und sein Syndikat bereits mehrmals ausgeraubt. Einmal hielten die Ganoven sie sogar stundenlang im Schacht gefangen. Wenigstens konnten sie ihr Leben retten. Mitglieder eines anderen Syndikats wurden erschossen oder einfach in den Schacht geworfen. An die Polizei können sich die *zama zama* in solchen Fällen nicht wenden. Falls die Ordnungshüter ein Interesse an den illegalen Kumpeln zeigen, dann höchstens, um ihnen Schutzgeld abzupressen. Sein Landsmann Nervous, der Ntandos giftiges Gold- und Quecksilbergemisch mit der Lötlampe auszubrennen pflegt, wird samstags regelmäßig von der Polizei aufgesucht. Dabei wollen die Beamten nicht das Gesetz durchsetzen. Sie holen sich lediglich ihren Obulus ab.

Die Elefanten und das Gras

Für Janet Love, Direktorin des gemeinnützigen Johannesburger Anwaltsbüros Legal Resources Center, gibt es nur eine vernünftige Lösung des Phänomens: dass die Arbeit der *zama zama* legalisiert wird. Die einstige Befreiungskämpferin sieht die Goldschürfer nicht als Verbrecher, die auf unlautere Weise zu Geld kommen wollen, sondern als wagemutige Entrepreneure, die der Armut zu entkommen suchen. Würde das Kapstädter Parlament die Schürferei entkriminalisieren, könnte man sie danach auch regulieren, meint Love. Auf diese Weise werde den Kumpeln ein sichereres und gesünderes Arbeiten ermöglicht. Denn dass der nachlässige Umgang mit dem giftigen Quecksilber bei der Ausscheidung des Golds zu ernsthaften Erkrankungen der *zama zama* führt, ist Fachleuten zufolge nur eine Frage der Zeit. Mittlerweile gibt es bereits kleine Maschinen, die die Ausscheidung des Edelmetalls aus dem Gesteinsmehl wesentlich schonender verrichten – nur dass sich der gemeine *zama zama* solche Hilfe nicht leisten kann. Mit einer kollektiven Goldscheidemaschine wäre das Problem gelöst.

Unter ihren *comrades* fand Janet Love bislang zumindest kein Gehör. Die Funktionäre der Regierungspartei sind viel zu sehr damit beschäftigt, sich – dem Beispiel ihres Parteichefs Jacob Zuma folgend – einen eigenen Zugang zur etablierten, von Weißen dominierten Bergwerkswelt zu sichern. Auch in dieser Hinsicht gilt Lonmin-Chef Ben Magaras Diktum, wonach die Minenindustrie ein Abbild der Gesellschaft ist. Südafrikas neue Machthaber suchen mit allen Mitteln, in die wirtschaftliche Bastion der alten Herrscher einzudringen – und Letztere versuchen mit allen Mitteln, ihre Territorien zu schützen. Dem gemeinen Volk bleibt nichts anderes übrig, als dem Kampf der Titanen zuzuschauen. Wenn zwei Elefanten streiten, lautet ein afrikanisches Sprichwort, leidet das Gras.

Für das Gras ist es irrelevant, wer den Kampf der Elefanten gewinnt: Ob die Dickhäuter schwarz oder weiß sind, macht den durch das Getrampel angerichteten Schaden nicht besser. Entscheidend wäre, dass sich die Regierung von der Fixierung löst, die alte, teilweise kränkelnde weiße Geschäftswelt unter ihre Kontrolle zu bekommen, und sich stattdessen auf die Unterstützung bisher vernachlässigter Bereiche konzentriert. Die wirtschaftliche Zukunft am Kap der Guten Hoffnung hängt vom Wachstum des informellen Sektors ab, sagen Experten. Dort entstehen auch wesentlich mehr Beschäftigungsmöglichkeiten als in der »alten« Industrie. Will die Regierung tatsächlich fünf Millionen Arbeitsplätze schaffen, wie sie das in ihrem Nationalen Entwicklungsplan verspricht, muss sie nach Auffassung des Zukunftsforschers Clem Sunter »eine Million Entrepreneure« hervorbringen – und die sind nirgendwo anders als in der Schattenwirtschaft zu finden.

Nach Janet Loves Plänen könnten die *zama zama* nicht nur auf sicherere Weise die letzten Reste des Edelmetalls aus dem Boden schürfen, sondern auch stillgelegte Minen restaurieren – eine Aufgabe, die angesichts der zunehmenden Zahl ausrangierter Stollen und der von ihnen ausgehenden ökologischen Gefahren immer wichtiger wird. Andere Bereiche hat das Internet eröffnet: Sorgte die Regierung endlich dafür, dass Südafrikas Daten-Kosten nicht mehr zu den höchsten der Welt gehören, könnte sich der IT-Sektor am Kap zu einer virtuellen Goldmine entwickeln. Ntando Moyo würde viel lieber wieder Glasfaserkabel verbinden, als heimlich des Nachts in die Tiefe zu kriechen. »Sag mir, wenn du von einem Job hörst«, fleht der Englischlehrer beim Abschied. »Aber beeil dich: Wir *zama zama* werden nicht alt.«

Privatstaat ohne Bürgersteige – problematische Lösungen der Dienstleistungskrise

Parkhurst, samstagmorgens um elf. Wie eigentlich immer im Wintermonat Juni strahlt in Johannesburg die Sonne aus einem marineblauen Himmel. In der Fourth Street sind die Straßencafés bis auf den letzten Platz gefüllt. Das Publikum ist hier so homogen wie an der Hamburger Alster: junge, professionelle Bleichgesichter, die meisten zwischen 25 und 50 Jahre alt. Dunkelhäutige Südafrikaner treten im Coffee Roasters, dem Craft oder Vovo Telo fast nur als Kellnerinnen oder Baristas auf. Sie versorgen ihre Kunden mit Schokoladencroissants und Cappuccino, der in seiner Zusammensetzung der südafrikanischen Gesellschaft entspricht: eine große schwarze Basis, eine kleine weiße Schaumschicht und ganz oben ein paar dunkle Schokosplitter.

Cheryl Labuschagne bestellt unverfänglich einen Espresso. Die etwa 50-jährige Headhunterin will nicht als Repräsentantin des *ancient regime* verdächtigt werden. Denn das passiert der blonden Johannesburgerin immer wieder. Im Nebenberuf ist sie Vorsitzende der Parkhurst Residence Association, deren Ziel es ist, den Lebensstandard in dem von weißen Yuppies dominierten Stadtteil auf möglichst hohem Niveau zu halten. Die Nachbarschaftsvereinigung wurde im ganzen Land bekannt, weil sie mit immer neuen Initiativen gegen die Unzulänglichkeiten des öffentlichen Dienstes vorgeht. Sie ließ im Alleingang Glasfaserkabel verlegen, baute ein effektives privates Sicherheitssystem auf, verhinderte die Schließung des Schwimmbads und der Bibliothek und lotet derzeit die Chancen für eine vom unzuverlässigen Stromnetz unabhängige lokale Elektrizitätsversorgung aus. »Wir wissen, dass wir von unserer Stadtverwaltung keine gut funktionierenden Dienste erwarten können«, sagt Labuschagne. »Deshalb sorgen wir für uns selbst.«

Ihr Schicksal der Regierung zu überlassen, hat sich für die meisten Südafrikaner selten gelohnt. Die dunkelhäutigen Kapbewohner konnten von der staatlichen Autorität ohnehin nur Schlechtes erwarten, und die aus Holland, Deutschland oder Frankreich stammenden Buren hatten gegenüber der einst von London bestellten Obrigkeit ebenfalls ihre Vorbehalte. Die Farmer lebten auf ihren abgelegenen Gütern oft dermaßen weit übers Land verstreut, dass sie staatliche Annehmlichkeiten wie fließendes Wasser, Straßen oder die Staatsoper gar nicht in Anspruch nehmen konnten. Für sie war der Staat eher ein Quälgeist, dem man Steuern zu entrichten hatte. »'N Boer maak 'n plan«, ein Bure macht einen Plan, lautet eine oft zitierte Redewendung der »Afrikaaner«: Eine Liebeserklärung an die Autarkie, die angesichts der versagenden öffentlichen Dienstleistungen auch heute wieder und selbst in den Städten in Mode gekommen ist.

Schon ihre Eltern hätten die Philosophie vertreten: »Wenn etwas nicht funktioniert, dann mach etwas dagegen«, sagt Cheryl Labuschagne. Als die umtriebige Junggesellin vor 15 Jahren ein Haus in Parkhurst erwarb, fiel ihr auf, was bis heute nur wenige weiße Johannesburger zur Kenntnis nehmen: dass es in den wohlhabenderen Stadtvierteln kaum noch Bürgersteige gibt. Nachdem sie ihre Anwesen mit hohen Schutzwällen umgeben hatten, suchten die Johannesburger dem Anblick der scheußli chen Mauern damit zu begegnen, dass sie den Streifen zwischen ihren Grundstücken und der Straße mit Blumenbeeten, Büschen oder Bäumen begrünten. Dass sie damit den Fußgängern ihre Wege nahmen, war den Hausbesitzern egal. Sie selbst pflegen für jede auch noch so kurze Exkursion aus ihrer Schutzburg ohnehin das Auto zu nehmen. Zu Fuß sind nur ihr Dienstpersonal oder Hausierer unterwegs. Diese mussten nun auf die Straße ausweichen, was vor allem nach Einbruch der Dunkelheit unangenehme Folgen haben kann.

Labuschagnes erste Kampagne als Vorsitzende des Nachbarschaftsvereins galt also nicht dem Schutz der Privilegien der weißen Mittelschicht, sondern der Wiedergewinnung des gestohlenen Raums fürs Personal. Die Aktivistin appellierte an die Stadtverwaltung, ihre Vorschriften endlich wieder ernst zu nehmen, und die Hausbesitzer zur Wiederherstellung der Gehsteige zu zwingen. Viel Erfolg hatte sie damit allerdings nicht. Die Stadtväter hatten offenbar Wichtigeres zu tun: Etwa gewinnbringende Parkuhren aufzustellen, die die überraschten Parkhurster eines Tages entlang ihrer Hauptstraße, der Fourth Street, vorfanden. Cheryl Labuschagne empörte vor allem die Arroganz, mit der die Stadtverwaltung ihre Geldbeschaffungsinstrumente ohne Befragung der Bevölkerung in den Asphalt pflanzen ließ. Sie startete ihre zweite Kampagne, die wesentlich erfolgreicher als die erste verlief: Wenige Monate später wurden die Parkuhren wieder abmontiert.

Beflügelt wandten sich die Parkhurster dem nächsten Missstand zu. Die meisten der jungen Stadtteilbewohner gehen Berufen nach, die eine verlässliche und schnelle Verbindung zum Internet erfordern. Doch in der »afrikanischen Metropole der Weltklasse« (Eigenwerbung der Stadt) pflegten die Bytes so dürftig wie an schlechten Tagen das Wasser aus der Leitung zu tröpfeln. Labuschagne bat den staatlichen Telefonkonzern Telkom, doch bitte für Glasfaserkabel in Parkhurst zu sorgen, doch der Monopolist sah keine Veranlassung, der Bitte der verwöhnten

Yuppies zu entsprechen. Da wandte sich die Residence Association an die Privatwirtschaft und fand auch bald ein Unternehmen, das sich zur Verkabelung des rund 2000 Häuser umfassenden Stadtteils bereit erklärte. Zwar müssen die Parkhurster für ihren Internetanschluss nun etwas tiefer in die Tasche greifen. Dafür können sie in Sekunden umfangreiche Dokumente um die Welt senden, übers Internet telefonieren und Zigtausende von Filmen sehen. Inzwischen sind über 30 Johannesburger Stadtteile an den lichtschnellen Datenverkehr angeschlossen, während Telkom weiter schläft.

Als Nächstes gingen die Parkhurster den südafrikanischen Dauerbrenner, das Thema Sicherheit, an. Weil auf die Polizei am Kap der Guten Hoffnung kein Verlass ist, nahm Cheryl Labuschagne Verbindung mit einer privaten Wachfirma auf. Diese entwickelte ein Sicherheitskonzept, das auch gleich aus dem neu installierten Glasfasernetz Nutzen zog. An jeder der sechs Straßen, die den Stadtteil mit dem Rest der Metropole verbinden, wurden Kameras mit Nummernschilderkennung aufgestellt, deren Bilder im Kontrollzentrum des privaten Wachunternehmens ausgewertet werden. Der Lageraum steht über Funk mit zwei Streifenwagen der Firma in Verbindung, die rund um die Uhr durch den Stadtteil patrouillieren. Seit Einführung der Hightech-Überwachung soll die Kriminalitätsrate in Parkhurst deutlich zurückgegangen sein. Selbstverständlich kommt auch dieser Service nicht zum Nulltarif. Doch den weißen Südafrikanern wurde zwar ihre politische Macht, nicht aber ihre Kaufkraft genommen. Und wer denkt schon ans Sparen, wenn es um die eigene Sicherheit geht?

Als zwei Frauen während eines Gewittersturms beim Durchqueren des Bachs im Stadtteilpark beinahe weggerissen wurden, sammelte die Residence Association Geld für eine Fußgängerbrücke. Und als die Stadtverwaltung aus Kostengründen das öffentliche Schwimmbad schließen wollte, griffen die Parkhurster erneut in die Tasche, um den Bademeister zu finanzieren. Derzeit wenden sich die Stadtteilbewohner der Sonnenenergie zu, die zwar ebenfalls ihren Preis hat, aber Unabhängigkeit von der unzuverlässigen öffentlichen Stromversorgung verspricht. Cheryl Labuschagne hat bereits sechs Sonnenkollektoren auf ihrem Dach angebracht, die im sonnenverwöhnten Johannesburg mühelos außer ihren Glühbirnen auch die Geschirr- und Waschmaschine sowie das Bügeleisen versorgen. Weil ihr Herd mit Gas und der gusseiserne Ofen mit Briketts betrieben wird, ist die Aktivistin vom öffentlichen Stromnetz bereits unabhängig. Auf diese Weise lässt es sich auch in einer widrigen Umwelt ganz gut leben.

Die Autarkie, weiß Cheryl Labuschagne, hat allerdings auch ihre Schattenseite. Angesichts der immer lebhafteren Bürgerinitiativen könnte sich die Stadtverwaltung irgendwann ganz ihrer Verantwortung entziehen und die Versorgung vollends den wohlhabenderen Johannesburgern überlassen, um das eingesparte Geld – im Idealfall – in bedürftigere Wohnquartiere der Stadt oder – im Realfall – in die eigene Tasche zu stecken. In beiden Fällen werden sich die wohlhabenden Bleichgesichter noch weniger mit dem ohnehin ungeliebten Staat der Mehrheit der Bevölkerung identifizieren: Er wird zu einer lästigen Einrichtung der »anderen«, die nur nimmt und nichts gibt. Schon heute fragen sich viele Wohlbetuchte, warum sie eigentlich noch Steuern zahlen, wenn sie die staatlichen Dienstleistungen ohnehin kaum noch in Anspruch nehmen.

Tatsächlich schicken bessergestellte Kapbewohner ihre Kinder schon lange auf eine von den Eltern in vollem Umfang finanzierte Privatschule, weil die meisten öffentlichen Bildungsstätten pädagogischen Katastrophengebieten gleichen. Sie treten privaten Krankenkassen bei, weil staatliche Hospitäler lebensgefährlich sind, und bezahlen für ihre Sicherheit private Wachfirmen, weil sich die Polizei der Kriminalität gegenüber als machtlos erwiesen hat. Wenn sie Autobahnen benutzen, müssen sie Maut berappen, und wer zuverlässig Strom haben will, sollte sich einen Generator anschaffen. Und das alles, obwohl die hiesige Mittel- und Oberschicht einen Löwenanteil der Einkommenssteuer zahlt. Weniger als fünf Prozent der Bevölkerung müssen diese Abgabe überhaupt entrichten. Die anderen verdienen nichts oder zu wenig, um zur Lohn- oder Einkommenssteuer veranlagt zu werden.

Die unter Weißen verbreitete Auffassung, wonach die mittellose schwarze Bevölkerungsmehrheit gar keine Steuern zahle, ist allerdings falsch: Auch sie müssen zumindest für die Mehrwertsteuer und andere versteckte Abgaben aufkommen. Fast die Hälfte ihres Einkommens müssen jedoch ausgerechnet jene Gutverdienenden abgeben, die von den öffentlichen Dienstleistungen, den staatlichen Schulen, Krankenhäusern und Ordnungsdiensten gar nicht profitieren. Der Anreiz, sein Geld zu verstecken, ist deshalb groß – vor allem, wenn einem außer den unzuverlässigen Dienstleistungen auch die Politik der Regierung nicht passt. Immer häufiger wird in öffentlichen Debatten bereits mit einem »Steuerboykott« gedroht: Würde eine Mehrheit der Steuerzahler tatsächlich ihre Abgaben zurückhalten, könnte die Regierung wohl leicht in die Knie gezwungen werden.

Outa, die Organisation Undoing Tax Abuse, zeigt schon mal, wie das geht. Der private Verband gegen den »Missbrauch von Steuergeldern« hat es sich zum Ziel gesetzt, die neu eingeführten Autobahngebühren in der Gauteng-Provinz zu Fall zu bringen. Seiner Meinung nach ist die *e-toll* genannte Mautgebühr nur dazu da, korrupten Politikern eine zusätzliche Einnahmequelle zu verschaffen. Outa rief die Autofahrer deshalb zum Boykott auf und hatte damit durchschlagenden Erfolg: Nur wenige klebten sich das zur Abrechnung notwendige elektronische Gerät an die Windschutzscheibe. Die Straßenbehörde nimmt lediglich einen Bruchteil des erwarteten Wegezolls ein und sieht sich außerstande, Millionen von Säumigen vor den Kadi zu zwingen. Bleibt die Boykottfront geschlossen, wird die Gauteng-Provinz auf *e-toll* bald wieder verzichten müssen.

Wie es dann weitergehen wird, steht jetzt schon fest. Genau wie Cheryl Labuschagnes Nachbarschaftsvereinigung wird sich Outa im Fall eines Erfolgs das nächste Betätigungsfeld suchen –

sei es im Schul-, im Gesundheits- oder im Sicherheitsbereich. Das hätte für die Bevölkerung die durchaus begrüßenswerte Folge, dass sie mehr Mitspracherecht in öffentlichen Belangen erhält und dass wichtige Entscheidungen von der Zentralregierung auf lokale Gremien verlagert werden. Der in Parkhurst begonnene Trend zur Privatisierung der öffentlichen Dienste ist allerdings nicht ganz ungefährlich, warnen Soziologen. Denn auf diese Weise werde der Staat langfristig immer unbedeutender und schwächer. Unfähige Verwaltungsapparate und kollabierende Institutionen haben bereits in anderen Teilen Afrikas zu sogenannten *failed states*, zu Staatsruinen, geführt, in denen nur noch das Recht des wirtschaftlich oder militärisch Stärkeren zählt. »Denkt an Länder, in denen sich die Elite aus dem System ausgeklinkt hat«, schreibt der Johannesburger Kolumnist Justice Malala: »Sie haben einen kollektiven Namen: ›Bananenrepubliken‹.« Wegen seiner über 100-jährigen Eigenstaatlichkeit schien Südafrika vor solcher Gefahr bisher gefeit zu sein. Doch welcher institutionelle Schaden bereits in wenigen Jahren angerichtet werden kann, hat Jacob Zumas Regierung auf krasse Weise unter Beweis gestellt.

Südafrikas gutbetuchte Bleichgesichter sind nicht die Ersten, die ihren als mangelhaft empfundenen politischen Einfluss durch persönliches Engagement zu stärken suchen – auch wenn ihre Bemühungen, ihre Kaufkraft in die Waagschale zu werfen und staatliche Dienste durch private zu ersetzen, tatsächlich einzigartig sind. Jahrzehntelang hatte auch die entrechtete schwarze Zivilgesellschaft gegen das Apartheidregime gekämpft. Allerdings nicht, um dessen rassistische Institutionen durch private zu ersetzen, sondern um sie in »farbenblinde« demokratische zu verwandeln. Dieser Kampf war schließlich erfolgreich: Die Bemühungen der in den Civic Associations organisierten Township-Bevölkerung, den Staat »unregierbar« zu machen, war – gemeinsam mit den internationalen Sanktionen – der entscheidende Anstoß für das Einlenken der weißen Minderheitsregierung.

Tradition und Strukturen der aufsässigen Zivilbevölkerung gingen mit dem Regierungswechsel 1994 nicht vollständig verloren. Sie kommen heute unter anderem in den zahllosen Protesten der Township-Bevölkerung gegen die versagenden staatlichen Dienstleistungen zum Vorschein. Ihren bislang größten Erfolg im neuen Südafrika feierten die Aktivisten um die Millenniumswende, als Tausende von Mitgliedern der Treatment Action Campaign (TAC) den starrsinnigen Präsidenten Thabo Mbeki mit mehreren Gerichtsverfahren zumindest zu Korrekturen seiner verheerenden Aids-Politik zwangen. Dass man am Kap der Guten Hoffnung die Pandemie inzwischen einigermaßen in den Griff bekommen hat, ist vor allem Nichtregierungsorganisationen wie der TAC zuzuschreiben. Sie klärten die Bevölkerung auf, zwangen die Pharmaindustrie, die Preise für lebensrettende antiretrovirale Medikamente zu reduzieren, und rüttelten die politisch Verantwortlichen aus ihrer Angststarre auf. Kenner Südafrikas sind überzeugt, dass seine lebhafte Zivilgesellschaft das Land davor bewahren wird, in dieselbe Abwärtsspirale wie der Nachbarstaat Simbabwe zu geraten. Sie wird es nicht zulassen, dass käufliche Politiker das Kap der Guten Hoffnung in den Abgrund reißen, heißt es. Die Rede ist von aufrechten Persönlichkeiten, die sich auf die Moral, auf das Recht und Nelson Mandela als den Vater einer so vielversprechenden Nation zurückbesinnen. Die Rede ist von Menschen wie Thuli Madonsela.

Lichtblicke – was hoffnungsfroh stimmt

Die sanfte Faust – Thuli Madonselas Kampf gegen die Korruption

Südafrikas Gerichtsgebäude sind, wie in den meisten Staaten der Welt, monumentale Demonstrationen staatlicher Macht. Vor ihnen soll sich der gemeine Mensch wie ein kümmerliches Mäuschen vor der Felswand fühlen: Hier kann man nur demütig um Gerechtigkeit bitten oder reumütig der Anwendung des Rechts entgegenzittern. Vielen ist es – wie Franz Kafkas Protagonisten in der Kurzgeschichte *Vor dem Gesetz* – nicht vergönnt, bis zur Gerechtigkeit vorzudringen. Sie schaffen es höchstens in die vorderste Vorhalle der steinernen Justizpaläste.

Das Haus des Public Protectors in Pretoria erscheint schon von außen ganz anders. Die Fassade des in einem profanen Büropark gelegenen Gebäudes ist bis zum Dach verglast. Der Amtssitz des »Anwalts der Öffentlichkeit« soll einladen, statt einzuschüchtern. Hinter der gläsernen Eingangstür sind in einer lichtdurchfluteten Halle zwei Stuhlreihen montiert: Die hier zwischen Getränkeautomat und Tischchen voller Magazinen wartenden Besucher des Gesetzes können damit rechnen, innerhalb einer halben Stunde aufgerufen zu werden. Ihnen allen gemein ist, dass sie auf ihrer Suche nach Gerechtigkeit in den Justizpalästen gescheitert sind – oder von dort erst gar keine Hilfe erwarten. Der Minenarbeiter, der einen korrupten Kumpel angezeigt hat, dann aber selbst gefeuert wurde, weil der Kumpel mit dem Management unter einer Decke steckte. Der Grundstücksbesitzer, dem die Stadtverwaltung für sein enteignetes Land viel zu wenig Entschädigung bezahlte. Oder die verschuldete Großmutter, die verhindern will, dass sie von der Hypothekenbank aus ihrem Häuschen geworfen wird.

»Solche Fälle sind die Höhepunkte unserer Arbeit«, sagt Thuli Madonsela, als sie den Besucher in ihrem Büro im zweiten Stock des Public-Protector-Hauses empfängt. »Ich habe diesen Job mit dem Vorsatz angetreten, den kleinen Leuten eine Tür zu öffnen.« Die 53-jährige Juristin trägt ein elegantes beigefarbenes Kostüm und hat ihr künstlich verlängertes Haar zu unzähligen kleinen Zöpfen geflochten. Der Gast darf seinen Platz auf der Couchgarnitur in der geräumigen Amtsstube selber wählen; auf dem Beistelltischchen liegt ein Bildband über Nelson Mandela. Im Gespräch muss der Reporter sein Aufnahmegerät so dicht wie möglich an sein Gegenüber rücken, denn die Stimme der vom *Time Magazine* zu einer der 100 einflussreichsten Persönlichkeiten der Welt gekürten Frau ist pianissimo. Wer Thulisile Nomkhosi Madonsela nur ihrem Ruf nach kennt, muss spätestens jetzt aus allen Wolken fallen. Die unter Regierenden als ambitionierter Quälgeist verschriene und vom Volk als Heldin verehrte Juristin stellt sich als ausgesprochen sanftes Wesen heraus. Ob sie für diesen Job nicht viel zu zerbrechlich sei, wollte eine Parlamentarierin bei ihrer Bewerbung wissen. Thuli Madonsela schüttelte den Kopf.

Damals hätte sich die stets bedächtig formulierende Anwältin nicht träumen lassen, einmal zur Erzfeindin der Regierungspartei und zur letzten Hoffnung vieler Südafrikaner zu werden. Von der Jugendliga des ANC wird sie als »plumper Clown, Pseudo-Politikerin und Möchtegern-Celebrity« beschimpft. Einem Kapstädter Gangsterboss sollen 45 000 Euro versprochen worden sein, falls er die Nervensäge tötet. Unterdessen wird die zarte Juristin bei öffentlichen Auftritten wie ein Rockstar gefeiert: Umfragen zufolge gilt sie als beliebteste und vertrauenswürdigste Persönlichkeit des Landes.

Thuli Madonsela, deren siebenjährige Amtszeit im Oktober 2016 ablief, war der dritte Public Protector des neuen Südafrika – ihren beiden Vorgängern wusste Wikipedia gerade mal zwei Sätze zu widmen. Als sie im Herbst 2009 ihr Amt antrat, wurden dem Anwalt der Öffentlichkeit jährlich rund 5000 Beschwerden vorgetragen. Im Jahr 2015 waren es 39 817. In der Regel handelte es sich um Fälle, wie sie Madonsela mag: mit einer Frau oder einem Mann vom Lande als Protagonisten, die von der Staatsmaschinerie links liegen gelassen oder gar zermalmt zu werden drohten. Immer häufiger mischten sich jedoch Vorwürfe gegen Regierungsbeamte oder führende Politiker unter die Beschwerden, die ihr Amt zum persönlichen Vorteil ausgenutzt haben sollen. Darunter der Fall eines Ministers, der seine wegen Rauschgifthandels inhaftierte Freundin auf Kosten der Steuerzahler in einem Schweizer Knast besuchte. Und der eines Polizeichefs, der sich an der Anmietung eines neuen Hauptquartiers bereichert hatte. Mit ihren Ermittlungen sorgte Madonsela für die Entlassung zweier Minister, des Polizeichefs sowie des Präsidenten der Wahlkommission und brachte selbst den Sessel des Staatschefs Jacob Zuma ins Wanken.

Wenn ein Verantwortlicher »den Ball fallen lasse«, wie Madonsela Fehlleistungen von Staatsdienern nennt, könne das ganz unterschiedliche Gründe haben. In den meisten Fällen stecke nicht einmal böse Absicht dahinter: In dem in einem fundamentalen Wandel begriffenen Land sei viel »institutionelle Erfahrung« verloren gegangen, weil die alte Garde den Staatsapparat oder gar das Land verlassen habe. 80 Prozent der von ihrem Amt entgegengenommenen Beschwerden führt Madonsela auf bloße Inkompetenz zurück. Nur der Rest sei böser Wille. Dieser Rest ist allerdings im Wachsen begriffen, räumt die Anwältin ein, was zweifellos mit der politischen Führung zusammenhänge. »Habt ihr Deutschen nicht das Sprichwort, dass der Fisch vom Kopf her stinkt?«

Madonselas Berufsleben nahm eine dramatische Wende, als eines Tages die Enthüllung einer Wochenzeitung auf ihrem Schreibtisch landete. Danach hatte Präsident Jacob Zuma für den Bau seiner Privatvilla in dem Kuhnest Nkandla in der Provinz KwaZulu-Natal staatliche Mittel in Millionenhöhe erhalten – ein klarer Fall für den Public Protector. Eineinhalb Jahre lang gingen Madonsela und ihr Team den Vorwürfen nach und veröffentlichten im März 2014 einen 447-seitigen Bericht, über den sie den süffisanten Titel *Secure in Comfort (In komfortabler Sicherheit)* setzten. Darin wurde bestätigt, dass in Zumas Anwesen tatsächlich mehr als 240 Millionen Rand (damals fast 19 Millionen Euro) an Staatsgeldern geflossen waren – weit mehr als eine ausgewachsene Villa in Südafrikas *prime spot*, dem Kapstädter Millionärsviertel Clifton, kostet. Das Geld sei für Sicherheitsmaßnahmen des Präsidenten nötig gewesen, hieß es zur Begründung. Doch Madonselas Nachforschungen ergaben, dass dazu auch ein Schwimmbad, ein Amphitheater, ein Besucherzentrum, ein Viehgehege und ein Hühnerstall gehörten.

Am Ende ihres Berichts wies Madonsela den Präsidenten an, zumindest einen Teil des staatlichen Zuschusses zurückzuerstatten – eine Forderung, die Zuma und seine Freunde aus der Fassung brachte. Dass ein vom Präsidenten eingesetzter Beamter, noch dazu eine Frau, dem Staatsoberhaupt etwas vorschreiben wollte, kam einem unerhörten Affront gleich. Alle traditionellen afrikanischen Werte von der Macht des Patriarchen schienen auf den Kopf gestellt zu sein. »Sie hatten offensichtlich ihre Verfassung nicht gelesen«, sagt Madonsela leise, aber bestimmt.

Dass Südafrikas Grundgesetz als eines der fortschrittlichsten der Welt gilt, ist vor allem seinem 9. Kapitel zu verdanken. Dies schreibt die Etablierung von sechs unabhängigen und über die Exekutive wachenden Institutionen vor – wie den Public Protector, die Menschenrechts- und Wahlkommission und den Rechnungshof. Nelson Mandela hatte auf der Aufnahme solcher Kontrollinstanzen in die Verfassung bestanden. Er hatte miterlebt, wie Korruption, Patronage und Misswirtschaft einen unabhängig gewordenen afrikanischen Staat nach dem anderen zersetzten. Mit dem ersten Absatz des 9. Kapitels wird das Amt des Public Protectors eingeführt: eine selbst in westlichen Demokratien ungewöhnliche und höchst einflussreiche Wächterinstanz. Man kann den Public Protector als mächtigen Ombudsmann beschreiben. »Ein Ombudsmann auf Anabolika«, sagt Madonsela und lacht.

Aufgabe des von der Regierung ernannten gedopten Wächters ist es, Unregelmäßigkeiten in den Regierungsgeschäften und der staatlichen Verwaltung zu verfolgen – und zwar unabhängig von der Exekutive und »ohne Furcht, Begünstigungen oder Voreingenommenheit«. Stößt der Public Protector auf einen Missstand, soll er »abhelfende Maßnahmen« ergreifen. Dazu muss er weder den Präsidenten noch einen Minister um Erlaubnis fragen.

Löschwasser im Schwimmbad

Zunächst wollte Zuma den Bericht Madonselas in der Schublade verschwinden lassen. Er sehe sich nicht an die Forderungen der Anwältin gebunden, erklärte der Staatschef und beauftragte seinen Polizeiminister, ein Gegengutachten zu erstellen. Der kam, kaum überraschend, zu dem Ergebnis, dass alle »Sicherheitsmaßnahmen« nötig gewesen seien: Das Schwimmbad werde bei einem Brand als Löschwasserreservoir und das Amphitheater im Notfall als Versammlungsplatz gebraucht. Als sich Madonsela mit solchen Mätzchen nicht zufriedengeben wollte, wurden die Angriffe rauer. Die Frau mit der »hässlichen dicken Nase« komme sich offensichtlich als »Vize-Jesus« vor, wetterten Vertreter der Regierungspartei. Und der stellvertretende Verteidigungsminister gab bekannt, Madonsela sei im Nebenberuf für den amerikanischen Geheimdienst tätig.

Diese Attacken seien nicht spurlos an ihr vorübergegangen, räumt Madonsela ein. Vor allem habe ihr wehgetan, dass die Entgleisungen ausgerechnet von ihren *comrades* kamen. Die Juristin war einst selbst Mitglied des ANC und schrieb in dessen Auftrag sogar die Verfassung mit. Als sie ein öffentliches Amt antrat, ließ sie ihre Parteimitgliedschaft allerdings ruhen – Ausdruck einer politischen Hygiene, die den meisten ihrer *comrades* offensichtlich fremd ist. »In unserem Konflikt geht es nicht so sehr um Macht, es geht um Werte«, sagt Madonsela.

Wie viele ihrer *comrades* wuchs Thuli in Soweto auf, der legendären Township am Rand von Johannesburg, die sich im Kampf gegen die Apartheid zur Brutstätte des Widerstands entwickelt hatte. Ihr Vater wurde regelmäßig von der Polizei aufgegriffen, wenn er wieder einmal ohne Genehmigung seine Waren auf der Straße verkaufte. Vor Gericht habe er sich stets selber verteidigt und anschließend der Familie von seinen Triumphen berichtet, erzählt die Tochter. »Das hat gewiss dazu beigetragen, dass ich Jura studieren wollte.« In ihrem Zimmer hing ein von Thuli selbst gemaltes Porträt Mandelas. Der inhaftierte Jurist war ihr Idol.

Ihre »sehr alten« und religiösen Eltern hätten großen Wert auf Respekt und gute Manieren gelegt und ihrer Tochter die Bedeutung von »richtig« und »falsch« eingebläut, fährt die nur auf den ersten Blick zerbrechlich erscheinende Juristen fort. »Sie brachten mir bei, immer für das einzustehen, was meiner Auffassung nach das Richtige ist. Davon kommt wohl meine Standfestigkeit.« Dass viele ihrer *comrades* den moralischen Kompass verloren haben und die junge Republik immer tiefer in den Schlamm der Korruption geriet, hat auch Madonsela überrascht: »Wir waren immer davon ausgegangen, dass diejenigen, die wir an die Macht bringen, von Selbstlosigkeit und der Vision getrieben sind, eine bessere Gesellschaft zu schaffen.« Zur Ehrenrettung ihrer Ex-*comrades* sucht sie einzuwenden, dass viele der Leute, die heute das Sagen haben, beim Kampf gegen die Apartheid gar nicht dabei gewesen seien. Das trifft zumindest auf Präsident Zuma und sein Kabinett allerdings nicht zu.

David gegen Goliath

Die »liebevolle, einfühlsame eiserne Faust«, wie Madonsela von ihrer Tochter Wenzile genannt wird, sorgte dafür, dass der Fall Nkandla in keiner Schublade verschwand. Sie schloss sich der Verfassungsklage der oppositionellen Economic Freedom Fighters an, die höchstrichterlich bestätigt haben wollten, dass auch der Staatschef an die Empfehlungen des Public Protectors gebunden ist. Da Kapitel 9 der Verfassung keinen Zweifel zulässt, gaben die elf Verfassungsrichter Madonsela einstimmig recht und warfen Zuma einen gravierenden Bruch des Grundgesetzes vor. In den meisten anderen Staaten der Welt hätte ein solches Urteil zum sofortigen Rücktritt des Präsidenten geführt. Doch am Kap der Guten Hoffnung scheinen sich die Grundsätze einer sauberen Regierungsführung noch nicht eingebürgert zu haben. Immerhin musste Zuma zumindest einen kleinen Teil der unlauteren staatlichen Bauhilfe zurückerstatten – vor allem aber hatte es jemand gewagt, dem auf immer fragwürdigere Weise regierenden Staatschef Paroli zu bieten.

In seinem fast poetisch formulierten Urteil sprach Richter Mogoeng Mogoeng vom »Kampf eines David gegen Goliath«, und auf der Straße riefen Demonstranten »Thuli for President«. Erstmals seit Nelson Mandelas Tod und dem Rückzug des anglikanischen Erzbischofs Desmond Tutu aus der Öffentlichkeit hatten die Südafrikaner wieder ein Idol: Jemand, der weiß, was richtig und falsch ist, und sich korrupten Machthabern in den Weg zu stellen wagt. Madonselas Triumph war ein Sieg der Moral über den Eigennutz – und ein Erfolg der Verfassung über die Willkürherrschaft. Solange Südafrika dieses Grundgesetz habe, sei das Land davor gefeit, von einer macht- und geldgierigen Elite als Geisel genommen zu werden, meint die Ombudsfrau. Doch auch die Verfassung ist auf Menschen angewiesen, die sich auf sie berufen und sie zur Anwendung bringen.

Wie abhängig Institutionen von ihren Steuerfrauen oder -männern sind, wurde nach dem Ende der siebenjährigen Amtszeit der sanften Eisernen Lady deutlich. Eine erneute Ernennung ist laut Verfassung nicht zulässig. Präsident Zuma und seine Partei wussten den Lapsus zu vermeiden, der ihnen bei der Berufung Madonselas sieben Jahre zuvor unterlaufen war, und bestallten eine Nachfolgerin, die als ehemaliges Mitglied beim Geheimdienst zumindest Loyalität versprach. Busisiwe Mkhwebane stellte von vornherein klar, dass sie dem Konfrontationskurs ihrer Vorgängerin mit der Staatsmacht nicht folgen werde, und ordnete als eine ihrer ersten Amtshandlungen an, auf den Bildschirmen ihres gläsernen Hauptquartiers nicht mehr den unabhängigen Privatsender ENCA, sondern den Propagandakanal der Gupta-Familie ANN7 laufen zu lassen. Als Priorität gab die neue Ombudsfrau an, sich auf ländliche Gebiete konzentrieren zu wollen. Von ihr haben die Mächtigen nichts mehr zu befürchten.

Thuli Madonselas Geschichte als Anwältin der Öffentlichkeit zeigt, wie wichtig einzelne Persönlichkeiten beim Schutz einer noch jungen Demokratie sind. Um sich den Staat gefügig zu machen, musste Jacob Zuma kein Jota an der Verfassung ändern. Es genügte, in wichtige Institutionen wie die Ministerien, die Rundfunkanstalt, die Generalstaatsanwaltschaft und die Schaltstellen der staatlichen Konzerne seine Erfüllungsgehilfen zu setzen. Wenigstens muss man ihm dankbar dafür sein, dass er nicht gleich die ganze Verfassung außer Kraft gesetzt und die von ihr etablierten Institutionen zerschlagen hat. Denn so bleibt die Hoffnung, dass der ganze Spuk innerhalb kürzester Zeit ein Ende hat, wenn die Marionetten wieder durch Persönlichkeiten ersetzt werden. Die unglückselige Ära des raffgierigen Raubritters hätte dann wenigstens ein fruchtbares Ende gefunden: Als ein jedem ersichtliches Beispiel der katastrophalen Auswirkungen, die ein gewissenloser Präsident auf ein noch zerbrechliches Staatswesen haben kann. Aller Welt dies vor Augen geführt zu haben, ist das bleibende Verdienst der sanftmütigen Faust.

Das Downtown-Duett – wenn Hautfarbe keine Rolle mehr spielt

Sie räumen gleich mit zwei scheinbar ehernen Wahrheiten auf: dass man im alten Stadtzentrum Johannesburgs nicht leben und dass ein schwarz-weißes Liebesverhältnis – vor allem im ehemaligen Apartheidstaat – keine Aussicht auf Erfolg haben kann. Auch im dritten Jahr ihrer Liebe machen Sophie (33) und Tsepo (24) einen ausgesprochen glücklichen Eindruck. Und das Haus, in dem sie mitten im hektisch schlagenden Herzen der Goldgräberstadt wohnen, ist ein Juwel.

Mit seiner runden Front und dem eckigen, stufenweise zurückversetzten Aufbau erinnert das in den 1930er Jahren des vergangenen Jahrhunderts im Stil des Art déco errichtete Anstey's Building an die New Yorker Radio City Music Hall – nur dass in Anstey's untersten vier Stockwerken statt eines Konzertsaals einst ein nobles Kaufhaus residierte. In den oberen 20 Etagen, die das Gebäude damals zu einem der höchsten Wohnhäuser des Erdteils machten, lebten wohlsituierte Yuppies und Bohemiens. Mit dem Abzug zahlreicher Firmen aus der zu eng gewordenen Innenstadt kam es in den 1980er Jahren zu seinem Niedergang, der schließlich dazu führte, dass eine Dreizimmerwohnung im Anstey's für umgerechnet 250 Euro zu haben war.

Der Totalzerfall des Central Business Districts wurde im neuen Südafrika gerade noch einmal abgewendet. Nur wenige Häuser mussten abgerissen werden, viele wurden renoviert, einige gammeln noch heute vor sich hin. Aus dem amerikanisch anmutenden Zentrum der weißen Geschäftswelt ist eine brodelnde afrikanische Metropole geworden, in der sich Menschen aus allen Teilen des Kontinents am Leben zu erhalten suchen. In den Straßenschluchten herrscht ein Sprachengewirr wie einst beim Turmbau zu Babel: Neben den Kolonialsprachen Englisch, Französisch und Portugiesisch sind Kisuaheli, Somalisch, Amharisch, Lingala, Igbo oder die Klicklaute der Xhosa zu hören. Seit die Stadtverwaltung mehr als 400 Überwachungskameras installieren ließ, ist der Distrikt sogar etwas sicherer geworden: Selbst McDonald's und Kentucky Fried Chicken wagten sich ins afrikanische Babylon zurück.

Auch das Anstey's entkam im letzten Moment der Abrissbirne und wurde wieder aufpoliert. Das zehneckige Entree vor den Lifts zieren Spiegel und ein Messingfries: Darauf schwingen Affen an

Lianen, während ein nach Afrika verirrter Hirsch lautlos in die Welt röhrt. Sogar die alten Lifte funktionieren wieder. Allerdings in einem Tempo, das ungeduldige Zeitgenossen wesentlich schneller in die Luft gehen lässt, als die Kabine das schafft. Nach mehreren ewig erscheinenden Minuten ist der Gast schließlich im 16. Stockwerk angelangt. »Du hattest Glück, dass du den Expresslift erwischt hast«, sagt Tsepo und lacht.

Aus der Wohnung schallt Kammermusik, die lichtdurchfluteten Räume sind mit Parkett ausgelegt. Im Wohnzimmer steht eine Harfe, daneben ein Cello, an der Wand hängt ein Foto von Herbert von Karajan. In den 1950er Jahren sei Nelson Mandela hier ein- und ausgegangen, erzählt Sophie. Damals gehörte die Wohnung Cecil Williams, einem dandyhaften, weißen, kommunistischen Mitstreiter Mandelas, der im August 1962 gemeinsam mit dem Befreiungsführer verhaftet wurde. Der Balkon bietet einen atemberaubenden Blick über die Stadt. Die Flachdächer der umliegenden Gebäude stellen sich als vor den Blicken der Öffentlichkeit geschützte Soziotope heraus, wo Wunderheiler ihre kranken Gläubigen empfangen, Männer Bier trinken und Rastas Marihuana anpflanzen.

Es war Sophie, die das Anstey's als gemeinsamen Wohnort ausgewählt hatte, weil die Innenstadt sowohl geografisch als auch sozial genau in der Mitte liege – zwischen der Mega-Township Soweto und den einst Weißen reservierten Vororten von Johannesburg. Das Anstey's teilen sich heute weiße Künstler, braune Krankenschwestern und schwarze Fotografen – die Atmosphäre im Haus sei »großartig«, schwärmt Sophie. Auch wenn sie auf dem Weg zum Parkhaus zuweilen ruppige Szenen miterlebe und eines Nachts mit ihrer Harfe fast über einen auf dem Trottoir liegenden Toten gestolpert wäre, habe sie ihre Wahl noch nie bereut. »Nirgendwo ist das Leben ansteckender und ehrlicher als hier in der Stadt«, meint die Journalistin.

Die Radio-Korrespondentin aus dem Elsass und der schwarze Cellist lernten sich im Kitchener, einer populären Bar im Studentenviertel Braamfontein, kennen. Mitten im Gedränge sah sich die Hobby-Harfenistin plötzlich in ein Gespräch über Rachmaninow, Prokofjew und Schostakowitsch verwickelt: Ihr junger Gegenüber aus Soweto stellte sich als ebenso leidenschaftlicher Liebhaber der russischen Klassik wie sie selbst heraus. Eigentlich sei sie zu diesem Zeitpunkt gar nicht an einer Liaison mit einem schwarzen Südafrikaner interessiert gewesen, sagt die BBC-Korrespondentin. Sie hatte schon erste, weniger erbauliche Erfahrungen gesammelt.

Dead White Men's Music

Liebesbeziehungen zwischen schwarzen und weißen Südafrikanern – einst per Gesetz verboten – sind am Kap der Guten Hoffnung noch immer ausgesprochen selten. Das liegt einerseits an der sozialen und gesellschaftlichen Kluft, die zwischen Schwarz und Weiß weiterhin klafft und die die Herstellung eines partnerschaftlichen Äquilibriums zumindest erschwert. In der Regel scheitern multikulturelle Beziehungen an den verschiedenen Auffassungen über die Rolle der Geschlechter oder daran, dass sich der finanziell mächtigere Partner irgendwann ausgenutzt fühlt. Doch für Tsepo wiegen die von der Vergangenheit geschlagenen Wunden am schwersten: Er könne sich beim besten Willen nicht vorstellen, jemals mit einer weißen Südafrikanerin zusammenzuleben. »Wir würden uns vermutlich jeden Abend über die Vergangenheit und die noch heute von Weißen genossenen Privilegien streiten.« Das erklärt auch, warum es sich bei den wenigen gemischten Paaren in Südafrika meist um internationale »Angelegenheiten« handelt: Zumindest einer der Partner kommt aus Europa oder den USA.

Tsepos Familie lebt schon seit Urzeiten in der Region um das heutige Johannesburg. Sein Ururgroßvater schürfte Gold am Witwatersrand, die noch immer rüstige, weit über 90-jährige Urgroßmutter arbeitete als Hausgehilfin in einer weißen Familie. Tsepos alleinerziehender Mutter lag die Ausbildung ihrer zwei

Söhne wie nichts anderes am Herzen. Als Ältester erhielt er schon in der Kindergartenzeit englische Tonbandkassetten, damit er so schnell wie möglich die Sprache der weißen Geschäftswelt beherrsche. Tsepo besuchte niemals eine »Township-Schule«, er absolvierte die Grundschule im indischen Wohnviertel Lenasia. Später brachte seine Mutter die Mittel auf, ihn in die anglikanische Missionsschule St. Barnabas zu schicken. Dort legte sein Musiklehrer Wert darauf, dass jeder Schüler ein Instrument erlernt. Tsepo wählte das Cello.

Beim ersten Mal im Schulorchester seien ihm Augen und Ohren übergegangen, erzählt Tsepo. Viele der Instrumente hatte er noch nie zuvor gesehen, »und erst der Klang!« Ängstlich, den Zauber zu zerstören, tat der junge Cellist zunächst nur so, als ob er spielen würde. Nur langsam wuchs sein Selbstvertrauen. Und irgendwann stand fest: Er wollte Musiker, am liebsten Dirigent, werden.

Interpreten klassischer Musik sind in Südafrika fast so selten wie Schlittschuhläufer. Unter jungen Landeskindern, ob schwarz oder weiß, werden die Klänge eines Wolfgang Amadeus Mozart oder Pjotr Iljitsch Tschaikowski gern als DWMM, »Dead White Men's Music«, abgetan. Es gibt das Johannesburger Jugendorchester, das auch Nachwuchsmusikern aus den Townships eine Chance einräumt – oder das Johannesburger Philharmonische Orchester, in dem noch lange Zeit nur weiße Musiker spielten. Irgendwann sahen die Sinfoniker jedoch ein, dass sie die Mehrheit der Bevölkerung nicht ignorieren konnten, wollten sie ihr ökonomisches Aus abwenden. Sie gründeten eine Akademie für schwarze Talente, in der auch Tsepo Aufnahme fand. Die Musikstudenten wurden in einem Apartmenthaus im rauen Johannesburger Stadtteil Berea untergebracht, wo sie aus Platzmangel in der Dusche üben mussten und nachts von den Schüssen der Gangsterbanden wach gehalten wurden. Anderntags gingen sie zu Fuß im Smoking und mit ihren Instrumentenkästen zur Philharmonie. Und wenn sie zu spät zur Probe kamen, seien sie vom Konzertmeister zur Schnecke gemacht worden, erinnert sich Tsepo.

Mit weißen Musikern, die ihn kaum zur Kenntnis genommen hätten, und für ein ausschließlich weißes Publikum zu spielen, habe ihm nie wirklich Spaß gemacht, fährt der junge Cellist fort: »Man sollte die Leute mögen, mit denen man Musik macht.« Schließlich brach auch noch die Akademie im finanziellen Chaos zusammen: Nach dreijährigem Studium wurden Tsepo und seine Kommilitonen von einem Tag auf den anderen und ohne jegliches Zertifikat wieder nach Hause geschickt. Inzwischen hat das Philharmonische Orchester auch selbst das Zeitliche gesegnet: Es tritt höchstens noch alle paar Monate einmal zu besonderen Anlässen auf. Tsepo glaubt nicht, dass ihm Südafrika musikalisch noch etwas bieten kann. Er will so schnell wie möglich nach Berlin, um dort von der jahrhundertealten klassischen deutschen Unterrichtstradition profitieren zu können.

Und Sophie kommt mit. Sie kann sich nicht vorstellen, Tsepos Ambitionen im Weg zu stehen: »Ich möchte, dass er seinen Träumen folgt.« Und das heißt, irgendwann Sinfoniekonzerte und Opern in Südafrikas Townships zu bringen, wo Bach, Beethoven oder Bruckner auf völlig neue Weise gehört werden würden. Eine harmonischere Beziehung als mit dem Cellisten aus Soweto hat die französische Hobby-Harfenistin noch nie erlebt. »Wir sind beide sehr leidenschaftlich und unabhängig«, sagt die BBC-Korrespondentin. »Das Einzige, was mich stört, ist, wenn er sein Geschirr nicht abwäscht.«

Zu ihrem Glück stellte sich Tsepo zumindest als ehrgeiziger Koch heraus. Anderswo hat der südafrikanische Machismo schon so manche interkulturelle Beziehung scheitern lassen – vor allem, wenn es sich beim männlichen Partner um einen schwarzen Südafrikaner handelt. Die Überzeugung, dass Frauen und Männer gleichberechtigt sein sollten, wird an der Südspitze Afrikas – vorsichtig ausgedrückt – nicht überall geteilt, selbst unter ansonsten aufgeschlossenen Städtern nicht. Für eine Mehrheit der hiesigen Männer ist es selbstverständlich, neben der Ehefrau noch Freundinnen – oder wie Jacob Zuma weitere Ehefrauen –

zu haben. Dass eine Frau dasselbe Recht für sich in Anspruch nimmt, ist ausgeschlossen. Aus Gründen der Arithmetik müssen ungefähr genauso viele Frauen ihre Männer wie Männer ihre Frauen betrügen. Erstere tun jedoch gut daran, dies nicht an die große Glocke zu hängen. Sophie meint, auch in dieser Hinsicht Glück gehabt zu haben: Mit Tsepo sei sie an einen Angehörigen des Volks der Tswana geraten, die im Gegensatz zu den Zulu die Monogamie hochhielten.

Von Geistern und Sehern

Und trotzdem: Wie kann eine auf- und abgeklärte Europäerin mit einem Menschen aufs Engste vertraut sein, der an die Präsenz seiner als Geister gegenwärtigen Ahnen glaubt und zum Medizinmann geht, wenn ihn sein Blinddarm plagt? Tsepo räumt ein, dass er trotz aller Liebe zur klassischen Musik ein »zutiefst traditioneller Afrikaner« sei – und dass es zwischen dem westlichen und afrikanischen Weltverständnis entscheidende Unterschiede gebe. »Wir sind spirituell und auf die Gemeinschaft bezogen. Ihr seid individualistisch und nach außen gerichtet.« Bei der Begegnung der beiden Welten in den vergangenen Jahrhunderten habe sich der aggressive europäische Individualismus als auf verhängnisvolle Weise dominant erwiesen: Millionen von Afrikanern wurden während der Sklaverei und des Kolonialismus getötet, verschleppt und um ihre Besitztümer gebracht. Die psychologischen Folgen dieses Raubzugs sind noch heute zu spüren – vor allem in Südafrika, wo die Überlegenheit der Bleichgesichter noch bis vor nicht allzu langer Zeit im Gesetzbuch festgeschrieben war. Tsepo meint, ein völlig unterschiedliches Selbstbewusstsein unter weißen und schwarzen Musikern ausmachen zu können: »Wenn es ums Vorspielen geht, sind die Weißen siegessicher und voller Selbstvertrauen. Dagegen werden wir Schwarze ständig von Selbstzweifeln geplagt.«

Die Dichotomie zwischen den spirituellen Afrikanern und den extrovertierten, auf die Unterwerfung der Welt konzentrierten

Europäern ist für Sophie offenbar weniger stark ausgeprägt. Auch ihre elsässische Großmutter habe in Krankheitsfällen erst einmal Zuflucht bei Kräutern gesucht. Und den Glauben an eine spirituelle, von unsichtbaren Mächten belebte Welt finde sie ebenfalls in ihrer eigenen Familie wieder. Sophie ist überzeugt davon, dass ihr Freund über ein außergewöhnliches spirituelles Sensorium verfügt. Einen Tag vor Mandelas Tod habe er geträumt, wie die Ikone der Südafrikaner schweigend in der Ferne verschwand. Und als Tsepos Großmutter einmal alleine in ihrem Haus in Soweto zusammenbrach, habe sich der von einer bösen Ahnung alarmierte Enkel bereits auf dem Weg zu ihr befunden. Statt davon befremdet zu sein, sorgen solche Erfahrungen offenbar dafür, dass sich Sophie in ihrer Beziehung mit Tsepo geborgen fühlt – mehr als mit anderen Partnern zuvor.

Selbstverständlich lebe sie mit Tsepo in einer *bubble*, räumt die Journalistin ein – in einer vom Rest der Gesellschaft abgesonderten Blase. Zu ihrem Freundeskreis gehören nur Menschen, für die Hautfarbe irrelevant und kulturelle Unterschiede eher spannend als verunsichernd sind. Viele Südafrikaner, ob schwarz oder weiß, schauen dem gemischten Doppel auf der Straße allerdings noch immer argwöhnisch nach: manche neidisch, andere verächtlich. Sophie hofft, dass sich das irgendwann ändert und aus der separierten Gesellschaft ein wirklicher Regenbogenstaat wird. »Aber zuerst«, wirft Tsepo ein, »will ich von den weißen Südafrikanern endlich mal hören, dass es ihnen leidtut, was sie hier angerichtet haben.«

Der Topf am Ende des Regenbogens – eine Schule, die Hoffnung macht

Lerato hat mich vorgewarnt. »Father Dryden ist manchmal ein bisschen rassistisch«, sagte meine Tochter auf dem Weg zur Schule, »aber sonst ist er ganz nett.« Tatsächlich bestätigt der Jesuitenpater ihre Warnungen: Nachdem der zwölfköpfige Schulchor zu Beginn der Messe einen afrikanischen Choral gesungen hat, drückt Vater Dryden seine »besondere Freude« darüber aus, dass das College einen »schwarzen Chor« hat. Autsch! Schuldirektor Colin Northmore verzieht das Gesicht: Das war mal wieder haarscharf daneben. Oberflächlich betrachtet hat der Priester ja recht: In der Tat sind alle Chorsänger dunkler Hautfarbe. Doch erstens ist das schon seit Jahrzehnten nichts Besonderes. Und zweitens gibt es für Colin Northmore und seine Schule keinen »schwarzen Chor«. »Das ist *unser* Chor«, sagt der Direktor bestimmt, »ob er nun schwarz, weiß, grün oder lila ist.«

Heute wird Sacred Heart Day, der Geburtstag der fast 100-jährigen katholischen Schule, gefeiert. Die rund 1000 Eleven der vom Kindergarten bis zum Abitur reichenden Lehranstalt haben keinen Unterricht: Erst wird eine Messe zelebriert, und dann ist Partytime. Beim Gottesdienst in der Turnhalle des Sacred Heart Colleges fällt auf den ersten Blick das Besondere der Bildungsstätte auf: Die weit überwiegende Mehrheit der Schülerinnen und Schüler ist schwarz, eine beträchtliche Minderheit ist weiß, außerdem gibt es »farbige«, indische und chinesische Kinder. Ein akkurates Abbild der südafrikanischen Gesellschaft – die Regenbogennation bei der Ausbildung. Was außerdem auffällt: Die Kids sitzen nicht wie von unsichtbarer Hand arrangiert nach ihrer Hautfarbe getrennt, wie das anderswo meist der Fall ist – etwa in der Deutschen Internationalen Schule Johannesburg, wo die dunkelhäutige Minderheit der Schüler wie ein vom Wasser abgestoßener Ölfleck auf der Oberfläche schwimmt. Deshalb hatten wir Marvin und Lerato einst aus der ansonsten durchaus liebenswerten Schule genommen. Fack ju, Göhte.

Das Sacred Heart College ist im ganzen Land bekannt – als eine der ersten Bildungsstätten, die sich einst der von der Regierung befohlenen Rassentrennung widersetzte. Fast 20 Jahre vor dem Ende der Apartheid ließ die Schule Mitte der 1970er Jahre die ersten dunkelhäutigen Schüler zu – die Rassistenregierung hatte, zumindest indirekt, sogar darum gebeten. Damals hatte es Pretoria endlich geschafft, mit ein paar afrikanischen Staaten diplomatische Beziehungen aufzunehmen. Jetzt mussten die Kinder der Diplomaten in präsentablen Lehranstalten untergebracht werden. Sacred Heart sagte unter der Bedingung zu, dass die Schule künftig auch schwarze Südafrikaner aufnehmen könne. Zähneknirschend drückte Pretoria beide Augen zu. Während der unruhigen 1980er Jahre wurde die Schule immer wieder zur Fluchtburg politischer Aktivisten, die in den Klassenzimmern übernachteten, wenn sie sich wegen der Polizei nicht nach Hause wagen konnten. Viele prominente Befreiungskämpfer schickten ihre Kinder ins Heilige Herz, auch Nelson Mandelas Enkel drückten hier die Schulbank. Als ihr Großvater Präsident des Landes war, soll er sogar regelmäßig zu Elternabenden erschienen sein. Heute bringe die neue Elite der Regierungspartei ihre Sprösslinge in luxuriöseren Bildungsetablissements unter, klagt Colin Northmore. Auch wenn das Sacred Heart College zur »Ivy League« der südafrikanischen Schulen gehört: Luxuriös kann man die Lehranstalt mit ihren abgenutzten Gebäuden gewiss nicht nennen.

Keine katholische Kaderschmiede

Jeremy Crouch, einer der Präsidenten der Schülervertretung, feiert heute die letzte Messe seiner Schulzeit. Der 18-jährige Abiturient muss eine kurze Ansprache unter dem zentnerschweren Titel *Glauben* halten. Doch statt den herkömmlichen katholischen Glauben an den allmächtigen Gott und seine jungfräuliche Mutter zu rezitieren, dreht der Abiturient den Spieß um – und spricht von der Notwendigkeit, zuallererst mal an sich selbst zu glauben. In einem strikteren katholischen Umfeld hätte seine frevlerische Rede zu einem Eklat geführt. Im Sacred Heart College wird begeistert geklatscht. »Wir legen Wert auf eigene Denkkonzepte«, sagt Direktor Northmore, denn die Schule wolle alles andere als eine katholische Kaderschmiede sein. In den Klassenzimmern sitzen Christen neben Muslimen, Juden neben Hindus und Atheisten neben Agnostikern – auch in dieser Hinsicht ein Spiegelbild der Multikulti-Nation. »Wir sind der Topf voller Gold am Ende des Regenbogens«, scherzt Colin Northmore unter Anspielung auf den Schatz, den der irischen Mythologie zufolge Kobolde dort versteckt haben.

Es ist ein geschichtsträchtiger Schatz. Das College gehört zum Orden der Maristen, den der Franzose Marcellin Champagnat 1817 gründete. Marcellin hatte am eigenen Leib die Folgen des Bildungsnotstands in seiner von der Revolution durcheinandergewirbelten Heimat erlebt: Weil er nicht gut genug lesen und schreiben konnte, wurde er zunächst wieder aus dem Priesterseminar geworfen. Später gründete Marcellin einen Orden, dessen Brüder sich vor allem um die Ausbildung von Kindern aus benachteiligten Familien kümmern sollten. Sie breiteten sich Mitte des 19. Jahrhunderts auch in Afrika aus und errichteten 1889 in Johannesburg die erste Jungenschule für Goldgräberkinder. Angesichts des fulminanten Wachstums des Digger-Eldorados war die Schule bald zu klein. Im damals noch abgelegenen Stadtteil Observatory wurde deshalb ein ausgewachsenes College mit einem guten Dutzend Gebäuden und allen erdenklichen Sportanlagen errichtet. Wie damals selbstverständlich, dienten die Johannesburger Dependancen der Maristenbrüder nur weißen Schülern. Für Afrikaner gab es eigene Missionsschulen, die gewöhnlich in ländlichen Gebieten lagen. Sie waren nicht unbedingt minderwertig: Viele der späteren ANC-Größen drückten wie Oliver Tambo und Nelson Mandela in solchen Lehranstalten die Schulbank.

Als 1948 die burischen Nationalisten an die Macht kamen, krempelten sie das Schulsystem radikal um. Als Minister für »Angelegenheiten der Eingeborenen« ordnete der auch in Deutschland ausgebildete Hendrik Verwoerd an, dass Schwarze keine weiterführende Schulausbildung bräuchten – sie würden ja ohnehin nur als »Holzhauer und Wasserträger« eingesetzt. Es sei »absurd«, wenn »Bantu-Kindern« Mathematik oder andere intellektuelle Fertigkeiten beigebracht würden, die sie später im Leben gar nicht anwenden könnten. Verwoerd ließ für die »Eingeborenen-Schulen« einen Liliputlehrplan ausarbeiten und legte fest, dass dunkelhäutige Kinder in den sieben Grundschulklassen lediglich in ihrer jeweiligen afrikanischen Muttersprache, in der Sekundarstufe dagegen nur noch in Afrikaans oder Englisch unterrichtet werden sollten. Das war als Sollbruchstelle für die höhere Schule gedacht und erwies sich als fürchterlich wirksam. Ferner verfügte Verwoerd, dass Lehrer für schwarze Kinder lediglich ein Jahr höhere Schule sowie ein Jahr Pädagogen-College absolvieren mussten. Sie sollten so schlecht wie möglich ausgebildet sein.

Die meisten Missionsschulen stellten daraufhin den Betrieb ein und verkauften ihre Gebäude dem Apartheidstaat. Lediglich die katholische Kirche machte weiter. Nun musste sie für alle Kosten des Schulbetriebs allerdings selbst aufkommen. Das gelang immerhin so gut, dass die Missionsschulen Oasen für die Ausbildung junger schwarzer Intellektueller blieben. Steve Biko, der spätere Führer der Black-Consciousness-Bewegung, besuchte das katholische College in Marianhill. Unterdessen stürzten die staatlichen Schulen für Schwarze – wie beabsichtigt – ins Chaos: Überforderte Lehrer suchten beim Rohrstock oder bei der Bierflasche Zuflucht, zwangen Schülerinnen für bessere Noten zum Sex und tauchten überhaupt nur noch sporadisch zum Unterricht in den verfallenden Lehranstalten auf. Für die Schulbildung eines weißen Pennälers gab der Apartheidstaat viermal mehr aus als für ein schwarzes Kind.

Erst Befreiung, dann Bildung

Der 16. Juni ist noch heute ein Feiertag. An diesem Tag gingen 1976 in Soweto schwarze Schüler auf die Straße, nachdem die Schulverwaltung angeordnet hatte, dass in der Sekundarstufe künftig nicht mehr auf Englisch und Afrikaans, sondern nur noch auf Afrikaans unterrichtet werden dürfe. Auf diese Weise sollten Schwarze von der englisch dominierten Geschäftswelt sowie von liberalen Ideen ferngehalten werden. Die zornigen Pennäler warfen Steine und zündeten Häuser an, die Polizei erschoss fast 200 minderjährige Demonstranten und verhaftete Tausende. Schnell breitete sich der Schüleraufstand über das ganze Land aus – er sollte schließlich zum Fanal für die weiße Minderheitenherrschaft werden. Die Jugendlichen übernahmen die Initiative im Befreiungskampf, machten die schwarzen Townships unregierbar und sorgten dafür, dass die Regierung ihren Traum vom ewigen Herrschen endlich aufgeben musste.

Auf der Strecke blieben die Schulen. Sie galten als Symbol des Unterdrückerstaats. Zumindest in den Townships des Landes fand ab Mitte der 1980er Jahre höchstens noch sporadisch Unterricht statt. Als Parole hatten die jungen Befreiungskämpfer ausgegeben: »Liberation first, education later!« Am desolaten staatlichen Schulsystem hat sich selbst zwei Jahrzehnte nach der Wende nicht viel geändert: Während 5000 der 28 000 Schulen des Landes »befriedigende bis exzellente Arbeit« leisteten, befinde sich der Rest in einem »arbeitsunfähigen bis schockierenden« Zustand, heißt es in einer Studie. Ausgerechnet nach der politischen Gezeitenwende rutschte Südafrikas Bildungssystem im internationalen Vergleich noch tiefer in den Keller. Inzwischen ist die junge Nation auf Rang 140 von 144 untersuchten Ländern gesackt. In Mathematik und Physik wird der Standard der hiesigen Staatsschulen nur noch vom Jemen unterboten.

Nirgendwo standen Nelson Mandelas Gesellschaftsreformer vor größeren Herausforderungen als im Bildungsbereich. Sie mussten nicht weniger als 80 nach Regionen und Rassen getrennte Schulverwaltungen vereinen, die Lehrerausbildung neu ordnen und neue Lehrpläne erstellen. Welten mussten überwunden werden, die von einer Dorfschule unter Bäumen mit barfüßigen Kindern über desolate Township-Schulen mit zornigen Teenagern bis zu städtischen Bildungstempeln mit eigenem Rugby-Platz und Schwimmbad reichten. Keiner kann behaupten, dass der

Brückenschlag gelungen sei: Noch immer sind die Institutionen Lichtjahre voneinander entfernt. Ob jemand nach zehn Schuljahren rechnen und flüssig lesen kann, hängt vor allem davon ab, ob er eine gut ausgestattete Lehranstalt in einem wohlhabenden Wohnviertel oder eine schäbige Township-Schule besuchte. Lediglich 14 Prozent der eingeschulten schwarzen Kinder schließen ihre Schulausbildung mit der Reifeprüfung ab.

Bei näherer Betrachtung hat sich der Zentralstaat der Verantwortung für den Bildungsnotstand elegant entledigt. Er übernahm lediglich die Verantwortung für das Curriculum. Um die Hardware – Schulgebäude und Lehrergehälter – müssen sich die Provinzen kümmern. Ganz unabhängig vom Staat können die von Eltern und Lehrern besetzten Schulkomitees der einzelnen Bildungsstätten über Ausrichtung und Ausstattung ihrer Schule selbst bestimmen – und darüber, ob von den Eltern eine Gebühr verlangt wird, mit der das Niveau der Lehranstalt angehoben werden kann. Auf diese Weise wird sich der Graben zwischen den Schulen nie schließen lassen: Die Bewohner wohlhabender Wohnbezirke werden immer dafür sorgen, dass es »ihrer« Bildungsstätte besser geht.

An einem Freitag im Winter pflegen sich vor einigen Schulen in Johannesburg lange Menschenschlangen zu bilden. Die Wartenden harren das gesamte Wochenende aus, denn Montag ist Registrierungstag. Um ihrem Kind einen Platz in einer gut ausgestatteten staatlichen Lehranstalt zu sichern, halten Dutzende von Eltern tagelang unterm Sonnenschirm auf einem Campingstuhl durch. Spätestens wenn es dunkel wird, muss allerdings der Gärtner oder die Hausangestellte ran: Immerhin werden sie von Madame hin und wieder mit warmer Suppe versorgt. Selbst Bettler können an diesem Wochenende eine Beschäftigung als »Schlangesteher« finden: Eine neue Berufssparte, die gelegentlich auch schon in Verkehrs- oder Einwohnermeldeämtern zum Einsatz kommt.

Als sich der Staat schließlich auch noch von der Festlegung der

Lehrpläne zurückzog, waren die Folgen noch katastrophaler. Irgendwann beschlossen die pädagogischen Vordenker im Schulministerium, dass es am besten den Lehrern überlassen bleibe, wie sie ihren Unterricht gestalten. Hauptsache, die Schüler wissen am Ende, was sie wissen sollen. »Outcome based education« lautete das so schön fortschrittlich daherkommende Konzept. »Es war ein einziges Desaster«, meint der Johannesburger Pädagogikprofessor Bram Fleisch. Den miserabel ausgebildeten schwarzen Lehrern auch noch die Verantwortung für den Lehrplan aufzuhalsen, stellte sich als Katastrophe heraus – schließlich fiel fast ein Drittel aller Abiturienten bei der *Matric* genannten Reifeprüfung durch.

Selbst ein bestandenes Abitur bedeutet am Kap noch lange nicht, dass man einen Bewerbungsbrief ohne Schreibfehler aufsetzen kann. Universitäten nehmen nur einen Bruchteil der Abiturienten von Staatsschulen auf, selbst dann müssen diese in der Regel noch einen Überbrückungskurs belegen. Verantwortlich für die Qualitätsmängel sind nicht zuletzt die Lehrer: Studien haben ergeben, dass 79 Prozent aller Mathematiklehrer, die an einer Staatsschule die 6. Klasse unterrichten, das Klassenziel selbst nicht erreichen würden. Trotzdem können sie sich der Unterstützung ihrer kämpferischen Gewerkschaft, der South African Democratic Teachers Union (Sadtu), sicher sein. Sie versteht es, ihre 260 000 Mitglieder vor Leistungskontrollen und Disziplinarmaßnahmen abzuschirmen. Gewerkschaftsgegner, die Sadtu für die gesamte Misere des Bildungssystems verantwortlich zu machen suchen, verkennen allerdings das wahre Ausmaß der Krise. Mit ihrer Überwindung werde Südafrika auch noch in 20 Jahren beschäftigt sein, sagt der Pädagoge Fleisch.

Die Haare der Anderen

Wer es sich leisten kann, um das ruinierte staatliche Bildungssystem einen Bogen zu machen, schickt sein Kind in eine Privatschule wie Sacred Heart. Dort beginnt der Unterricht morgens pünktlich um 7.50 Uhr, die Schüler haben neben Lehrbüchern auch iPads, im Schwimmbad und auf den Tennisplätzen bereiten sich Jungathleten auf einen Wettkampf vor. Das College stellt als Schulgeld jährlich umgerechnet rund 5500 Euro in Rechnung. Das können sich höchstens Angehörige des Mittelstands leisten. Privatschulen, die sich in der Regel mit hundertprozentiger Erfolgsquote beim Abitur brüsten können, schießen derzeit wie Pilze aus dem Boden: Während früher vor allem die Kirchen solche Lehranstalten betrieben, gibt es heute immer mehr rein kommerzielle Bildungstempel. Sie verlangen bis zu 10 000 Euro im Jahr. Doch dafür sind sie mit Helipad als Landeplatz für die väterliche Transportmaschine, mit Polofeld und Illy-Café ausgestattet.

Solche Gucci-Schulen werden von einer Mehrheit an weißen und einer Minderheit an schwarzen Pennälern besucht. Zu rassistischen Spannungen kommt es dort kaum, weil sich die wohlhabenden weißen Kinder nicht bedroht und die wohlhabenden schwarzen Kinder nicht benachteiligt fühlen. Anders geht es in den gut ausgestatteten staatlichen Lehranstalten zu, wo schwarze und weiße Kinder oft in ungefähr gleicher Zahl die Schulbank drücken – hier sind Spannungen an der Tagesordnung. Etwa, wenn schwarzen Kindern verboten wird, in ihrer Muttersprache zu kommunizieren – mit der Begründung, dass sie ihren Rückstand in der Unterrichtssprache Englisch aufholen müssten. Als nicht minder explosiv hat sich die Reglementierung der Haartracht erwiesen: Lassen schwarze Mädchen ihre Haare zu Afros wachsen, sieht die weiße Schulleitung rot.

Auszug aus der »Haartracht-Regel« der Höheren Mädchenschule in Pretoria: »Die Haare müssen gebürstet sein. Wenn sie lang genug sind, um zusammengebunden werden zu können, sind sie ordentlich als Pferdeschwanz zu tragen. Dieser darf nicht über den Nacken hinausgehen und muss mit einem marineblauen Gummi zusammengehalten werden. Den Pferdeschwanz darf man von vorne nicht sehen. Extravagante Haarklammern wie Krokodil- oder Bananen-Clips sind nicht erlaubt. Die Haare sind aus dem Gesicht und aus den Augen zu bürsten. Haarknoten müssen fest sein und sich hinten am Nacken und nicht oben auf dem Kopf befinden. Die Haare dürfen das marineblaue Gummi nicht verdecken …«

Kein Wunder, dass es in der Höheren Mädchenschule im August 2016 zu einem Aufstand kam. Schwarze Schülerinnen hatten es satt, sich als Afrikanerinnen ausgerechnet den Afro verbieten zu lassen: Einer ukrainischen Erstklässlerin schneidet man ja auch nicht die blonden Zöpfe ab. Haare spielen beim interethnischen Dialog eine empfindliche Rolle: Afrikanerinnen wird gerne ein Komplex nachgesagt, weil sie ihre Haare nicht lang und sanft und glatt herabhängen lassen könnten. Allmählich kriegen ihre bleichen Schwestern allerdings mit, was *sie* mit ihren Haaren alles *nicht* machen können: kompliziert geflochtene Haarkonstruktionen, pfiffige Dreadlocks und, natürlich, den Afro.

Auch das Sacred Heart wurde von dem haarigen Thema heimgesucht. Und bis vor kurzem unterschied sich die »Haartracht-Regel« des katholischen Colleges nicht einmal grundsätzlich von derjenigen der Mädchenschule. Auch im Heiligen Herz mussten die Mädchen ihre Mähnen mit Gummiband (in diesem Fall grün) zusammenhalten, und bei den Knaben durfte kein Haar den Kragen berühren. Wie beide Schulen mit dem Problem umgingen, unterschied sich allerdings gewaltig: Während in der staatlichen Mädchenschule der Schulminister der Provinz einschritt und sich als Befreier der unterdrückten Afrikanerinnen präsentieren konnte, kam es im Sacred Heart zu einer wochenlangen und leidenschaftlichen Debatte. Die Schüler organisierten ein Referendum, das Schulparlament tagte, schließlich wurde dem Schulkomitee eine Novelle für ein neues »Haargesetz« vorgelegt. Sie beruhte auf einem Kompromiss, dem zu Grunde lag, dass sich lange Haare und »ordentlich« nicht unbedingt ausschließen müssen. Seitdem dürfen Mädchen wie Jungen ihr Haar in beliebiger Länge tragen – vorausgesetzt, es sieht irgendwie ordentlich aus.

Direktor Colin Northmore liebt solche Debatten. In ihrem Verlauf lernen die Schüler nicht nur, souverän, aber verantwortlich mit Regeln umzugehen, sondern auch die Denkweisen und Empfindlichkeiten ihrer Mitschüler kennen. Diese sind – davon kann man an einem Ort wie dem Sacred Heart College ausgehen – anders als die eigenen. Mit dem Anderen leben zu können, ist für Südafrikaner überlebenswichtig. Alles andere würde schließlich in einem Exodus einer Bevölkerungsgruppe oder einem Bürgerkrieg enden. *The Other,* der oder das Andere, ist im gesellschaftlichen Diskurs Südafrikas ein Schlüsselbegriff. Man kann inzwischen auch *othern,* das heißt, einem anderen das gemeinsame Menschliche absprechen, während mit *Othering* der mentale Reflex bezeichnet wird, dem der Rassismus seine Existenz verdankt. Oder der Sexismus. Oder die Homophobie. Nur wer das Andere erst einmal zulassen, dann darüber nachdenken und schließlich schätzen lernen kann, muss sich nicht unter Berufung auf seine vermeintliche Überlegenheit in sein »Lager« zurückziehen. Selten im Leben habe ich das Gefühl der Einsamkeit intensiver wahrgenommen als unter den »Afrikaaner«-Familien, die samstagnachmittags vor ihrer Garage beim *braai* zusammensitzen und sich gegenseitig ihrer überlegenen Daseinsweise versichern. Vier Kilometer weiter, in der Township, könnten sie es zusammen mit »den Anderen« wesentlich lustiger haben.

Als ob es im Sacred Heart College nicht schon genug andere gäbe, holte Colin Northmore noch ganz andere Andere ins Haus. Nachmittags ab 15 Uhr ist die Lehranstalt für Kinder von Flüchtlingen geöffnet, die – weil sie oft aus frankophonen Staaten, immer aber aus ärmlichsten Verhältnissen kommen – Stützkurse brauchen, um (hoffentlich) irgendwann an einer staatlichen Schule aufgenommen zu werden. Die rund 150 aus Staaten wie dem Kongo, Simbabwe oder Somalia stammenden Kinder werden von Lehrern unterrichtet, die selbst Flüchtlinge sind – dass das eigentlich illegal ist, ist Colin Northmore egal. »Sollen sie doch kommen und mich verhaften«, sagt der Direktor trotzig.

Wie bereits erwähnt, sind Ausländer auch in Südafrika ein heißes Thema. Immer wieder kommt es vor allem in den Slums zu ausländerfeindlichen Pogromen, bei denen die meist illegal ins Land gekommenen Anderen ihre Habseligkeiten, ihre Hütte oder gar ihr Leben verlieren. Das *Othering* beherrschen eben nicht nur weiße Südafrikaner. Die *three-to-six-kids* (weil sie von drei bis sechs Uhr nachmittags unterrichtet werden) sind bei der Turnhallen-Messe natürlich mit dabei: Allerdings wäre es übertrieben, auch sie als »integriert« zu bezeichnen – das verhindern alleine schon die unterschiedlichen Unterrichtszeiten. »Aber immerhin sind sie zu sehen«, sagt Northmore, »und keiner kann so tun, als ob es sie nicht gäbe.«

Regenbogenkuckucksheim

Fasiha Hassan verbrachte ihre gesamte Schulzeit im Sacred Heart – ihre politisch aktiven Eltern hatten sie bereits als Dreijährige in den Kindergarten des Colleges geschickt. Die Muslimin indischer Abstammung wurde in einer Welt groß, in der es Rassismus tatsächlich nicht mehr zu geben schien. »Wir lebten im Regenbogenkuckucksheim«, lacht die zierliche Studentin. Fasina kann sich an keine Clique in der Schule erinnern, die sich entlang der ethnischen Zugehörigkeit ihrer Mitglieder gebildet hätte. Für Benetton-Fotografen wäre das Sacred Heart tatsächlich paradiesisch: An einem einzigen Morgen könnten sie hier sämtliche Variationen der *united colors* einfangen. Colin Northmores Rezept für diese Errungenschaft: dass es im schulischen Alltag keine »dominante« Kultur geben darf. In einem Multikulti-Staat wie Südafrika müsse jeder Tradition und Lebensart mit derselben Aufmerksamkeit und demselben Respekt begegnet werden, meint der Direktor. Erst dann könne statt von Assimilierung von Integration die Rede sein.

Für Fasiha kam der Schock nach der Schulzeit. Als sich die ehemalige Schülersprecherin für ein Jurastudium an der Johannesburger Witwatersrand-Universität einschrieb, stellte sie schnell fest, dass es auf dem Campus längst nicht so bunt wie in der Regenbogenschule zugeht. Auf der Wiese vor dem Senatsgebäude pflegen Weiße mit Weißen, Inder mit Indern und Schwarze mit Afrikanern zusammenzuglucken. Vor allem aber sprangen der Jurastudentin die krassen sozialen Unterschiede ins Auge: Während das Studium ihrer weißen Kommilitonen in der Regel von deren Eltern finanziert wird, ist die Mehrheit der schwarzen Hochschüler auf Stipendien oder Teilzeitjobs angewiesen. Viele von ihnen werfen das Studium aus finanziellen Gründen irgendwann hin. »Wer behauptet, dass die Apartheid vor 20 Jahren abgeschafft wurde, ist entweder blind oder er lügt«, sagt Fasiha. »Sie ist noch mitten unter uns.«

Die Jurastudentin ließ sich in die Studentenvertretung wählen, zuletzt war sie Generalsekretärin des Student's Representative Council (SRC). Auch in anderen Universitäten des Landes befinden sich Sacred-Heart-Abgänger in politischen Schlüsselpositionen – und im Mittelpunkt der heftigen Konflikte, die seit Ende 2015 die Universitäten des Landes erschüttern. Diese standen zunächst unter dem antikolonialistischen Slogan #RhodesMustFall (siehe Kapitel »Südafrikanische Farbenlehre – getrennte Gesellschaft, gefährdete Gemeinschaft«), dann unter #FeesMustFall – dem Schlachtruf für die Abschaffung der Universitätsgebühren.

Wenn Fahisa über ihre Erfahrungen der vergangenen zwei Jahre spricht, wirkt sie angespannt und nervös. Die 23-Jährige wurde von der Polizei mit Gummigeschossen beschossen und mit Tränengas traktiert. Einer ihrer Genossen sitzt im Gefängnis, andere schlafen – aus Furcht, aufgegriffen zu werden – nicht mehr zu Hause. »Auch das ist wie in der Apartheidzeit«, sagt sie. Das ANC-Mitglied ist von ihren *comrades* bitter enttäuscht. Seit ewigen Zeiten verspricht die Regierungspartei, neben der Schul- auch die Universitätsausbildung durch den Staat finanzieren zu lassen – passiert ist bislang nichts. Dabei sei das Geld durchaus vorhanden, meint die Studentenführerin. Die Regierung müsse nur mal die Korruption beenden und damit aufhören, Milliarden von Rand in flügellahme Staatsunternehmen wie die Fluggesellschaft SAA zu pumpen. »Alles eine Frage der Priorität«, sagt Fasiha.

»Fuck the Whites«

Unterdessen sprengen in den Hochschulen wütende Studenten Lehrveranstaltungen, werfen Steine auf Ordnungskräfte und zünden Bibliotheken an. Einige laufen in T-Shirts mit der Aufschrift »Fuck the Whites« durch die Gegend. Am Campus scheint sich eine neue, besorgniserregende Feindseligkeit zwischen Schwarz und Weiß anzubahnen. Wie viele seiner bleichen Kollegen zeigt sich auch der aus Kamerun stammende Philosoph Achille Mbembe – einer der bekanntesten afrikanischen Intellektuellen der Gegenwart – über den Zorn der schwarzen Studenten beunruhigt. »Der Regenbogen-ismus und seine wichtigsten Glaubensartikel – Wahrheit, Versöhnung und Vergebung – sind am Verblassen«, schreibt der Professor. »Reduziert auf einen Bedarfsartikel zur Besänftigung weißer Ängste, steht Nelson Mandela selbst vor Gericht. Auch die Pfeiler der Verfassung von 1994 – konstitutionelle Demokratie, Marktwirtschaft und Nichtrassismus – sind ins Gerede gekommen. Sie werden jetzt als lähmende Instrumente ohne anregendes Potential betrachtet – jedenfalls von denen, die nicht länger warten wollen. Wir haben die Zeit der Versprechen hinter uns. Die Zeit der Abrechnung ist da.«

Mitchel Hunter war Fasihas Klassenkamerad im Sacred Heart. Noch heute sind die dunkelhäutige Muslimin und das jüdische Bleichgesicht gute Freunde – und *comrades* im Studentenkampf. Der 23-Jährige mit den langen blonden Haaren, den blauen Augen und einem T-Shirt mit der Aufschrift »I am Africa« hat sich nicht nur wegen der Studiengebühren den #FeesMustFall-Protesten angeschlossen. Als Mitchel vor zwei Jahren sein Soziologiestudium begann, stellte er fest, dass es an der Fakultät keinen einzigen schwarzen Professor gab. Erst kürzlich verpflichtete die prestigeträchtige Universität ihre erste schwarze Professorin –

ihr stehen mehrere Hundert weiße Kolleginnen gegenüber. Die Schlagseite der Elite-Schmiede spiegele sich auch im Studienplan und in den Lerninhalten wider, sagt Mitchel: »Seit 40 Jahren werden in unserer Fakultät fast ausschließlich Karl Marx, Max Weber und Émile Durkheim behandelt.« Von afrikanischen Soziologen sei dagegen keine Rede, sein Institut biete nicht einmal Seminare über Rassismus an – und das in der Hochburg des Rassenwahns. Selbst die Marxisten unter den Professoren seien davon überzeugt, dass es sich beim Rassenkonflikt lediglich um eine kleine Schwester des Klassenkonflikts handele, meint Mitchel, ein klassisches europäisches Vorurteil. »Wir sind der Auffassung, dass die Universitäten ›entkolonialisiert‹ werden müssen.«

Whiteness ist ein Schlüsselbegriff der Studentenkritik. Er steht für das Überlegenheitsgefühl, mit dem die Europäer einst Afrika unterjochten. *Whiteness* hat nach Auffassung Mitchels die südafrikanische Gesellschaft dermaßen geprägt, dass sie nicht – wie von Nelson Mandela erhofft – mit ein paar grandiosen symbolischen Gesten aus der Welt geschafft werden könne. Sie habe sich gewissermaßen in die gesellschaftliche DNA gefräst, wo die alltäglichen Umgangsformen und erstarrte Soziotope in Betrieben oder Universitäten sie immer wieder aufs Neue reproduziere. Die wirklichen Umwälzungen stünden Südafrika erst noch bevor, ist der Soziologiestudent überzeugt. »Wer hier heute einen Regenbogen sieht, sieht eine Schimäre.«

Von kleinen Füßen, langen Hörnern und der Liebe – die Wiege der einen Menschheit

Immer mal wieder droht einem in Südafrika der Himmel auf den Kopf zu fallen. Nicht nur, wenn an einem heißen Sommernachmittag die aufgezogenen schwarzen Wolken platzen und die herabstürzenden Wassermassen die Straßen in reißende Ströme verwandeln. Sondern auch, wenn einem der städtische Elektrizitätsversorger kurzerhand das Kabel abzwickt, weil man die aus unerfindlichen Gründen fünfmal höher als üblich ausgefallene Stromrechnung nicht bezahlt hat. Oder wenn der »Oberbefehlshaber« der Ökonomischen Freiheitskämpfer die Verstaatlichung der Wirtschaft fordert und der Staatspräsident einen weiteren Skandal unbehelligt überstanden hat. In solchen Momenten gibt es nichts Besseres, als ins Auto zu steigen und nach Sterkfontein zu fahren.

Der Ort liegt knapp 50 Kilometer nordwestlich von Johannesburg, wo sich die Magaliesberge allmählich aus dem Umland erheben. Am Fuß eines Hügels liegt ein kleines Museum, von dem aus ein Pfad erst in die Höhe zu einem Ausgrabungsgelände und dann in die Tiefe in eine Höhle führt. Fremdenführer bieten Touren durch die Tropfsteinhöhle an und passieren dabei auch ein Gitter mit der Aufschrift »Zutritt verboten«. Don Clarke ist einer der wenigen, der über einen Schlüssel zu der Absperrung verfügt. Mit seiner Taschenlampe leuchtet der Paläoanthropologe den kurzen Weg zu einer geräumigen Halle, der Silberberg-Grotte. Dort steuert er eine Stelle am Rand der Grotte an, wo sich im schwarzen Gestein auf dem Boden ein fast vollständiges menschenähnliches Skelett abzeichnet. Fast sieht es so aus, als ob sich das kleine Wesen aus der steinernen Masse befreien wollte, die es seit ewigen Zeiten festhält. Ein Anblick, der sich für immer ins Gedächtnis gräbt: Nichts relativiert alltägliche Kümmernisse mehr als die persönliche Begegnung mit einem Bruder, der einen aus Millionen von zurückliegenden Jahren anstarrt.

Wie viele Jahre das wegen seiner kleinen Füße *Little Foot* genannte Wesen wirklich auf dem Buckel hat, ist noch umstritten: Es könnten zwei oder gar vier Millionen Jahre sein. Fest steht nur, dass es zur Gruppe der *Australopitheci* gehört, die noch vor unseren direkteren Vorfahren, dem *Homo erectus* und dem *Homo habilis*, durch das afrikanische Buschland stromerten. Sie gingen zwar schon aufrecht, waren aber noch ausgezeichnete Kletterer und schliefen sicherheitshalber in den Bäumen. Vermutlich kam

Little Foot ums Leben, als er durch ein verdecktes Loch in die Höhle stürzte. Dort versteinerte er zum besterhaltenen bislang gefundenen *Hominiden*.

Nirgendwo in der Welt haben Forscher mehr Überreste unserer Ahnen entdeckt als in der Gegend um Sterkfontein. Von hier stammen mehr als ein Drittel aller bisher gefundenen Vor- und Frühmenschenknochen der Welt – unter anderem auch der bereits vor 70 Jahren ausgegrabene Schädel von »Mrs. Ples«. Die Apartheidregierung zeigte an den Funden keinerlei Interesse. Schließlich legen sie nahe, dass sich der Mensch mit den Affen die Vorfahren teilt und nicht, wie in der Bibel beschrieben, am sechsten Schöpfungstag aus einem Stück Lehm erschaffen wurde. Deshalb stand neben der Sterkfonteiner Ausgrabungsstätte bis 1994 lediglich eine Hütte aus Holz, in der die Forscher ihre Arbeitskleidung überziehen und ihre Knöchelchen verstauen konnten.

Inzwischen wurde die Region etwas vollmundig in *Cradle of Humankind* (Wiege der Menschheit) umbenannt und gleich mit mehreren Museen gesegnet. Vollmundig deshalb, weil keineswegs erwiesen ist, dass sich der kleine haarige *Australopithecus* tatsächlich hier zum Menschen gemausert hat. Es könnte genauso gut in Ostafrika gewesen sein. Noch immer ist die vielschichtige Entwicklung des *Australopithecus* zum *Homo sapiens* nicht wirklich geklärt. Nur dass sich sämtliche Übergänge des nach vorn gebeugten »Südaffen« (was das griechische Wort *australopithecus* auf Deutsch bedeutet) zum dickköpfigen *Sapiens* in Afrika vollzogen haben, steht fest. Eine Tatsache, die bleiche Überlegenheitsfanatiker gern unter den Tisch fallen lassen. Auch das ändert aber nichts daran, dass sich kultivierte Menschen in Südafrika bereits schminkten und Werkzeuge herstellten, während am Rhein noch nicht viel mehr als das Grunzen von Wildschweinen zu hören war.

Das schönste Land der Welt

In Südafrika ist nicht nur der Mensch klug und zivilisiert geworden, es ist auch das schönste Land der Welt. Zumindest kommt die Website *BuzzFeed* zu diesem Ergebnis und widmet den Städten, Bergen, Küsten, Wüsten und Tierparks des »atemberaubenden Landes« begeisterte Elogen. Völlig zu Recht gilt Kapstadt als schönste Stadt der Erde, während die Drakensberge bizarre Kulissen für die grandiosesten Landschaften abgeben. Und nirgendwo kann man der europäischen Enge besser entkommen als in den Weiten der Halbwüste Karoo. Reisende kehren in kein Land der Welt mit größerer Treue als nach Südafrika zurück. Wenn Gott in Frankreich isst, dann macht er am Kap der Guten Hoffnung Urlaub.

Und dabei war bislang noch nicht einmal von den vierbeinigen Stars des Landes, den *Big Five*, die Rede: den Elefanten, Büffeln, Nashörnern, Leoparden und Löwen, welche die 19 südafrikanischen Nationalparks bevölkern. Wer einmal einen sieben Tonnen schweren Elefanten federnden Schrittes an seinem Auto vorbeitrotten spürt, wird spätestens dann in den Bann des *game viewing*, der Tierbeobachtung, gezogen. Ich kenne Menschen, die nichts mit Bergen, dem Meer oder einer Wüste anfangen können. Doch dem Zeitgenossen, dem angesichts eines jagenden Geparden oder zweier kämpfender Giraffenbullen nicht der Mund offen stehen bleibt, muss ich erst noch begegnen. Meine Lieblingsaktivität im Tierpark ist der *Early Morning Walk,* bei dem einen zwei bewaffnete Ranger begleiten. Selbst wenn man dabei keine müde Maus zu Gesicht bekäme, wären die von den Wildhütern beim Studium einer Löwenspur, des Flugs eines Honigvogels oder eines Hyänenkotknödels gewonnenen Erkenntnisse jeden Aufwand wert. Weil man aber niemals nichts sieht, kann man sich plötzlich auch 300 Büffeln ohne schützende Blechwand gegenüber sehen: Sie glotzen einen genauso blöd an, wie sie angeglotzt werden.

Abends, beim obligatorischen Grillen – der neben Atmen und

Fortpflanzen einzigen Aktivität, die alle Südafrikaner miteinander verbindet –, gerät der Tierparkbesucher mit etwas Hochprozentigem im Glas gerne ins Philosophieren. Dann stimmt er anbetungsvoll das Hohelied der Natur an – schließlich sah man sich am Morgen 300 Büffeln gegenüber. Selbst wenn es mit dem Menschen, der »Krone der Schöpfung«, ganz und gar schieflaufen sollte, blieben am Kap der Guten Hoffnung noch die *Big Five* und der Honigvogel übrig, sucht sich das vom Whiskey angesäuselte Säugetier zu beruhigen. Wie es mit dem *Homo sapiens* hier so weitergehe, sei deshalb gar nicht so wichtig.

Das ist natürlich Unsinn. In Südafrika gibt es keinen Zentimeter Land und kein Tier mehr, das nicht mehr oder weniger direkt unter der Kuratel des Menschen steht. Bei den Nationalparks, die immerhin 8,8 Prozent der Landesfläche ausmachen, handelt es sich in Wahrheit um umfangreiche Tierschutzgehege, andernorts auch Zoos genannt, wo die Biester eingezäunt, mit Wasser versorgt und auf höchst sorgfältige Weise gemanagt werden. Als die Elefantenpopulation im Krügerpark zu groß wurde, wollten Wissenschaftler den Jumbo-Frauen Antibabypillen geben. Tierschützer sägen Rhinozerossen zum Schutz vor Wilderern gerne das Horn ab. Und täglich rupfen Helfer in den Naturparks pflanzliche Eindringlinge aus, die sonst die Reservate zu überwuchern drohen. Wirklich wild ist in Südafrika schon lange nichts mehr.

Die aufwendigsten Schutzmaßnahmen gelten der stark zunehmenden Wilderei. In Ost- und Zentralafrika werden jährlich rund 30 000 Elefanten getötet. Die Zahl der Jumbos ging im Zentrum des Kontinents in den vergangenen zehn Jahren um 64 Prozent zurück. Weiter südlich, am Kap, haben es die Wilderer auf die noch wertvolleren Nashörner abgesehen: Jahr für Jahr werden hier rund 1000 Rhinozerosse massakriert. Gerade 20 000 der archaischen Kraftprotze sind derzeit noch übrig. Ausgelöst wurde die mörderische Welle von der wachsenden Mittelschicht in China und Vietnam, die im Horn der Tiere Heilmittel gegen Krebs oder natürliches Viagra vermutet und denen feine

Schnitzereien aus Elfenbein gefallen. Der steigende Bedarf wird von internationalen Verbrecherbanden bedient, die oft auch im Rauschgift- und Menschenhandel aktiv sind und vor Ort mit mittellosen, am Rand der Nationalparks lebenden Afrikanern zusammenarbeiten. Denn die dortige Bevölkerung teilt den sentimentalen Blick der Touristen auf die Tierwelt nicht. Schließlich zertrampeln die Elefanten oft ihre Felder oder manchmal sogar Menschen – wohingegen sie getötet beachtliche Summen einbringen. Ein Kilogramm Nashorn ist heute mehr wert als ein Kilogramm Gold.

Wildhüter und Sicherheitskräfte haben den Rhinozeros-Mördern den Krieg erklärt. Von US-Experten ausgebildete Spezialeinheiten, die außer über Schnellfeuergewehre auch über Nachtsichtgeräte und Drohnen verfügen, töteten innerhalb von fünf Jahren allein im Krügerpark mindestens 500 Wilderer. Die Zahl der erlegten Nashörner ging daraufhin etwas zurück, doch unter Kontrolle gebracht ist die Offensive der illegalen Waidmänner noch lange nicht. Weil die Kosten des Kampfs in die Millionen gehen, will Südafrika den Handel mit Nashorn und Elfenbein zumindest eingeschränkt zulassen, damit die Nationalparkbehörde ihren Feldzug aus dem Verkauf ihrer Horn-Bestände finanzieren kann. Unabhängige Naturschutzverbände halten das für absurd: Auf diese Weise werde die Nachfrage nach Nashorn und Elfenbein noch angeregt statt endlich gestoppt zu werden, kritisieren sie.

Längst ist das Management der vermeintlich wilden Natur zu einem blühenden Geschäftsbereich geworden. Weiße Farmer züchten neben Gazellen und Kudus inzwischen auch Rhinozerosse und sogar Löwen. Mit 5000 ist die Zahl der auf Farmen gehaltenen Raubkatzen sogar zweieinhalbmal größer als in der »freien Wildbahn«. Ausländische Jäger erlegen die halbzahmen Tiere für gutes Geld mit Flinte oder Pfeil und Bogen. Ihre Knochen werden zur Herstellung angeblich stärkenden Weins nach China oder Vietnam exportiert: Das Hundeleben des Königs der Tiere. Unterdessen betreibt John Hume in der Freistaat-Provinz die größte Nashornfarm der Welt. Dort tummeln sich weit über 1000 Exemplare, die als Ersatz für in Nationalparks gewilderte Rhinozerosse reißenden Absatz finden. Der südafrikanische Wildtierhandel boomt. Selbst ANC-Vizepräsident Cyril Ramaphosa leistete sich für sein privates Reservat einen hochpotenten Büffel-Bullen im Wert von fast zwei Millionen Euro – was ihn beinahe die politische Karriere gekostet hätte. Schließlich weiß jeder, welch karge Existenz die außerhalb der Parks angesiedelte schwarze Bevölkerung indessen fristet. Wenn sich die Gelegenheit dazu bietet, betätigen sich zumindest die Mutigen unter ihnen als Wilderer. Wer Südafrikas ökologische Herausforderung getrennt von der sozialen lösen will, ist schlecht beraten: Erst wenn die Gesellschaft einigermaßen mit sich selbst versöhnt ist, wird auch die Natur aufatmen können.

Das Menschenzeitalter

In wissenschaftlichen Kreisen macht sich derzeit die Überzeugung breit, dass wir nicht mehr im Holozän leben (dem vor 11 700 Jahren angebrochenen »ganz neuen Zeitalter«), sondern im Anthropozän. Dies zeichnet sich dadurch aus, dass der Mensch von einem Objekt zum Subjekt der Welt geworden ist: Vor allem von ihm hängt nun das Schicksal der Erde ab. Unsere Fahrzeuge und Industrien heizen die Atmosphäre auf, die Eiskappen an den Polen verschwinden, der Ozeanspiegel steigt, irgendwann werden die Meeresströme in andere Richtungen fließen. Spätestens dann wird es für den nackten *Homo sapiens* ungemütlich werden. In Südafrika wirkt sich die Klimaerwärmung schon heute stärker als in anderen Regionen der Welt aus: Fachleute sagen, die hiesigen Biotope seien besonders sensibel. Viele der mehr als 20 000 Tier- und Pflanzenarten des schönsten aller Länder sind bedroht – wie der *Fijnbosch*, das filigrane Buschland in der Umgebung von Kapstadt.

Südafrika ist ein empfindlicher Flecken der Erde. Dass sich unsere Vorfahren hier schon vor Millionen von Jahren wohlfühlten, heißt nicht, dass es immer so bleibt. Die »gute Hoffnung« muss sich das Kap erst noch verdienen: Indem das zerrissene Volk zunächst mit sich selbst und dann mit seiner Umwelt ins Reine kommt. Die Auseinandersetzung um die Seele Südafrikas wurde in den vergangenen Jahren vom Versuch einer kleinen Clique überschattet, sich den jungen Staat unter den Nagel zu reißen. Wenn dieser Versuch hoffentlich bald endgültig gescheitert ist, kann es wieder um die viel grundsätzlichere Frage gehen: Wie kann ein vom Unrecht zerrüttetes Gemeinwesen auf eine neue, von allen akzeptierte Grundlage gestellt werden? Zyniker behaupten, dass das nicht möglich ist und dass der Mensch immer des Menschen Wolf sein werde. Ihnen hält Nelson Mandela entgegen: »Niemand kommt mit dem Hass auf andere Menschen wegen deren Hautfarbe, ihres kulturellen Hintergrunds oder ihrer Religion auf die Welt. Menschen lernen das Hassen erst. Und wenn sie das Hassen lernen können, dann kann man sie auch das Lieben lehren. Denn Lieben fällt dem menschlichen Herzen leichter als das Gegenteil.«

Ausblick

Es war kein gutes Jahr, um über einen Traum der Menschheit zu schreiben. 2016 rollte wie eine Dampfwalze über Ideale der Aufklärung hinweg: Brexit, Aleppo, »Amerika first« (der transatlantischen Version von »Deutschland, Deutschland über alles«). Eher am Rand des düsteren Weltgeschehens erlebte auch die Regenbogennation ihr annus horribilis – und selbst am Ende des Schreckensjahres zeichnet sich kein Ende des Schreckens ab.

Trotz einer beachtlichen Skandal-Akkumulation hält Jacob Zuma unverdrossen an seinem Sessel fest. Man nennt ihn den Teflon-Präsidenten, an dem partout nichts hängen bleibt. Dass das möglich ist, wird in erster Linie seinem Patronage-System zugeschrieben. Viele führende ANC-Funktionäre hätten im Fall seines Abtritts politische Marginalisierung, Verarmung oder gar eine Zeit hinter Gittern zu fürchten. Außerdem müssen die regierenden *comrades* damit rechnen, dass das von einer Absetzung Zumas ausgelöste Beben den über 100-jährigen ANC in Stücke reißen könnte. Da suchen sie sich lieber mit einem Ganoven an der Spitze bis zum parteiinternen Führungswechsel 2017 und den Parlamentswahlen im Jahr 2019 durchzuwursteln.

Darunter zu leiden hat das schönste Land der Welt. Angesichts des politischen Chaos investiert die Wirtschaft nicht mehr. Das Wachstum stagniert, die Arbeitslosenquote steigt, die Verschuldung nimmt alarmierende Ausmaße an. Aus Wut über ausbleibende Veränderungen zünden Studenten ihre Bibliotheken an, schlagen zornige Slumbewohner ihre Schulen kurz und klein und laufen verzweifelte Gläubige selbstgesalbten Propheten nach. Die falschen Gottesmänner geben ihren Anhängern Benzin zu trinken, sprühen ihnen das Insektenvernichtungsmittel Doom ins Gesicht (um sie vermeintlich von Aids zu heilen) oder fahren mit dem Auto über ihre Körper. Auf diese Weise sollen ihre machtlosen Jünger die göttliche Power zu spüren bekommen. Man könnte schon fast von Endzeitstimmung sprechen.

Parteien bekommen Zulauf, die wie Julius Malemas Ökonomische Freiheitskämpfer simple Lösungen postulieren: »Holt euch von den Weißen das Land zurück, nehmt ihre Banken und Minen, dann hat eure Not ein Ende.« Dass die Slogans aus dem vergangenen Jahrhundert schon damals nicht funktionierten, hindert einen Populisten wie Malema nicht daran, sie weiter zu seinem Vorteil auszuweiden. Kommt der »Oberbefehlshaber« der Freiheitskämpfer tatsächlich an die Macht, könnte Südafrika doch noch seinem Nachbarn in die Katastrophe folgen. Aus seiner Bewunderung für den Simbabwe-Vernichter Robert Mugabe hat Malema nie einen Hehl gemacht. »Wir rufen nicht dazu auf, weiße Südafrikaner zu massakrieren«, versprach Malema am Ende des Schreckensjahres pointiert: »Jedenfalls jetzt noch nicht.«

Dass es so weit kommen konnte, ist allerdings auch den Bleichgesichtern selber zuzuschreiben. Von Nelson Mandelas Versöhnungskurs beruhigt, dachten sie, dass nun im Wesentlichen – also im Wirtschaftlichen – alles beim Alten bleiben könnte. Mit dem Einlass einiger schwarzer Gesichter in die Vorstandsetagen wollten sie die Transformation bereits vollzogen haben. Auch auf dem Land geschah nicht viel. Dort verschanzen sich die weißen Gutsbesitzer auf ihren Farmen – aus Furcht, enteignet oder gemeuchelt zu werden. Nur wenige schlaue Bauern wurden von sich aus aktiv: Sie überschrieben einen Teil ihres Landbesitzes schwarzen Farmarbeitern und halfen ihnen, auf die Beine zu kommen. Warum sich nicht mehr Gutsbesitzer oder Industriekapitäne an der Suche nach gerechten Umverteilungskonzepten beteiligt haben, statt lediglich ihren Besitzstand zu sichern, den Firmensitz (wie AngloAmerican oder der Bierriese SAB) nach London zu verlegen oder mit wachsendem Zynismus dem Niedergang des Landes zuzuschauen, muss ihr Geheimnis bleiben. Im Gegensatz zu ihrer Besatzung können sich die bleichen Kapitäne auch jederzeit nach London oder auf die Seychellen absetzen. Das meinen die Ökonomischen Freiheitskämpfer, wenn sie vom »Kolonialismus des weißen Monopolkapitals« sprechen. Muzi Kuzwayo, Kolumnist der Sonntagszeitung *City Press*, wird noch deutlicher: Mit ihrem Widerstand gegen weitergehende Veränderungen habe die weiße Geschäftswelt den Nährboden für einen »schwarzen Adolf Hitler« geschaffen.

Noch ist es nicht so weit. Wenn sich Kenner des Landes über etwas einig sind, dann darüber, dass die Südafrikaner Weltmeister im Überraschen sind. Alle Voraussagen am Kap scheiterten »an der brutalen Tatsache«, dass sich die hiesigen Ereignisse partout nicht vorhersehen ließen, meint Philosoph Achille Mbembe. Die Auguren der Politik haben es am Kap noch schwerer als Wetterpropheten. Kein ernstzunehmender Mensch hätte Ende der 1980er Jahre noch einen Cent auf eine friedliche Lösung in dem immer brutaler ausgetragenen Rassenkonflikt gesetzt. Und als zehn Jahre später die Aids-Pandemie im südlichen Afrika wie die Pest im mittelalterlichen Europa wütete, sah mancher Beobachter bereits den Untergang des Regenbogenlands gekommen. Gewiss ist das fiese HI-Virus auch heute noch ernstzunehmen. Doch bei entsprechender Behandlung muss es keineswegs seinen Wirt töten, geschweige denn eine ganze Nation vernichten.

Gegen den Irrwitz Thabo Mbekis setzte sich damals die Vernunft durch. Dasselbe Schicksal wird – lassen Sie uns auf Holz klopfen! – irgendwann auch seinen Nachfolger Jacob Zuma ereilen. Der sonst so düstere Johannesburger Kolumnist Justice Malala ist optimistisch: Die Südafrikaner blickten gern mal in den Abgrund, um sich plötzlich doch noch umzudrehen und auf den richtigen Pfad zurückzukehren, schreibt er in seinem Buch *We Have Now Begun Our Decent* (Wir haben jetzt unseren Sinkflug begonnen).

Derzeit wird am Kap der Guten Hoffnung oft Antonio Gramsci zitiert: »Die alte Welt stirbt, und die neue Welt hat Mühe, geboren zu werden.« Mit dem bloßen Abtritt Jacob Zumas wird noch nicht viel erreicht sein. Erst einmal muss sich die politische Klasse vom fröhlichen Stehlen auf den Dienst an der Allgemeinheit umbesinnen. Das wird nicht einfach sein, doch ganz bei null anfangen müssen die Südafrikaner auch wieder nicht. Aus dem Polizeistaat, der das Unrecht zum Gesetz erhoben hatte, die Mehrheit der Bevölkerung wie Tiere behandelte und Widerständler foltern oder gar töten ließ, ist eine lebhafte Demokratie geworden. Verfassungsvater Albie Sachs, dem eine von den Schergen des Apartheidregimes gezündete Bombe einst das rechte Auge und den rechten Arm zerfetzte, antwortet auf die Frage, ob sich der Befreiungskampf angesichts der gegenwärtigen Krise überhaupt gelohnt hat: »Wir haben zwar nicht die Jobs, die Wohnungen, das Gesundheitswesen und die Schulen, die wir wollten. Und auch die Korruption hat ihre Kraken-Arme ausgebreitet. Aber wir haben unsere Freiheit. Leute äußern sich und protestieren. Wir sind keine ängstliche Gesellschaft. Wir sind nicht geknechtet. Wir wissen von den Ungerechtigkeiten, weil die Leute darüber reden, innerhalb politischer Parteien, in Nichtregierungsorganisationen, vor Gericht und in der Presse.«

Albie Sachs spricht, gewiss bewusst, nicht von der Regenbogennation – wie überhaupt die Mehrheit der schwarzen Bevölkerung mit dem Begriff nicht viel anfangen kann. Für sie verdeckt der *rainbowism* lediglich den Wunsch vieler Weißer, die Rassenfrage klammheimlich fallen zu lassen – und so zu tun, als ob alle Südafrikaner längst gleich geworden seien. Dass sie das nicht sind, wissen diejenigen am besten, die die Benachteiligung noch heute am eigenen Leib erfahren, in Slums wohnen, schlechte Schulen besuchen und danach keine Arbeit finden. Eine Regenbogengesellschaft kann es frühestens dann geben, wenn die Gräben eingeebnet und die Trennungslinien unsichtbar geworden sind. Welche Einstellung unter weißen Südafrikanern dafür notwendig wäre, beschreibt Markus Trengove, Sprecher der neuen Studentenbewegung #FeesMustFall, in einem Facebook-Eintrag: »Ich bin ein Nutznießer der Apartheid. Obwohl ich sie nicht hervorgebracht oder unterstützt habe, hat sie meiner Rasse, meinem Geschlecht und meiner Sprache Vorteile eingeräumt. Die richtige Antwort darauf ist nicht mehr, voller Scham den Kopf zu senken. Die richtige Antwort ist auch nicht, solche Privilegien zu schützen. Die richtige Antwort ist, zuzugestehen, dass die enorme Ungerechtigkeit noch immer da ist und dass mir meine Bevorteilung die Chance gibt, etwas dagegen zu tun. Das ist mein Privileg. Das ist meine Pflicht.«

Auf der anderen Seite hat die schwarze Bevölkerung immer wieder ihre Bereitschaft zur Aussöhnung mit den einstigen Herrenmenschen bewiesen. Nach wie vor ist Umfragen zufolge eine überwältigende Mehrheit der schwarzen Südafrikaner davon überzeugt, dass das Land »allen Menschen gehört, die darin wohnen«, wie die Präambel der Verfassung formuliert. Und dass alle seine Bewohner auf Gedeih und Verderb aufeinander angewiesen sind. Alle Südafrikaner wissen, dass sie entweder einen gemeinsamen Weg finden oder untergehen müssen. Zukunftsforscher Clem Sunter formuliert das so: »Wir haben jede Menge außergewöhnliche Frauen und Männer in diesem Land. Sie müssen nur aus ihren Löchern kommen und sich am Zustandekommen des zweiten Wunders am Kap der Guten Hoffnung beteiligen. Es gibt Edelsteine, die nur zu strahlen beginnen, wenn sie mit ganz anderen Steinen poliert werden. Entscheidend ist die Synergie. Mit dem ersten Wunder hat Südafrika Anfang der 1990er Jahre die Welt überrascht. Nun wartet das zweite Wunder auf seine Verwirklichung. Sonst sind wir alle verloren.«

Anhang

Literatur und Medien – Empfehlungen

Sachbücher

Carlin, John: Playing the Enemy, London 2008
Faszinierende Beschreibung, wie Nelson Mandela die Rugby-Weltmeister-schaft 1995 zur Entwicklung eines südafrikanischen Nationalbewusstseins nutzte. Das Buch des exzellenten britischen Korrespondenten wurde 2009 unter dem Titel Invictus *von Clint Eastwood verfilmt (s.u.).*

Sparks, Allister: The Mind of South Africa, New York 1990; Morgen ist ein anderes Land, Berlin 1994; Beyond the Miracle, Chicago 2003
Der 2016 verstorbene Journalist Sparks hatte Einblick in die südafrika-nische Politik wie kaum ein anderer Zeitgenosse. Seine Bücher sind das Aufschlussreichste, was man über die jüngere Geschichte des Landes lesen kann.

Steinberg, Jonny: Midlands, Johannesburg 2002; The Number, Johannes-burg 2005; Three Letter Plague, New York 2008; A Man of Good Hope, New York 2015
In Steinbergs meisterhaft geschriebenen großen Reportagen wird außer seinem jeweiligen Gegenüber auch das ganze Land lebendig. In Midlands *geht es um die Mordserie unter weißen Farmern, in* The Number *um Kap-städter Gangsterbanden, in* Three Letter Plague *um die HIV-Epidemie und in* A Man of Good Hope *um einen Flüchtling aus Mogadischu.*

Aktuelles zum Niedergang Südafrikas

Booysen, Susan: Dominance and Decline. The ANC in the Time of Zuma, Johannesburg 2015
Sachliche Beschreibung des Niedergangs des ANC aus der Sicht einer Poli-tologin.

Herbst, Jeffrey & Mills, Greg: How South Africa Works and Must Do Better, Johannesburg 2015
Sachliche Auseinandersetzung mit der südafrikanischen Malaise aus der wirtschaftlichen Perspektive.

Johnson, RW: How Long Will South Africa Survive?, Johannesburg 2015
Polemische, aber faktenreiche Abrechnung mit der ANC-Regierung aus konservativer Ecke.

Malala, Justice: We Have Now Begun Our Decent, Johannesburg 2015
Süffig geschriebene Abrechnung eines prominenten Johannesburger Kommentators mit Jacob Zumas ANC.

Biografien

Gevisser, Mark: Thabo Mbeki, The Dream Deferred, Johannesburg 2007
Sehr ausführliche (800 Seiten) und einfühlsame kritische Würdigung des zweiten schwarzen Präsidenten Südafrikas.

La Grange, Zelda: Good Morning, Mr. Mandela, London 2014
Rührende Beschreibung eines einzigartigen Arbeitsverhältnisses: Die aus einer erzreaktionären Buren-Familie stammende persönliche Assistentin Nelson Mandelas erzählt aus ihrer Zeit mit dem einstigen Feindbild.

Mandela, Nelson: Der lange Weg zur Freiheit, Frankfurt am Main 1994
Mandelas mit einem anonymen Ghostwriter verfasste Autobiografie, direkter und packender als die zahllosen anderen Mandela-Biografien.

O'Malley, Padraig: Shades of Differences, Mac Maharaj and the Struggle for South Africa, New York 2007
Detaillierte Beschreibung der Rolle, die einer der einflussreichsten Strategen des ANC, Mac Maharaj, im Befreiungskampf und während der anschließenden Übergangsphase spielte. Gute Chronik der jüngeren Geschichte des ANC.

Belletristik

Coetzee, John M.: Warten auf die Barbaren, Frankfurt am Main 2002; Der Junge, Frankfurt am Main 2000; Schande, Frankfurt am Main 2000
Der Literaturnobelpreisträger schaut dermaßen schonungslos in das abgrundtief gestörte Verhältnis zwischen Kolonisatoren und beherrschten »Barbaren«, dass ihm oft »Afropessimismus« vorgeworfen wird. Coetzee wanderte 2002 von Kapstadt nach Australien aus.

Galgut, Damon: Der gute Doktor, München 2005; Der Betrüger, München 2009; In fremden Räumen, München 2010
Wird als Nachfolger von John M. Coetzees betrachtet, ist aber verträumter und weniger scharf.

Mda, Zakes: Ways of Dying, New York 1995; Die Madonna von Excelsior, Zürich 2005; The Whale Caller, New York 2006
Der wohl bekannteste zeitgenössische schwarze Romancier Südafrikas ist ein amüsanter Chronist der verschiedenen Lebenswelten im Multikulti-Staat.

Meyer, Deon: Das Herz des Jägers, Berlin 2005; Icarus, Berlin 2015; Kobra, Berlin 2016 u. v. a.
Der weltberühmte Krimiautor führt den Lesern mit seiner Hauptfigur, dem Kapstädter Antihelden Bennie Griessel, auf unterhaltsamste Weise die Licht- und Schattenseiten der südafrikanischen Gesellschaft vor Augen.

Karikaturisten und Kabarettisten

Noah, Trevor
https://www.youtube.com/user/trevornoah
Der Sohn einer Xhosa-Mutter und eines Schweizer Vaters kam während der Apartheidzeit als »Straftat« zur Welt. Der Grenzgänger zwischen schwarzer und weißer Wirklichkeit gewann einzigartige Einblicke in die Absurditäten des Rassismus und wurde als Moderator der US-Satiresendung Daily Show zum südafrikanischen Exportschlager.

Shapiro, Jonathan, alias Zapiro: The Mandela Files, Johannesburg 2008; Vuvuzela Nation, Johannesburg 2013; Democrazy, Johannesburg 2014
Zapiros geniale Karikaturen treiben Südafrikanern täglich die Tränen in

die Augen und den Präsidenten zur Weißglut. Jacob Zuma strengte mehrere (erfolglose) Klagen gegen Zapiro an, während ihn Nelson Mandela zur Kritik sogar noch angespornt hatte.

Uys, Pieter-Dirk, alias Evita
http://evita.co.za/darling/
Verkleidet als schräge Evita Bezuidenhout, macht sich Uys schon seit Jahrzehnten über die reaktionären weißen Südafrikaner lustig. Seit der Wende gerät allerdings zunehmend die neue schwarze Elite ins Visier des auch im Ausland bekannten Kabarettisten.

Filme

District 9
Regie: Neill Blomkamp; USA 2009
Witzige Science-Fiction-Parodie mit starkem sozialkritischem Einschlag und historischen Bezügen, wie der Vertreibung der farbigen Bevölkerung aus dem Kapstädter »District 6« in den 1970er Jahren.

Invictus
Regie: Clint Eastwood, USA 2009
Sehenswert. Das dem Film zugrunde liegende Buch von John Carlin (s. o.) ist allerdings noch besser.

Tsotsi
Regie: Gavin Hood, Südafrika 2005
Mitreißende Adaption eines Romans des brillanten südafrikanischen Stückeschreibers Athol Fugard. Ein schwarzer Kleinganove stiehlt ein Auto, in dem sich ein weißes Baby befindet ... Der Film erhielt 2006 einen Oscar.

Mandela: Long Walk to Freedom
Regie: Justin Chadwick, Südafrika/Großbritannien 2013
Gediegene Verfilmung der Autobiografie Nelson Mandelas (s. o.).

Medien

Business Day
www.businesslive.co.za/bd/
Seriöses Wirtschaftsblatt, erscheint montags bis freitags.

City Press
city-press.news24.com/
Stärkster Konkurrent der Sunday Times, vor allem unter schwarzen Südafrikanern populär.

Daily Maverick
http://www.dailymaverick.co.za
Unabhängiges und kostenloses Internetportal mit Meinungsartikeln gut informierter Journalisten und Experten.

ENCA
https://www.enca.com
Unabhängiger privater Nachrichtensender, rund um die Uhr, aber nur über Satellit (DSTV) verbreitet.

Independent Group
http://www.iol.co.za
Regierungsfreundliche Zeitungsgruppe (Star in Johannesburg, Pretoria News, Cape Times, Cape Argus, Mercury in Durban u. v. a.).

Mail & Guardian
http://www.mg.co.za
Traditionelles Wochenblatt der Antiapartheid-Aktivisten mit investigativer Ausrichtung, erscheint freitags.

SABC
www.sabcnews.co.za/
Propagandasender der Regierung mit drei Fernseh- und unzähligen Radioprogrammen in allen elf Landessprachen.

Sunday Times
www.timeslive.co.za/sundaytimes/
Meinungsbildende und auflagenstärkste Sonntagszeitung mit meist gut recherchierten Artikeln.

702 und Cape Talk
UKW 92.7 und 106 in Johannesburg, KW 567 in Kapstadt;
www.702.co.za und www.capetalk.co.za
Unabhängiger, sehr informativer privater Radiosender mit regelmäßigen Nachrichten, Interviews und reger Zuhörerbeteiligung (englisch).

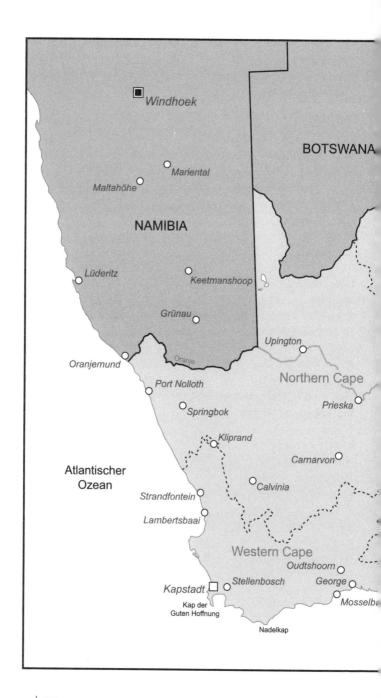

Windhoek

BOTSWANA

Mariental

Maltahöhe

NAMIBIA

Lüderitz

Keetmanshoop

Grünau

Upington

Oranjemund

Oranje

Northern Cape

Port Nolloth

Springbok

Prieska

Kliprand

Carnarvon

Atlantischer
Ozean

Calvinia

Strandfontein

Lambertsbaai

Western Cape

Oudtshoorn

Kapstadt

Stellenbosch

George

Kap der
Guten Hoffnung

Mosselba

Nadelkap

SIMBABWE

Messina

Limpopo

Krüger

MOSAM-BIK

Polokwane

National-park

Limpopo

Olifants

abarone

Sun City

Pretoria

Mpuma-langa

North West

Soweto

Johannesburg

Maputo

Potchef-stroom

Gauteng

Mbabane

SWASI-L'AND

Vryburg

Vaal

Moghaka

Free State

Mbaswana

Welkom

KwaZulu-Natal

Kimberley

Empangeni

Bloemfontein

Maseru

Kwa Dukuza

LESOTHO

Pietermaritzburg

Oranje

Durban

Port Shepstone

Middelburg

Mthatha

Queenstown

Eastern Cape

Indischer Ozean

Grahamstown

East London

Uitenhage

Port Elizabeth

0   100   200   300 km

N

Basisdaten

Fläche: 1 220 813 km², das 25.-größte Land der Welt
(Deutschland: 357 375 km²)

Einwohner: 55,6 Millionen (Stand: 2016); davon 80,7 % schwarz;
8,7 % *coloured* (Mischlinge); 8,1 % weiß; 2,5 % indisch/
asiatisch (Deutschland: 82,2 Mio., 2016)

Klima: Grob gesprochen gibt es drei Klimazonen: die West- und
Ostkap-Provinz mit mediterranem Klima (Winterregen und
Sommerhitze) sowie das Highveld-Klima (Winter kalt ohne
Regen, Sommer warm mit Gewittern) und das Lowveld-Klima
(subtropisch, im Winter warm, im Sommer heiß mit Gewittern).

Religion: Vornehmlich christlich (rund 80 %) mit einem wachsenden Anteil unabhängiger afrikanischer Kirchen, ferner
afrikanische »Naturreligionen« (rund 15 %) sowie nennenswerte
Minderheiten von Muslimen, Hindus und Juden.

Nationalfeiertage: Außer den üblichen Feiertagen zu Weihnach-
ten, Neujahr und Ostern: 21. März, Menschenrechtstag;
27. April, Freiheitstag; 1. Mai, Arbeitertag; 16. Juni, Jugend-
oder Soweto-Tag; 9. August, Nationaler Frauentag; 24. Septem-
ber, Tag des Kulturerbes; 16. Dezember, Versöhnungstag.

Landessprachen: Elf zumindest nominell gleichberechtigte Sprachen: Englisch, Afrikaans, Zulu, Xhosa, Swasi, Tsonga, Ndebele,
Tswana, Sotho, Pedi, Venda; meistgesprochene Sprache in Städten ist Englisch, auf dem Land Afrikaans, unter Schwarzen Zulu.

Staatsform/Regierungsform: Parlamentarische Republik; der vom
Parlament gewählte Präsident ist Staats- als auch Regierungschef. Seit 1996 hat das Land eine der modernsten Verfassungen
der Welt, die jegliche Diskriminierung wegen Rasse, Geschlecht,
sexueller Ausrichtung, Alter, Kultur oder Herkunft verbietet
und die Gewaltenteilung (Exekutive, Legislative, Judikative)
vorschreibt.

Parlament: Zweikammerparlament in Kapstadt. Nationalver-
sammlung (Unterhaus) mit 400 Mitgliedern, alle fünf Jahre vom
Volk über Parteilisten gewählt (keine Direktwahl). Nationaler
Provinzrat (Oberhaus) mit 90 Mitgliedern, die von den Provinz-
parlamenten (je zehn) entsandt werden.

Verwaltungsstruktur: neun Provinzen: Gauteng, North West, Limpopo, Mpumalanga, KwaZulu-Natal, Free State, Northern Cape, Eastern Cape, Western Cape; 52 Distrikte (acht städtische und 44 ländliche)

Hauptstadt: Sitz der Regierung: Pretoria; Sitz des Parlaments: Kapstadt; Sitz des Verfassungsgerichts: Johannesburg; Sitz des Berufungsgerichts: Bloemfontein

Großstädte: Johannesburg mit Ostrandregion (8,33 Mill. EW), Kapstadt (4,0 Mill.), Durban (3,66 Mill.), Pretoria (Tshwane) (3,27 Mill.), Port Elizabeth (Nelson Mandela Bay) (1,26 Mill.), East London (Buffalo City) (810 000), Bloemfontein (760 000)

Bruttoinlandsprodukt: ca. 300 Milliarden US-Dollar (Stand: 2016; Deutschland: 3133,9 Mrd. Euro, 2016)

Jährliches verfügbares Haushaltsnettoeinkommen: 8712 US-Dollar (Stand: 2016; Deutschland: 38 616 Euro, 2016)

Quellen: Statistics South Africa (Stats SA, http://www.statssa.za), Statistisches Bundesamt, OECD

Danksagung

Danken möchte ich: meiner Familie – Merle, Marvin und Lerato – für alle Anregungen und die Geduld; meinen südafrikanischen Freunden und Bekannten, die das Ergebnis unzähliger Gespräche leider oder zum Glück nicht lesen können; meinem Bruder Veit für sein aufbauendes Feedback und meinem Lektor Günther Wessel für sein Vertrauen.

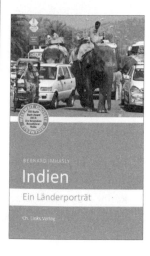